Neue kommunikative Grammatik

A Communicative Grammar Worktext with Written and Oral Practice

John Klapper

Trudi McMahon

Series editors:
Phil Turk with Mike Zollo

Glencoe McGraw-Hill

New York, New York   Columbus, Ohio   Chicago, Illinois   Peoria, Illinois   Woodland Hills, California

Glencoe/McGraw-Hill

A Division of The McGraw·Hill Companies

ISBN : 0-8442-2511-8

5 6 7 8 9 10 11 12 13 14   113   10 09 08 07 06 05 04 03

Send all Inquiries to:
Glencoe/McGraw-Hill
8787 Orion Place
Columbus, OH 43240

Contents

contents

Introduction

Neue kommunikative Grammatik aims to provide a systematic presentation of grammar points with sufficient backup practice to ensure the points are adequately reinforced. It assumes that students will have encountered most points in previous—probably topic-based—study and therefore goes straight to the explanation of them.

So wird's gemacht—"This is how you do it: the rules of the road"
The first section of each chapter sets out a grammatical rule or usage, with a clear explanation in English. This section can also be used purely for reference.

Übung macht den Meister!—"Practice makes perfect: the driving lesson"
This provides practice and reinforcement exercises on a particular grammatical point. Where possible, these exercises are set within a realistic self-contained context, and most are designed to be suitable for individual study. There is a separate answer key for self-correction. This section is entirely in German.

Freie Fahrt!—"Off you go to enjoy the freedom of the road"
The third section offers a range of more open-ended communicative activities in German, ranging from the fairly elementary to the more sophisticated, both oral and written. The activities are set in a variety of contexts in which the grammar point is likely to occur.

Grammar— what is it?

You may already be well versed in all the grammatical terms you need. If so, skip this chapter. If not, read it carefully a number of times and refer back to it if you need help with any of the terms used in this book.

Grammar is really nothing more than a framework that is used
—to try to define language and how it works, and
—to provide rules and patterns to help you, the language learner.

Like any system or area of knowledge, such as engineering, information technology, or horticulture, grammar has its technical terms that enable us to talk about, explain, and describe that subject. What follows is a brief explanation of some of the more common and useful grammatical terms that you will encounter in this book.

Phrase—a meaningful group of words (a cup of coffee, by the end of the year: *eine Tasse Kaffee, bis zum Ende des Jahres*).

Clause—a meaningful group of words containing a verb, usually in a tense. A **main clause** is one that can stand by itself (the table was made of plastic: *der Tisch war aus Kunststoff*). A **subordinate clause** (who was sitting at the table: *der am Tisch saß*) cannot stand alone, because a **sentence** must always have a main clause.

Sentence—a sentence consists of a **main clause** and any number of **subordinate clauses.**

Vowels—*a, ä, e, i, o, ö, u, ü, y,* and combinations of these.

All other letters are called **consonants.**

Syllables are the simple consonant + vowel sounds that make up a word: ap-pe-tite, con-grat-u-la-tions: *Ap-pe-tit, Herz-li-chen Glück-wunsch).*

Verb—a word that describes an action or state of being (to feel, I work, you play, he thought: *sich fühlen, ich arbeite, du spielst, er dachte).*

A **finite verb** is the one verb in a sentence that changes to agree with the subject (see below); it can therefore be either singular or plural and is always in a tense.

A **tense** relates the verb to time (past, present, or future), telling you when the action takes/took/will take place. There are a number of different tenses in German, which you will find explained in the body of the book.

The **infinitive** is the non-finite part of the verb, that is, a form that does not agree with a subject and is not in a tense. It is the basic form you will find in dictionaries and vocabularies (to eat, to travel, to answer: *essen, fahren, antworten*).

The **imperative** form of the verb is used to express commands (Come here, Go away: *Kommen Sie her! Geh weg!*).

Verbs in tenses have **endings** (for example, *-te, -test, -ten*), one for each **person.** There are three persons:

First person singular (I: *ich*) and plural (we: *wir*)

Second person singular (familiar you: *du,* formal or polite you: *Sie*) and plural (familiar you: *ihr,* formal or polite you: *Sie*)

Third person singular (he/she/it: *er/sie/es*) and plural (they: *sie*).

The way that a verb changes its forms depending on these persons (for example, I go, he goes: *ich gehe, er geht,* etc.) is called its **conjugation.**

Most verbs are in the **indicative** mood—the "normal" form. There is also a **subjunctive** mood, which is explained fully in Chapters 35–37. Among other things, the subjunctive is used to form the **conditional,** which is commonly found in conditional sentences, so called because they suggest some condition applied to the meaning of the main clause (If I had more money, I would take a vacation: *Wenn ich mehr Geld hätte, würde ich in Urlaub fahren*).

A **strong verb** is a verb that undergoes a change to its stem in forming the simple past (we find/we found: *wir finden/wir fanden*) and sometimes also the second and third person singular of the present tense (I give/you give/he gives: *ich gebe/du gibst/er gibt*).

An **auxiliary verb** is used with a past participle to form tenses and the passive voice. The German auxiliaries are *haben, sein,* and *werden* (Have you read it? He has come. It was built: **Hast** *du es gelesen?* *Er* **ist** *gekommen. Es* **wurde** *gebaut*).

The **past participle** is used to form various tenses and indicates that an action is complete (I have seen it. We had painted the house: *Ich habe es* **gesehen.** *Wir hatten das Haus* **gestrichen**).

The **passive voice** is a grammatical construction in which the person or thing affected by the action of a verb appears as the subject of the sentence (see below). For example, the sentence "My brother bought the book" can be written in the passive "The book was bought by my brother": *Mein Bruder kaufte das Buch → Das Buch wurde von meinem Bruder gekauft.*

An **inseparable verb** has an unstressed prefix that does not separate from the verb, and its past participle does not begin with *ge-* (I had forgotten: *Ich hatte vergessen*).

A **separable verb,** on the other hand, has a stressed prefix that appears separately from the main part of the verb in some structures (He invited me: *Er hat mich eingeladen/Er lud mich ein*).

A **modal verb** is one that can be used with another verb to modify the meaning (I do the work/I **have to** do the work. She does not play/She **is not allowed** to play: *Ich mache die Arbeit/Ich muß die Arbeit machen. Sie spielt nicht/Sie darf nicht spielen*).

Some verbs are called **reflexive verbs,** because the subject does the action to himself/herself. A number of verbs are reflexive in German that are not necessarily so in English (to wash (oneself): *sich waschen*). The pronoun (myself: *mich,* etc.) that is used with these verbs is called the **reflexive pronoun** (see below for **pronoun**).

A **transitive verb** is one that can have an accusative object (We saw the accident: *Wir sahen den Unfall*). **Intransitive verbs,** on the other hand, have no object at all (They are standing: *Sie stehen*) or are followed by a prepositional phrase (He is sitting on the chair: *Er sitzt auf dem Stuhl*), or take a dative object (She helps me: *Sie hilft mir*).

Noun—a person, name, concept, animal, or thing (the policeman, Mary, unemployment, a cow, the plate: *der Polizist, Maria, die Arbeitslosigkeit, eine Kuh, der Teller*).

Declension is the way a noun or adjective changes its case and number (singular/plural—see below) to indicate different meanings or grammatical functions. We thus talk about how nouns and adjectives **decline** or are **declined.**

An **adjectival noun** is one formed from an adjective. It takes the usual adjective endings (the [male] German, the old woman, a newcomer: *der Deutsche, die Alte, ein Neuer*).

A **compound noun** is one formed by joining together two or more words (taxi driver: *das Taxi* and *der Fahrer → der Taxifahrer*).

Nouns can be **singular,** that is, one whatever (a dog: *ein Hund*) or **plural,** that is, more than one (some dogs, four dogs, the dogs: *einige Hunde, vier Hunde, die Hunde*).

In German, every noun is **masculine, feminine,** or **neuter.** This is called **gender.** The gender of the noun will decide the form of the **definite article** (the word for "the"), the **indefinite article** (the word for "a"), and the **determiner** (the word that tells you which noun is being referred to, how many of the noun there are, or to whom the noun belongs; for example, "those," "some," "our") (the table, the woman, a book, this man, every house, which town, our brother: *der Tisch, die Frau, ein Buch, dieser Mann, jedes Haus, welche Stadt, unser Bruder*).

A **pronoun** stands in place of a noun and means we do not have to keep repeating that noun (Mary gave the plate to her mother → She gave **it to her:** *Maria gab ihrer Mutter den Teller → Sie gab ihn ihr*).

The noun or pronoun that *does the action* is called the **subject** (in this case Mary). The person or thing that *has the action done to it* (the plate) is called the **object,** or, more specifically, the **direct object.** The recipient, who is, for example, given or sent the thing in question, is the **indirect object,** which in German is in the **dative case.**

Case shows the role that a word or words play in a German sentence. The form of articles, determiners, nouns, pronouns, and any adjectives preceding them change according to case. The **nominative** indicates the subject of the sentence (see below), the **accusative** the direct object, the **dative** the indirect object, and the **genitive** possession or the relationship between nouns. As shown in Chapter 17, after prepositions particular cases have to be used.

Adjectives are used to describe nouns (an interesting film, the old roof: *ein interessanter Film, das alte Dach*).

Adverbs are used to describe verbs, adjectives, and other adverbs (**Fortunately** nothing happened. I have a **very** old VW. She eats **terribly** quickly: ***Glücklicherweise*** *ist nichts passiert. Ich habe einen **sehr** alten VW. Sie ißt **furchtbar** schnell*).

The **comparative** is used to compare adjectives and adverbs (a more important town, walk more slowly: *eine wichtigere Stadt, geh langsamer!*).

The **superlative** is used when you describe the most or least (the most important town, she walks the most slowly: *die wichtigste Stadt, sie geht am langsamsten*).

Prepositions tell you where something/someone is in relation to another in time or place, or they can indicate direction (before lunch, with my brother, under the table, into town, over the bridge: *vor dem Mittagessen, mit meinem Bruder, unter dem Tisch, in die Stadt, über die Brücke*).

Conjunctions join words, phrases, or clauses to each other (beer and wine, slowly but surely, if it rains, when he arrived: *Bier **und** Wein, langsam **aber** sicher, **wenn** es regnet, **als** er ankam*).

Interrogatives are question words used when you interrogate someone (who? where? in what?: *wer? wo? worin?*).

Umlaut denotes the two dots placed above *a, o,* or *u: Männer, das Öl, führen.*

Register and style—The term "register" refers to the relationship between a speaker/writer and the person he or she is speaking or writing to. The formality or informality of what he or she says/writes depends on a number of factors: how well they know each other, how old they are, and what their status or standing is. You must be careful about what kind of language you use with Germans. The most obvious example of this is the *du/Sie* distinction, but there are many other examples of language style that would be more appropriate between two students or two close friends (for example, *Tschüß!* or *Tschau!*) than between a doctor and patient or a bank manager and client (*Auf Wiedersehen*). There are various gradations of style, ranging from, say, writing/talking to a sixteen-year-old penpal (very informal), to addressing a German friend's parents (fairly formal), to interviewing a German official as part of a foreign-language project (very formal). In this grammar we have tried to indicate when a certain style would not be appropriate and have included exercises and activities involving different registers. The best advice the learner can be given on this point, however, is: don't use informal language with a German native until he or she uses it with you!

German grammar terms

While working through the exercises in the sections *Übung macht den Meister!* and *Freie Fahrt!*, you may find it helpful to refer to the following list of grammatical terms:

Adjektiv, das	adjective
Adverb, das	adverb
Akkusativ, der	accusative case
Artikel, der	article
(unbestimmt, bestimmt)	(indefinite, definite)
bestimmte Artikel, der	definite article
Buchstabe, der	letter
Dativ, der	dative case
Deklination, die	declension (of noun)
direkte/indirekte Rede	direct/indirect speech
Endung, die	ending
Fall, der	case
Fragewort, das	interrogative
Futur I, das	future tense
Futur II, das	future perfect tense
Genitiv, der	genitive case
Geschlecht, das	gender
Imperativ, der	imperative
Infinitiv, der	infinitive
Infinitivsatz, der	infinitive clause
Kasus, der	case
konjugieren	to conjugate (a verb)
Konjunktion, die	conjunction
Konjunktiv I/II, der	subjunctive I/II
männlich	masculine
Modalverb, das	modal verb
Nachsilbe, die	suffix
Nebensatz, der	subordinate clause
Nomen, das (stark, schwach)	noun (strong, weak)
Nominativ, der	nominative case
Ortsadverb, das	adverb of place

Partizip I/II, das	present/past participle
Partizip Perfekt, das	past participle
Passiv, das	passive voice
Perfekt, das	present perfect tense
Plusquamperfekt, das	past perfect tense
Präposition, die	preposition
Präsens, das	present tense
Präteritum, das	simple past tense
Pronomen, das	pronoun
Reflexivpronomen, das	reflexive pronoun
Relativpronomen, das	relative pronoun
Relativsatz, der	relative clause
sächlich	neuter
Satz, der	sentence; clause
Silbe, die	syllable
Superlativ, der	superlative
trennbar/nicht trennbar	separable/inseparable
unbestimmte Artikel, der	indefinite article
unpersönlich	impersonal
Verb, das (schwach, stark)	verb (weak, strong)
Vergangenheit, die	past (time)
Vorsilbe, die	prefix
weiblich	feminine
Wortstellung, die	word order
Zeit, die	tense
Zeitadverb, das	adverb of time
zusammengesetzt	compound

chapter 1

Articles

so wird's gemacht

German, like English, uses a definite article (= "the") and an indefinite article (= "a," "an").

The definite article

You use the definite article when you know exactly what the noun refers to, either because it is obvious or because it has been mentioned before. It has the following forms:

	Masculine	**Neuter**	**Feminine**	**Plural (all genders)**
Nominative	*der* Mann	*das* Haus	*die* Frau	*die* Kinder
Accusative	*den* Mann	*das* Haus	*die* Frau	*die* Kinder
Dative	*dem* Mann	*dem* Haus	*der* Frau	*den* Kindern
Genitive	*des* Mann(e)s	*des* Hauses	*der* Frau	*der* Kinder

The indefinite article

The indefinite article ("a," "an") indicates the type of noun you are referring to. It has the following forms:

	Masculine	**Neuter**	**Feminine**
Nominative	*ein* Mann	*ein* Haus	*eine* Frau
Accusative	*einen* Mann	*ein* Haus	*eine* Frau
Dative	*einem* Mann	*einem* Haus	*einer* Frau
Genitive	*eines* Mann(e)s	*eines* Hauses	*einer* Frau

Use of the articles

German and English use articles in similar ways, but you should note the following differences:

a) You use an article in German but not in English:

- In these common phrases:

mit dem Bus, Zug, usw.	by bus, train, etc.
mit der Post	by mail
zur Kirche	to church
in die/in der Kirche	to/in church
zur Schule	to school
in die/in der Schule	to/at school
in die/in der Stadt	to/in town
im allgemeinen	in general
in der Tat	in (actual) fact

- With infinitives used as nouns:

  Das Singen *im Chor macht Spaß.*
  Singing in a choir is fun.

  Das Rauchen *im Krankenhaus ist verboten.*
  It is forbidden to smoke in the hospital/No smoking in the hospital.

- With periods of time and with meals:

  Der Winter *ist hier immer sehr kalt.*
  Winter here is always very cold.

  Im April *hat es noch geschneit.*
  It snowed (even) in April.

  Das Frühstück *essen wir meistens draußen.*
  We usually have breakfast outside.

  Was macht ihr ***am*** *Freitag/****nach*** *dem Mittagessen?*
  What are you doing on Friday/after lunch?

- With parts of the body and clothes, where in English you often use a possessive adjective (see Chapter 2):

  Maria hob ***die Hand.***
  Maria raised her hand.

  Er hat ***die Augen*** *zugemacht.*
  He closed his eyes.

  Sie zog ***die Jacke*** *aus.*
  She took her jacket off.

  Where there is an adjective describing the noun, however, German also uses the possessive adjective:

*Elke braucht einen Verband für **ihren wunden Fuß.***
Elke needs a bandage for her sore foot.

- Before many abstract nouns:

    ***Die Geschichte** zeigt uns das immer wieder.*
    History shows us that again and again.

    ***Die Zeit** vergeht so schnell.*
    Time passes so quickly.

- With the feminine or plural names of countries:

    *Sie wohnen in **der Schweiz.***
    They live in Switzerland.

    *Ich komme aus **den Niederlanden.***
    I'm from the Netherlands.

    With masculine country names it is also usual to include the article:

    *Wir waren **im Irak.*** (less likely: *in Irak*)
    We were in Iraq.

- When there is an adjective before the names of countries, towns, etc.:

    ***das schöne** Norwegen*   beautiful Norway
    ***das alte** München*   old Munich

- With geographical names for features such as lakes and mountains, as well as with the names of planets:

    *südlich **der** Eifel*   to the south of the Eifel (mountains)
    ***am** Bodensee*   by/near Lake Constance
    *in der Nähe **vom** Pluto*   near Pluto

- With the names of streets and buildings:

    *Gehen Sie **die Jupiterstraße** hinunter.*
    Go down Jupiterstraße.

    In addresses, however, the article is left out:

    *Mein Vetter wohnt **Mindenstraße** 12.*
    My cousin lives at 12 Mindenstraße.

---

b) You do not use an article in German:

- With nationalities, professions, and religions following the verbs *sein, werden,* and *bleiben:*

    *Sie ist **Amerikanerin.***
    She is an American.

    *Er ist **Politiker.***
    He's a politician.

articles

*Wir sind **Katholiken.***
We're Catholics.

But note that you do use the article when an adjective comes before the noun:

*Hans war **ein** guter Lehrer gewesen.*
Hans had been a good teacher.

- Where in English you would use the determiners "some" or "any":

  *Die Studenten hatten **Probleme.***
  The students had some problems.

  *Haben wir noch **Geld**?*
  Have we got any money left?

  But be careful! In the negative you use *kein*:

  *Wir haben **keinen Wein.***
  We don't have (any) wine.

- After *als* in the sense of "as a":

  *Damals hat er eine Menge Geld **als Liedermacher** verdient.*
  He earned a lot of money as a singer-songwriter in those days.

- With instruments:

  *Er spielt **Geige.***
  He plays the violin (i.e., any violin).

- In certain expressions:

  *Hast du noch **Kopfschmerzen**?*
  Have you still got a headache?

  *Sie ist doch immer **guter Laune.***
  She is always in a good mood.

  *Ich habe **großen Hunger.***
  I am very hungry.

  *Nächstes Wochenende haben wir **Besuch.***
  We have visitors next weekend.

Note that where in English you use the indefinite article "a" in phrases of measurement, German uses the definite article ("the"):

*Das Bier kostet zwei Mark **die** Flasche.*
The beer costs two marks a bottle.

*Die Äpfel kosten 80 Pfennig **das** Stück.*
The apples are 80 pfennigs apiece/each.

Übung macht den Meister!

1. Im Möbelgeschäft

In einem Möbelgeschäft befinden sich folgende Möbelstücke. Ordnen Sie die Nomen nach Geschlecht.

M (der)	F (die)	N (das)	PL (die)
der Tisch	_das_ Sofa	_der_ Sessel	_die_ Lampen
das Regal	_das_ Bett	_der_ Nachttisch	_die_ Couch
der Teppich	_die_ Vorhänge	_die_ Stühle	_der_ Schrank
die Kommode	_die_ Matratze	_die_ Stereoanlage	_die_ Bilder
die Anrichte	_das_ Videogerät		

2. Ein stolzer Eigentümer _owner/proprietor_

a. Ein reicher Mann zeigt einem Besucher seinen Besitz und erzählt stolz:

plot

„Das Grundstück gehört mir.“

Was sagt er über:

1. Garten — _Die Garten gehört mir_
2. Sauna — _Die Sauna gehört mir_
3. Pferde — _Die Pferde gehört mir_
4. Wagen — _Die der Wagen gehört mir_
5. Schwimmbad — _Die Das Schwimmbad gehört mir_
6. Ställe — _Die Ställe gehört mir_
7. Villa — _Die Villa gehört mir_
8. Kunstwerke — _Die Kunstwerke gehört mir_
9. Segelboot — _Das Segelboot gehört mir_

b. Später erzählt der Besucher über den Gastgeber (benutzen Sie den unbestimmten _indetmnte_ Artikel im Akkusativ):

„Er besitzt einen _____ /eine _____ /ein _____.“

BEISPIEL: **Er besitzt ein Grundstück.**

1. Garten — _Er besitzt ein Garten_
2. Sauna — _Er besitzt eine Sauna_

3. Pferde   _Er besitzt die Pferde_

4. Wagen   _Er besitzt einen Wagen_

5. Schwimmbad   _Er besitzt ein Schwimmbad_

6. Ställe   _Er besitzt Ställe_

7. Villa   _Er besitzt eine Villa_

8. Kunstwerke   _Er besitzt Kunstwerke_

9. Segelboot   _Er besitzt ein Segelboot_

3. Das schöne Bayern!

In einem Touristenprospekt über Bayern findet man Vorschläge, was man besuchen oder besichtigen kann.

BEISPIEL: **Besichtigen Sie das alte München!**

a. Schreiben Sie ähnliche Sätze über:

1. Rothenburg—romantisch

Besichtigen Sie das romantische Rothenburg

2. Schwabing—künstlerisch

Besichtigen Sie das künstlerische Schwabing

3. Augsburg—modern

Besichtigen Sie das moderne Augsburg

4. Nürnberg—berühmt

Besichtigen Sie das berühmte Nürnberg

5. Regensburg—malerisch

Besichtigen Sie das malerische Regensburg

b. Beschreiben Sie diese europäischen Länder!

BEISPIEL: **Besuchen Sie das schöne Schweden!**

1. Spanien—sonnig

Besuchen Sie die schöne Spanien

2. Österreich—bergig

Besuchen sie das bergige Österreich

3. Griechenland—antik

Besuchen Sie das antike Griechenland

4. Irland—grün

Besuchen Sie die grüne Irland

5. Portugal—gastfreundlich

Besuchen Sie das gastfreundliche Portugal

4. Musiker aus aller Welt

Folgende Studenten treffen sich auf einem internationalen Musikkurs. Was für Nationalitäten haben sie und was für ein Instrument spielen sie?

BEISPIEL: **Jean Claude, ein Franzose, kommt aus Paris (die Geige).**
                → Er ist Franzose und spielt Geige.

1. Alfonso, ein Portugiese, wohnt in Lissabon (das Klavier).

Er ist _Portugiese_ und spielt _Klavier_.

2. Xenia, eine Griechin, lebt in Athen (die Flöte).

Sie _ist Griechin und spielt Flöte_.

3. Sven, ein Schwede, hat seine Familie in Stockholm (das Cello).

Er ist Schwede und spielt Cello.

4. Marieke, eine Holländerin, ist aus Amsterdam (die Klarinette).

Sie ist Holländerin und spielt Klarinette

5. Kevin, ein Ire, ist in Dublin geboren (die Gitarre).

Er ist Ire und spielt Gitarre

6. Rudi, ein Schweizer, ist in Zürich zu Hause (die Trompete).

Er ist Schweizer und spielt Trompete

7. Maria, eine Österreicherin, kommt aus Wien (die Blockflöte).

Sie ist Österreicherin und spielt Blockflöte

5. Im Studentenwohnheim

Diese Studenten wohnen in einem Studentenwohnheim, wo es eine strenge Hausordnung gibt. Viele Dinge sind nicht erlaubt. *allowed*

> Man darf nicht rauchen.
> Man darf keinen Alkohol trinken.
> Man darf nicht in den Zimmern essen.
> Man darf nicht vor acht Uhr duschen.
> Man darf nicht den Rasen betreten.
> Man darf nicht vor dem Haus parken.

Nouns

Schreiben Sie diese sechs Sätze als Verbote und benutzen Sie die Verben als Nomen!

BEISPIEL: **Das Rauchen ist verboten!**

Das Alkohol Trinken ist verboten.
Das Essen in den Zimmern ist verboten
Das Duschen vor acht Uhr ist verboten
Das Betreten den Rasen ist verboten
Das Parken vor dem Haus ist verboten

6. Was sind sie von Beruf?

Diese Leute arbeiten an verschiedenen Arbeitsplätzen. Was sind sie von Beruf? Wählen Sie die passenden Berufe aus dem untenstehenden Kasten.

BEISPIEL: **Max dient in der Armee.**
→ Er ist *Soldat*.

die Tierärztin	die Schülerin	die Lehrerin	der Rechtsanwalt
der Pfarrer	der Dozent	die Studentin	

1. Herr Maier predigt jeden Sonntag in der Kirche.
   Er ist Pfarrer

2. Frau Becker unterrichtet Englisch in einer Schule.
   Sie ist Lehrerin

3. Gisela geht noch zur Schule.
   Sie ist Schülerin

4. Eva besucht die Universität.
   Sie ist Studentin

5. Ihr Vater lehrt an der Universität.

   Er ist Dozent

6. Frau Wagner behandelt kranke Tiere.

   Sie ist Tierärztin

7. Herr Hartmann vertritt einen Angeklagten vor Gericht.

   Er ist Rechtsanwalt

7. Erstaunliche Preise!

Mary studiert dieses Jahr in Deutschland. Sie vergleicht die Preise für Lebensmittel und findet, daß manche Dinge viel billiger oder teurer sind als zuhause. Sie schreibt einen Brief nach Hause und zählt auf:

BEISPIEL: **ein Glas Orangensaft—DM 2,10**
                   → Orangensaft kostet DM 2,10 das Glas!

Was schreibt sie über die folgenden Nahrungsmittel?

1. eine Flasche Wein—DM 3,00

   Wein kostet DM 3,00 die Flasche!

2. eine Tasse Tee—DM 2,50

   Tee kostet DM 2,50 die Tasse!

3. ein Kilo Äpfel—DM 3,80

   Äpfel kosten DM 3,80 das Kilo!

4. ein Stück Kuchen—DM 3,50

   Kuchen kostet DM 3,50 das Stück!

5. eine Tüte Kartoffelchips—DM 1,25

   Kartoffelchips kosten DM 1,25 die Tüte!

6. eine Portion Pommes frites—DM 2,00

   Pommes frites kosten DM 2,00 die Portion!

7. eine Schachtel Zigaretten—DM 4,50

   Zigaretten kosten DM 4,50 die Schachtel!

8. ein Liter Milch—DM 1,25

   Milch kostet DM 1,25 das Liter!

freie Fahrt!

1. Kennen Sie den?

Arbeiten Sie zu zweit! „A" nennt eine berühmte Person und seinen/ihren Beruf. „B" muß etwas über diese Person aussagen. Tauschen Sie nach fünf Fragen die Rollen.

BEISPIEL: **Michael Schuhmacher ist Rennfahrer.**
              → Er ist zur Zeit Weltmeister.

2. Befehl ist Befehl

Spielen Sie das folgende Spiel zu zweit! „A" gibt eine Anweisung und „B" muß die Anweisung genau befolgen. Alle Anweisungen sollen sich auf Kleider und Körperteile beziehen. Für jede richtig ausgeführte Anweisung bekommen Sie einen Punkt.

BEISPIEL: **Heb die linke Hand!**

Hier sind einige nützliche Verben:

        Stell!   Leg!   Berühre!   Steck!

3. Das Wochenende ist ja schnell vorbei!

Schreiben Sie einem Brieffreund, was Sie letztes Wochenende gemacht haben!

BEISPIEL: **Am Freitag bin ich etwas früher nach Hause gekommen.**

Vor dem Abendessen habe ich/bin ich _____. Nach dem Abendessen

_____. Am Vormittag _____. Am

Nachmittag _____. Am Abend _____.

4. Was kostet das?

Arbeiten Sie zu zweit! Sie haben einen Ferienjob in einem deutschen Supermarkt. Ihr(e) Partner(in) übernimmt die Rolle eines Kollegen, der Ihnen erzählt, was alles kostet. Fragen Sie, was bestimmte Waren kosten.

BEISPIEL: **Was kostet der Tee?**
              → Sechs Mark die Packung.

Erkundigen Sie sich nach dem Preis von:

Bier	Kaugummi	Käse	Milch
Kartoffeln	Kaffee	Eier	Kekse
Joghurt	Tomaten		

5. Lauter Musiker

Mit Hilfe eines Wörterbuches machen Sie eine Liste von möglichst vielen Musikinstrumenten. Sie haben fünf Minuten Zeit.

Bilden Sie dann Gruppen von vier oder fünf Personen und stellen Sie jemandem in einer anderen Gruppe Fragen.

Die Person muß die Frage verneinen, ein anderes Instrument erwähnen und dann jemandem in der nächsten Gruppe die gleiche Frage mit dem neuen Instrument stellen.

BEISPIEL: **Spielen Sie Klavier?**
             Nein, aber ich spiele Trompete. Spielen Sie Trompete? . . .

Fragen Sie weiter, bis Sie alle Instrumente auf den Listen benutzt haben. Sie dürfen jedes Instrument nur einmal benutzen! Für jedes neue Instrument bekommt Ihre Gruppe einen Punkt. Die Gruppe mit den meisten Punkten gewinnt.

chapter 2

Determiners

so wird's gemacht

Determiners are words that come first in a noun phrase and tell you which noun is being referred to, how many there are, or to whom the noun belongs. Apart from the definite and indefinite articles (see Chapter 1), German has a number of other determiners.

Determiners fall into one of two categories: either they decline like *der* and following adjectives take the *der*-declension endings or else they decline like *ein* with following adjectives taking the *ein*-declension endings. (See Chapter 14 for more on adjective endings.) In this chapter, determiners belonging to the first of these categories are called "*der* words," while those in the second are referred to as "*ein* words."

"der" words

a) *dieser* corresponds closely to English "this," but in speech people often use an emphatic *der* (*hier/da*) instead. The forms of this *der* are the same as the definite article but it cannot be shortened after a preposition: compare *in dem Haus* ("in that house") with *im Haus* ("in the house").

b) *jener* ("that") is more often found in written German.

When the determiners *dieser* and *jener* are used together, *dieser* suggests something close to the speaker or writer and *jener* something more distant:

> **Dieses** Bild ist schöner als **jenes.**
> This picture is nicer than that one.

Note that where there is no specific contrast, *dieser* often has the meaning "that":

> **Dieses** Auto würde ich nicht kaufen.
> I wouldn't buy that car.

Another meaning is "former" (*jener*) and "latter" (*dieser*):

> *Das sind meine Kusinen, Petra und Gabi. **Diese** wohnt in Osnabrück, **jene** in München.*
> Those are my cousins, Petra and Gabi. The latter lives in Osnabrück, the former in Munich.

---

c) *derjenige* ("that one" or, in the plural, "those") is written as one word, but both parts change their forms. It is frequently used with a relative clause beginning with some form of *der/die/das* (see Chapter 20):

> *Er schreibt an **diejenigen** Mitarbeiter, **die** Interesse daran haben, im Ausland zu arbeiten.*
> He is writing to those colleagues who are interested in working abroad.

---

d) *derselbe* ("the same") is also written as one word and both parts change, but when the *der-* is combined with a preposition you must separate it from the rest of the word:

> *Heute habe ich **denselben** Mann gesehen.*
> I saw the same man today.

> *Sie arbeitet **im selben** Gebäude wie du.*
> She works in the same building as you.

---

e) *jeder* ("each/every") is only used in the singular, while the more emphatic *jeglicher* ("any") can be used in the plural as well. You usually only find *jeglicher* in written (and fairly formal) German:

> ***Jeden** Sonntag spielen wir Fußball im Park.*
> We play football in the park every Sunday.

> *Ihr fehlt **jeglicher** Sinn für Humor.*
> She does not have any sense of humor (at all).

---

f) *welcher* ("which?"/"what?") is used when you want to find out what type of person or thing someone is referring to:

> ***Welches** Kleid hast du gekauft?*
> Which dress did you buy?

---

g) *irgendwelcher* is not very often found in the singular. The plural tends to be used as the plural form of *irgendein* (see below):

> *Hatten Sie **irgendwelche** Probleme?*
> Did you have any problems?

---

h) *mancher* ("many/quite a lot of") usually behaves like a *der* word:

> ***Manche** alten Autos sind jetzt sehr wertvoll.*
> Many old cars are now very valuable.

In this plural usage, you sometimes find a weak adjective ending instead, for example, *manche alte Autos* (see Chapter 14 for adjective endings).

determiners

i) *solche* ("such") tends to be used as a *der* word only in the plural (see also below for *solch* with *ein*):

> *Solche alten Filme gefallen mir nicht.*
> I don't like old movies like that.

---

j) *aller* ("all") in the singular is rare in modern German. The word "all" is frequently expressed instead by using some form of the adjective *ganz:*

> *die ganze Zeit*   all the time

alle is a plural *der* word but before *die, diese,* or *jene,* you may find the form *all* without any ending:

> *alle alten Menschen*   all old people
> *all die/diese Verkehrsunfälle*   all the/these road accidents

See also Chapter 14 on determiners and adjectives following *alle.*

---

k) *beide* ("both") and *sämtliche* ("all") are used only in the plural:

> *Ich trinke **beide** Teesorten.*
> I drink both types of tea.

> *Sie haben **sämtliche** Vorlesungen verpaßt.*
> You have missed all the lectures.

"ein" words

a) *kein* ("not a/not any") is used instead of the negative *nicht ein:*

> *Das ist ja **kein** schönes Haus.*
> That's not a very nice house.

Its singular forms are identical to those of *ein,* but it also has plural forms:

	Masculine	Neuter	Feminine	Plural
Nominative	*kein Mann*	*kein Kind*	*keine Frau*	*keine Kinder*
Accusative	*keinen Mann*	*kein Kind*	*keine Frau*	*keine Kinder*
Dative	*keinem Mann*	*keinem Kind*	*keiner Frau*	*keinen Kindern*
Genitive	*keines Mann(e)s*	*keines Kindes*	*keiner Frau*	*keiner Kinder*

---

b) *irgendein* ("any . . . at all"):

> *Du solltest doch nicht **irgendein** (altes) Auto kaufen.*
> You shouldn't just buy any (old) car.

c) *was für ein* ("what kind of") is used to get someone to describe something or someone more precisely. The case of *ein* here depends on what the phrase is doing in the sentence, that is, whether it is the subject or object (see Chapters 9, 10, and 11 on case):

> *Was für **eine** Sportlerin war sie denn?*
> What kind of an athlete was she then?

> *Aus was für **einer** Familie kommt er?*
> What kind of family does he come from?

> *Was für **einen** Mann willst du heiraten?*
> What kind of a man do you want to marry?

d) *mein* ("my"), *dein* ("your"), *sein* ("his"/"its"), *ihr* ("her"/"their"), *unser* ("our"), *euer* ("your"), *Ihr* ("your")—sometimes called possessive adjectives—are *ein*-word determiners. They show whom the following noun belongs to, but the gender and case of their endings depend on the thing possessed:

> *Das ist **unser** alter Lehrer.*
> That's our old teacher.

> *Kennst du **ihren** Onkel?*
> Do you know her uncle?

See Chapter 5 for the full forms of these possessive adjectives.

These possessives are used much like their English equivalents. However, when you are referring to parts of the body and clothes, you should use the definite article (see also Chapter 1):

> *Ich muß mir erst mal **die Hände** waschen.*
> I have to wash my hands first.

> *Zieh doch **den Mantel** aus!*
> Take your coat off.

To avoid ambiguity, *sein* and *ihr* are sometimes replaced by *dessen* and *deren* respectively:

> *Er brachte seinen Bruder und dessen Frau.*
> He brought his brother and his (i.e., the brother's) wife.

See Chapter 5 for ways of expressing "mine," "hers," "ours," etc. following a verb. You can also express possession in German by using the genitive case (see Chapter 11) or *von* plus the dative case (see Chapter 10).

e) *ein* is used with the appropriate form of *solch* to convey "such a . . .":

> ***Einen solchen** Menschen trifft man nicht jeden Tag.*
> You do not meet someone like that every day.

In spoken German *so ein* is often preferred:

> ***So ein** Haus kostet eine Menge Geld.*
> A house like that costs a lot of money.

determiners

In fairly formal written style, *solch* can be used before *ein*:

> **Solch einen Vorschlag hatten wir noch nie gehört.**
> We had never heard such a proposal before.

---

f) *viel* ("much," "many"), *wieviel* ("how much?"), and *wenig* ("little," "few") do not change their form in the singular:

> **Wieviel** *hat er verdient?*
> How much did he earn?

> *Wir haben noch* **viel** *Arbeit.*
> We have a lot more work (to do).

> *Sie hat* **wenig** *Geld.*
> She doesn't have much money.

Note the plural form *wie viele?* which is always declined and usually written as two words:

> **Wie viele** *Gäste hast du eingeladen?*
> How many guests have you invited?

---

g) *ein wenig/ein bißchen* ("a little") and *ein paar* ("a few") do not decline:

> *in* **ein paar** *deutschen Großstädten*   in a few German cities
> *aus* **ein bißchen** *weichem Holz*   (made) of a bit of soft wood

---

h) The short form *manch* ("many a") is not often found in modern German. It is not declined, and any following adjectives take the "zero declension" endings (see Chapter 14). The word *manch* may also be followed by *ein* in formal written German:

> *in* **manch** *altem Dom*   in many an old cathedral
> **manch** *ein alter Bauer*   many an old farmer

---

i) *allerlei* ("all kinds of"), *vielerlei* ("many kinds of"), and *zweierlei*, etc. ("two, etc., kinds of") do not decline, and following adjectives take *ein*-declension endings (see Chapter 14 for these):

> *Sie litt an* **allerlei** *Krankheiten.*
> She suffered all kinds of illnesses.

---

j) *einige* ("some") is only rarely found, usually with abstract nouns (for example, *seit einiger Zeit* "for some time"). Far more common is the plural *einige*:

> **Einige** *arme Leute können sich nicht richtig ernähren.*
> Some poor people cannot feed themselves properly.

---

k) *etliche* ("quite a few") and *mehrere* ("several") are plural:

> *Wir haben* **mehrere** *interessante Bücher gekauft.*
> We've bought several interesting books.

Übung macht den Meister!

1. Was Touristen interessiert

Sie sind als Tourist auf einer griechischen Insel. Gestern haben Sie eine Nachbarinsel besucht. Dort war alles ein bißchen anders.

a. Schreiben Sie einen Vergleich. (Benutzen Sie den Nominativ: *dieser, diese, dieses,* und *jener, jene, jenes.*)

BEISPIEL: ***Dieser* Strand ist sauberer als *jener.***

1. das Wasser—klar

   Dieses Wasser ist klarer als jenes

2. die Küste—felsig

   Diese Küste ist felsiger als jene.

3. die Insel—malerisch

   Diese Insel ist malerischer als jene

4. der Zeltplatz—schattig

   Dieser Zeltplatz ist schattiger als jener

5. das Restaurant—modern

   Dieses Restaurant ist moderner als jenes

6. die Preise—niedrig

   Diese Preise sind niedriger als jene

b. Am Ende des Urlaubs beurteilen Sie, was Sie lieber mögen (Vorsicht: Akkusativ!).

BEISPIEL: **Ich mag *diesen* Strand mehr als *jenen.***

1. das Wasser

   Ich mag dieses Wasser mehr als jenes

2. die Küste

   Ich mag diese Küste meher als jene

3. die Insel

   Ich mag diese Insel meher als jene

4. der Zeltplatz

   Ich mag diesen Zeltplatz mehler als jenen.

determiners

5. das Restaurant

Ich mag dieses Restaurant meher als jenes

6. die Preise

Ich mag diese Preise meher als jene.

c. Einige Dinge auf den beiden Inseln sind gleich:

das Klima	die Sprache	das Wetter
der Hafen	die Kultur	die Einwohner
die Wetterbedingungen	der Leuchtturm	der Baustil
die Küche	die Spezialitäten	das Freizeitangebot

Schreiben Sie eine Aufzählung der selben Eigenschaften (Akkusativ!).

BEISPIEL: **Die Inseln haben dasselbe Klima. (dieselbe . . ./denselben . . ./dieselben . . .)**

1. *Die Inseln haben denselben Häfen.*
2. *Die Inseln haben dieselbe Wetterbedingungen*
3. *Die Inseln haben dieselbe Küche.*
4. *Die Inseln habe dieselbe Sprache*
5. *Die Inseln haben dieselbe Kultur*
6. *Die Inseln haben denselben Leuchtturm*
7. *Die Inseln haben dieselben Spezialitäten*
8. *Die Inseln haben dasselbe Wetter*
9. *Die Inseln haben dieselben Einwohner*
10. *Die Inseln haben denselben Baustil*
11. *Die Inseln haben dasselben Freizeitangebot*

2. Es bleibt alles beim alten!

Sie haben in Ihrem Freundeskreis ein ziemlich „langweiliges" Freundespaar, das jeden Sommer das gleiche macht. Setzen Sie in den Text die richtige Form von *jeder/jede/jedes* ein.

Diese Freunde fahren (1) *jedes* Jahr nach Spanien. Dafür sparen sie (2) *jeden*

Monat DM 100 für die Reise. (3) *Jeden* Mittwoch spielen sie mit ihren Freunden Karten.

(4) *Jeden* Pfennig, den sie dabei gewinnen, sparen sie. Sie füllen auch (5) *jede*

Woche einen Lotteriezettel aus, in der Hoffnung viel Geld zu gewinnen. Wenn sie dann in Spanien

sind, gehen sie (6) *jeden* Tag an den Strand und cremen sich (7) *jede* Stunde mit

Sonnenöl ein. Trotzdem bekommen sie (8) *jedes* Jahr einen Sonnenbrand.

3. Der arme Penner!

Setzen Sie in den Text bitte die richtige Form von *ein*, *kein*, *sein*, und *irgendein* ein.

Er schläft nachts in (1) _einem_ Park auf (2) _einer_ Bank. Er hat ja

(3) _keine_ Wohnung, (4) _irgendeines_ Dach über dem Kopf. (5) _Seiner_

Kleider sind alt und schäbig. Er hat (6) _kein_ Mantel und (7) _keine_ Schuhe,

nur (8) _ein_ alten Anorak und Sandalen. Er hat (9) _kein_ feste Adresse, also

bekommt er auch (10) _keine_ Sozialhilfe und deshalb hat er (11) _kein_ Geld.

Niemand weiß, aus was für (12) _irgendeine_ Familie er kommt, beziehungsweise an was für

(13) _irgendein_ Ort er geboren wurde. Er hat (14) _keine_ Angehörigen, nur

(15) _ein_ alten Hund, mit dem er (16) _sein_ Leben teilt.

4. Beim Einkaufsbummel in der Schweiz

Am Ende einer Klassenreise in die Schweiz kaufen zwei Schülerinnen Geschenke für ihre Familien ein. Finden Sie die passenden deutschen Wörter für die Wörter in Klammern.

Anne: (1) (How many) _Wie viele_ Geschenke möchtest du kaufen?

Becky: Ich habe schon (2) (some) _einige_ gekauft, aber ich brauche noch (3) (quite a few) _etliche_ , weil meine Familie groß ist.

Anne: (4) (How much) _Wie viel_ Geld hast du noch?

Becky: Ich habe nur noch (5) (few) _wenig_ Schweizer Franken, aber ich habe noch (6) (a little) _ein bißchen_ amerikanisches Geld.

Anne: Ich habe schon (7) (all kinds of) _allerlei_ Schokolade, (8) (many kinds of) _vielerlei_ Bonbons und sogar (9) (two kinds of) _zweierlei_ Kekse besorgt.

Becky: Meiner Mutter kaufe ich auch (10) (two kinds of) _zweierlei_ Schokolade und (11) (some) _einige_ Pralinen, weil sie so gern Süßes ißt.

Anne: Für meinen Vater, der (12) (no) _keine_ Süßigkeiten mag, kaufe ich (13) (a little) _ein bißchen_ Emmentaler Käse und (14) (several) _mehrere_ Ansichtskarten. Meinem Bruder, der Briefmarken sammelt, gebe ich einfach (15) (a few) _ein paar_ Briefmarken aus der Schweiz und (16) (a few) _ein paar_ Schweizer Münzen, denn er sammelt auch Münzen aus vielen Ländern.

Becky: (17) (Such a) _Solche_ Idee finde ich toll, das kostet nicht (18) (a lot) _viel_ !

*das Jahr
der Monat
der Mittwoch*

determiners

freie Fahrt!

1. Über Geschmack läßt sich nicht streiten

Sie sind mit einer Freundin im Modegeschäft. Es scheint, Ihre Freundin hat einen ganz anderen Geschmack als Sie. Vergleichen Sie Kleidungsstücke.

BEISPIELE: **Dieses Kleid gefällt mir sehr.**
→ **Ach nein, dieses hier ist viel schöner als jenes.**

Diese Jacke ist ganz schick.
→ **Aber diese ist doch viel schicker als jene.**

2. Der schwierige Gast

Sie bieten einem Gast verschiedene Gerichte und Getränke an, aber ihm/ihr schmeckt anscheinend nichts.

BEISPIELE: **Möchten Sie diesen Wein probieren?**
→ **Danke, ich trinke keinen Wein.**

Essen Sie lieber Schweinefleisch oder Rindfleisch?
→ **Es tut mir leid, ich esse kein Fleisch.**

3. Im Restaurant

Im Restaurant fragt Sie der Kellner, was Sie essen und trinken wollen, aber Sie wissen es nicht genau.

BEISPIELE: **Was für einen Rotwein trinken Sie?**
→ **Ich weiß es nicht genau, irgendeinen.**

Welche Früchte möchten Sie im Salat haben?
→ **Das ist mir egal, irgendwelche.**

4. Wieviel und wie viele?

Schreiben Sie jeweils zwei Sätze, in denen die Wörter *viel, wenig, ein bißchen, wie viele, jeder, mancher* vorkommen. In einem der Sätze müssen Sie entweder den Nominativ oder den Akkusativ benutzen, in dem anderen Satz entweder den Dativ oder den Genitiv.

BEISPIELE: **Wir haben noch viel Zeit.**

Ich war schon in vielen deutschen Städten.

chapter 3

Noun genders

so wird's gemacht

German nouns belong to one of three genders, or categories, known as masculine, neuter, and feminine. The definite article that comes before the noun, either *der, das,* or *die* respectively (see Chapter 1), shows the gender of the noun. While you can predict some genders from meaning (for example, most nouns denoting males are masculine), a great many you cannot. You are therefore best advised always to learn nouns with their definite articles. There are, however, a number of broad guidelines that can help you to figure out the gender of a noun.

Masculine nouns

- All nouns ending in *-ant, -ast, -ich, -ig, -ismus, -ist,* and *-ling:*

der Honig	honey
der Sozialismus	socialism
der Pessimist	pessimist
der Lehrling	apprentice

- Most nouns ending in *-ent, -er, -ing, -or,* and *-us:*

der Konkurrent	rival
der Schneider	tailor
der Fasching	carnival

- Male persons and animals:

der Onkel	uncle
der Schriftsteller	writer
der Hund	dog
der Tiger	tiger

- Days of the week, months, seasons:

der Donnerstag	Thursday
der März	March
der Herbst	autumn

BUT: *das Frühjahr* (spring)

- Points of the compass and types of weather:

der Osten	east
der Südwesten	southwest
der Regen	rain
der Schnee	snow

BUT: *das Wetter* (weather), *das Eis* (ice)

- Makes of car:

der VW
der Mercedes
der Peugeot

- Alcoholic drinks:

der Alkohol	alcohol
der Wein	wine
der Schnaps	schnapps

BUT: *das Bier* (beer)

- Rocks and minerals:

der Stein	stone
der Kies	gravel

BUT: *die Kohle* (coal), *das Erz* (ore)

Neuter nouns

- Most nouns ending in *-at, -chen, -ett, -icht, -il, -it, -ium, -lein, -ma, -ment, -sal, -tum, -um:*

das Mädchen	girl
das Gewicht	weight
das Gymnasium	grammar school
das Experiment	experiment

Note, in particular, the *-chen* and *-lein* endings, which change the gender of original masculine and feminine nouns:

das Kätzchen	kitten (from *die Katze*)
das Hündlein	small dog (from *der Hund*)

- Almost all nouns with the prefix *Ge-* denoting a collection of things or people:

das Gepäck	luggage
das Gemüse	vegetables
das Gedränge	crowd/crush

- Young persons and animals:

das Kind	child
das Lamm	lamb

- Names of continents, towns, and most countries:

das heutige Asien	present-day Asia
das alte Trier	old Trier
das neue Südafrika	the new South Africa

- Movie houses, cafés, restaurants, and hotels:

  das Odeon
  das Kempinski
  das Savoy

- Letters of the alphabet:

ein großes P	a capital "p"

- Other parts of speech, such as adjectives, infinitives, and pronouns, when they are used as nouns:

das Blau des Himmels	the blue of the sky
das Rauchen	smoking
das Du	the "du" form

- Scientific units and measurements:

das Neutron	neutron
das Gramm	gram
das Pfund	pound

- Chemical elements and metals:

das Silber	silver
das Gold	gold
das Kupfer	copper

Feminine nouns

- Most nouns ending in *-anz, -ei, -enz, -schaft, -sis, -ung, -ur:*

die Meisterschaft	championship
die Übung	exercise
die Figur	figure

noun genders

- Nouns ending in *-ie, -ik,* and *-ion* are almost always of foreign origin:

die Chemie	chemistry
die Physik	physics
die Explosion	explosion

- Nouns with the less common endings *-age* and *-ette* are also mainly of foreign origin:

die Collage	collage
die Marionette	(string) puppet

- The ending *-in* usually denotes a female person:

die Lehrerin	teacher
die Reiseleiterin	courier

- Note the rhyming pair *-heit* and *-keit:*

die Gesundheit	health
die Schwierigkeit	difficulty

- And note that *-tät* is usually the equivalent of English "-ty":

die Qualität	quality
die Identität	identity

- Female persons and animals:

die Frau	woman
die Mutter	mother
die Kuh	cow
die Katze	cat

  BUT: *das Mädchen* (girl), *das Fräulein* ("Miss," [young] woman)

- Most river names:

die Mosel	Moselle
die Donau	Danube
die Oder	

  BUT: *der Rhein, der Main*

- Most flowers and trees:

die Hyazinthe	hyacinth
die Tulpe	tulip
die Eiche	oak
die Buche	beech

- Numerals used as nouns:

die Drei	three
die Hundert	hundred
die Million	million
die Milliarde	billion

- Ships, airplanes, and motorcycles:

die Titanic
die Concorde
die Suzuki

- Nouns formed from measurement or size adjectives:

die Länge	length
die Höhe	height
die Breite	width

Compound nouns

a) Many nouns in German are formed by combining two or more shorter nouns. In such cases, the second or last part of the compound decides the gender. For example, *der Autofahrer* "car driver" is made up of *das Auto* and *der Fahrer*.

Note that you often need to link such nouns with *-e, -en, -es, -n,* or *-s* (for example, *der Küchentisch*). See Chapter 39 for further examples of this.

b) Abbreviations take their gender from the main noun, but this is not always the final element:

der DGB (**der** *Deutsche Gewerkschafts***bund**)   Federation of German Trade Unions

BUT: *die SPD* (**die** *Sozialdemokratische* **Partei** *Deutschlands*) (Social Democratic Party)

Nouns with two genders

German has several nouns with different genders for different meanings. These nouns often have distinct plural forms. Among the most common are:

der Band (pl. *Bände*) volume/book	*das Band* (pl. *Bänder*) ribbon/tape
	das Band (pl. *Bande*) bond, fetter
	die Band (pl. *Bands*) band/pop group
der Gehalt (pl. *Gehalte*) content(s)	*das Gehalt* (pl. *Gehälter*) salary
der Leiter (pl. *Leiter*) leader	*die Leiter* (pl. *Leitern*) ladder
der Messer (pl. *Messer*) gauge, surveyor	*das Messer* (pl. *Messer*) knife
der Pony (no plural) fringe of hair	*das Pony* (pl. *Ponys*) pony
der Schild (pl. *Schilde*) shield	*das Schild* (pl. *Schilder*) (metal) sign
der See (pl. *Seen*) lake	*die See* (no plural) sea
die Steuer (pl. *Steuern*) tax	*das Steuer* (pl. *Steuer*) steering wheel

noun genders

Übung macht den Meister!

1. Keine Regel ohne Ausnahme!

Finden Sie das Wort, das nicht in die Reihe paßt:

1. Hund, Löwe, Vogel, <u>Schwein</u>, Fisch.
2. Katze, Maus, Giraffe, Schlange, <u>Affe.</u>
3. Regen, <u>Wetter</u>, Wind, Schnee, Hagel.
4. Sekt, <u>Bier</u>, Wein, Likör, Schnaps.
5. Deutschland, Österreich, <u>Schweiz</u>, Polen, Italien.
6. Sechs, <u>Dutzend</u>, Zwanzig, Million, Milliarde.
7. <u>Mädchen</u>, Frau, Schwester, Tante, Ärztin.
8. Mosel, Elbe, <u>Rhein</u>, Donau, Ruhr.
9. Audi, Volkswagen, Opel, <u>Concorde</u>, Mercedes.

2. Schützt unsere Umwelt!

Für einen Aufsatz über Umweltprobleme haben Sie hier eine Liste mit nützlichen Wörtern. Ordnen Sie sie in Gruppen je nach Geschlecht der Wörter. (Versuchen Sie die Übung zunächst einmal ohne Wörterbuch!)

das Wetter	der Demonstrant	das Schornstein
der Abfall	der Regen	das Gas
der Atommeiler	die Fabrik	die Industrie
das Fahrzeug	die Verschmutzung	die Luft
der Wald	die Pflanze	die Auswirkung
das Gift	die / der Schadstoffe	der Müll
die Bedingung	der Umweltsünder	der Verkehr
die Wiederverwertung	die Maßnahmen	die Erhaltung
die Erde	die Kohle	das Erdöl
das Wachstum	das Problem	die Gesundheit
das Abwasser	das Meer	die Abgase
die Demonstration	das Waldsterben	das Kraftwerk
das Benzin	der Protest	

der	die (F)	das	die (PL)
Alb		Kalb	

3. „Umwelt"-wörter

Für denselben Aufsatz suchen Sie zusammengesetzte Wörter, die zu einem Teil aus dem Wort „Umwelt" bestehen. Schreiben Sie diese neuen Wörter mit dem passenden Artikel.

BEISPIEL: **Belastung → die Umweltbelastung**

der Schutz
die Verschmutzung
der Minister
die Konferenz
der Sünder

das Gesetz – закон
die Katastrophe
die Politik
die Maßnahmen
die Regelungen

der Schaden
die Partei
die Steuer
das Ministerium

der

_____
_____
_____
_____

die (F)

_____
_____
_____
_____
_____
_____

das

_____
_____

die (PL)

_____
_____

noun genders

freie Fahrt!

1. Kettenspiel

a. Mit Hilfe eines Wörterbuches schreiben Sie für jeden Buchstaben fünf Nomen (für die Buchstaben „e" und „n" finden Sie jeweils zehn).

BEISPIEL: **der Apfel, die Aula, die Allergie, usw.**

b. Arbeiten Sie zu zweit! „A" nennt ein Nomen (inklusive *der/die/das*). „B" muß ein anderes Nomen nennen, das mit dem letzten Buchstaben dieses Wortes beginnt. „B" muß auch das Geschlecht des neuen Wortes angeben. Wörter dürfen nur einmal benutzt werden. Machen Sie weiter, bis Sie alle Nomen für einen Buchstaben benutzt haben.

BEISPIEL: **A: der Man*n* → B: der Nam*e* → A: das Ei*s* → B: die Sprache**

2. Ein Wettspiel

Arbeiten Sie zu viert! Die Gruppe teilt sich in zwei Mannschaften von jeweils zwei Personen auf. Mannschaft „A" nennt ein Nomen (dessen Geschlecht sie kennt!), und Mannschaft „B" muß das Geschlecht (*der, die,* oder *das*) angeben. Tauschen Sie dann die Rollen. Jede Mannschaft soll 20 Fragen stellen. Für jede richtige Antwort bekommt die Mannschaft einen Punkt. Zusatzpunkte gibt es für eine Erklärung des Geschlechts (lesen Sie noch einmal Seiten 21–25!) Wer mehr als 30 Punkte bekommt, ist Sieger!

3. Andere Länder, andere Wörter

Im Deutschen gibt es viele Fremdwörter (z.B. *der Computer, die Mode*). Suchen Sie in einer Zeitung oder Zeitschrift nach Wörtern, die ursprünglich aus anderen Sprachen kommen und stellen Sie (anhand eines Wörterbuches, wenn nötig) die Geschlechter (*der, die,* oder *das*) fest! Aus welcher Sprache kommen die meisten Fremdwörter? Sind sie meistens männlich, weiblich oder sächlich?

chapter 4

Noun plurals

so wird's gemacht

Unlike in English, where the plural ending is almost always "-s," in German you can form noun plurals in several different ways. As with genders, you need to learn the plural form when you first learn a noun.

Main plural

There are six main plural endings. Some of these are typical of certain genders or singular endings. The main patterns are:

Plural in *-n* or *-en*

A large number of nouns take this ending, including:

a) Feminine nouns ending in *-e, -ei, -heit, -in* (in job titles a second *n* is inserted before the "-en" ending), *-keit, -schaft, -ung*:

die Lampen	lamps
die Lehrerinnen	teachers
die Schwierigkeiten	difficulties
die Lösungen	solutions

b) All nouns ending in *-ant, -ent, -enz, -ie, -ik, -ion, -ist, -oge, -tät:*

die Präsidenten	presidents
die Theorien	theories
die Informationen	information

Plural in -e or ¨ + -e

a) The -e ending is taken by a large number of masculine and neuter nouns with one syllable:

das Bein, die Beine	legs
das Jahr, die Jahre	years
der Ort, die Orte	places
der Tag, die Tage	days

b) An umlaut is often placed on the stressed vowel in such nouns:

der Ball, die Bälle	balls
der Stuhl, die Stühle	chairs

Note that the ¨ + -e ending is found in a number of feminine nouns too:

die Städte	towns/cities
die Wände	walls

c) Nouns ending in -är and -eur:

die Pensionäre	pensioners
die Jongleure	jugglers

No change in the plural

a) Most masculine nouns in -el, -en, -er:

die Gürtel	belts
die Reifen	tires
die Helfer	helpers

b) Diminutives in -chen, -lein:

die Mäuschen	little mice
die Entlein	ducklings

Plural in ¨ only

Here the only change is to add an umlaut to the stressed vowel:

die Brüder	brothers
die Mäntel	coats
die Töchter	daughters

Plural in *-er* or *¨* + *-er*

a) The *-er* ending appears mainly in neuter nouns of one syllable and a few masculine nouns of one syllable:

das Ei, die Eier	eggs
das Kleid, die Kleider	dresses
das Lied, die Lieder	songs

b) With the *-er* plural ending an umlaut is placed on the preceding vowel or vowel combination whenever it can take one:

das Haus, die Häuser	houses
das Land, die Länder	countries
der Wald, die Wälder	forests

Plural in *-s*

You find this ending:

a) On nouns that have recently entered German from other languages, especially English:

die Appartements	
die Hotels	
die Parks	
die Schecks	checks

b) On abbreviations and shortened words:

die LKWs	trucks
die Kulis	ballpoint pens

Other Plurals

a) A small number of nouns can have two meanings, with each meaning taking a distinct plural. For example:

die Bank, die Bänke	benches	**and**	*die Banken*	banks
der Rat, die Räte	councils	**and**	*die Ratschläge*	pieces of advice
der Stock, die Stöcke	sticks	**and**	*die Stockwerke*	stories, floors in a building
das Wort, die Wörter	individual words	**and**	*die Worte*	connected words

See also Chapter 3 for nouns with two genders.

b) Nouns ending in *-ma* have plural in *-men:*

die Firma, die Firmen	companies
das Thema, die Themen	topics, themes

c) Words from Greek and Latin ending in *-os, -us,* or *-um* usually take *-en* in the plural:

der Mythos, die Mythen	myths
das Visum, die Visen	visas

Übung macht den Meister!

1. Alles doppelt!

Familie Müller hat einen kleinen Sohn, der nächste Woche eingeschult wird. Die neue Ausrüstung für die Schule liegt bereit. Die Brauns, ihre Nachbarn, haben Zwillinge. Sie brauchen alles doppelt.

Im Haus der Müllers liegt bereit:

eine Schuluniform
1. ein Mantel
2. ein Blazer
3. eine Jacke
4. eine graue Hose
5. eine gestreifte Krawatte
6. ein Hemd
7. ein Trainingsanzug
8. ein Paar Schuhe
9. eine Badehose
10. ein Tennisschläger
11. eine Schultasche
12. ein Geldbeutel
13. ein Fahrrad (für den Schulweg)

Im Haus der Brauns liegen bereit:

→ zwei Schuluniform**en**
→ zwei *Mäntel*
→ *zwei Blazers*
→ *zwei Jacken*
→ *zwei grauen Hosen*
→ *zwei gestreifte Krawatten*
→ *zwei Hemden*
→ *zwei Trainingsanzüge*
→ *zwei Paar Schuhe*
→ *zwei Badehosen*
→ *zwei Tennisschlägers*
→ *zwei Schultaschen*
→ *zwei Geldbeutels*
→ *zwei Fahrräder*

2. Auch im Kinderzimmer findet man alles doppelt vor

Was steht im Kinderzimmer der Brauns?

BEISPIEL: **Dort steht nicht ein Bett, sondern zwei Betten.**

1. nicht ein Stuhl, _Dort steht nicht ein Stuhl, sondern zwei Stühle_
2. nicht eine Kommode, _Dort steht nicht eine Kommode, sondern zwei Kommoden_
3. nicht ein Schreibtisch, _Dort steht nicht ein Schreibtisch, sondern zwei Schreibtische_
4. nicht eine Schreibtischlampe, _Dort steht nicht eine Schreibtischlampe,_
5. nicht ein Spiegel, _-_
6. nicht ein Bücherregal, _e_
7. nicht ein Spielcomputer, _____
8. nicht ein CD-Spieler, _____
9. nicht ein Fußball, _¨-e_
10. nicht eine Eisenbahn, _-en_
11. nicht ein Paar Rollschuhe, _-_
12. nicht ein Baukästen, _-_
13. nicht eine Spielpistole, _n_
14. nicht eine Trompete, _n_

3. Auf einem Familientreffen

Alle diese Personen erscheinen zum 65. Geburtstag des Lehrers Franz-Josef Apel. Wer gehört zu wem (grammatikalisch gesehen)?

Enkel (m.)	Vater (m.)	Lehrer (m.)	Dame (f.)
Cousine (f.)	Tante (f.)	Herr (m.)	Enkelin (f.)
Tochter (f.)	Neffe (m.)	Onkel (m.)	Kollege (m.)
Mutter (f.)	Nichte (f.)	Schüler (m.)	Pfarrer (m.)
Bruder (m.)	Vetter (m.)	Freundin (f.)	Student (m.)
Sekretärin (f.)	Schwager (m.)	Schwester (f.)	Frau (f.)

Wie heißen sie im Plural und in welche Gruppen gehören die Nomen?

Keine Endung	-n Endung	Umlaut	-en Endung	-nen Endung
die Enkel	die Damen	die Töchter	die Frauen	die Freundinnen
der Lehrer	die Tanten	die Mütter	die Cousinen	die Sekretärinnen
der Onkel	die Neffen	der Brüder	die Herren	die Enkelinnen
die Schüler	die Nichten	die Väter		
die Pfarrer	die Vettern	die Schwäger		
	die Schwestern			
	die Kollegen			
	die Studenten			

noun plurals

freie Fahrt!

1. Für alle Fälle

Arbeiten Sie in Gruppen von vier oder fünf! Die Großmutter eines deutschen Freundes kauft alles doppelt—für alle Fälle! Jede(r) muß die Einkaufsliste der Großmutter erweitern, indem er (sie) eine neue Ware (im Plural, versteht sich!) hinzufügt. Dabei dürfen Sie nichts aufschreiben!

BEISPIEL:

A: **Meine Großmutter ist zum Supermarkt gegangen und hat zwei Äpfel gekauft.**

B: **Meine Großmutter ist zum Supermarkt gegangen und hat zwei Äpfel und zwei Flaschen Bier gekauft.**

C: **Meine Großmutter ist zum Supermarkt gegangen und hat zwei Äpfel, zwei Flaschen Bier und zwei Pullis gekauft.**

Wie viele Waren können Sie im Kopf behalten?

2. Rate mal!

Arbeiten Sie zu zweit! Mit Hilfe eines Wörterbuches macht jede(r) für sich eine Liste von 30 Nomen im Plural: jeweils zwei für die folgenden Endungen.

-e, -ei, -heit, -in, -keit, -schaft, -ung, -ie, -ik, -ist, -oge, -tät, -el, -en, -er.

BEISPIEL:

-e: die Schlangen, die Zigarren
-ei: die Metzgereien, die Büchereien

(Vorsicht! Nicht alle Nomen können im Plural benutzt werden!)

Fragen Sie dann Ihren (Ihre) Partner(in), ob er (sie) weiß, was (zum Beispiel) "snakes" oder "bookstores" auf Deutsch heißt. Für jede richtige Antwort bekommen Sie zwei Punkte. Wenn Sie den (die) Partner(in) um den Anfangsbuchstaben bitten (z.B. „S" oder „M"), können Sie höchstens einen Punkt erzielen. Wer hat am Ende die meisten Punkte?

3. Testen Sie sich!

Suchen Sie zehn Minuten lang im Wörterbuch nach zwei Beispielen von jeder der sieben Kategorien von Nomen im Plural auf Seiten 40–42! Arbeiten Sie zu zweit und prüfen Sie, ob Ihr(e) Partner(in) die Pluralform von jedem Ihrer Nomen kennt und ob Sie seine (ihre) kennen. Wie viele haben Sie gekannt?

chapter 5

Pronouns

so wird's gemacht

A pronoun is a word that stands in place of a person or thing. For example, in English instead of "the house" you could say "it," or instead of "a woman" you might use "she" or "her." These are examples of personal pronouns.

Personal pronouns

The personal pronouns in German are:

	Singular		**Plural**	
1st person	*ich*	I	*wir*	we
2nd person (familiar)	*du*	you	*ihr*	you
2nd person (formal)	*Sie*	you	*Sie*	you
3rd person	*er, sie, es*	he, she, it	*sie*	they

1. Use of *du, ihr,* and *Sie*

You will see from the table above that you can address people in either a familiar or a formal way. Note that the plural of the familiar *du* is *ihr,* but the formal or polite *Sie* is the same in singular and plural. Since we do not have this distinction in English, you need to pay particular attention to how these two forms are used in German. If you fail to use them correctly, you could cause offense. A useful rule of thumb is that except in obvious circumstances, such as addressing an old friend, familiar forms should not be used until the native speaker you are talking/writing to uses them to address you.

The use of the various forms can be summarized as follows.

- *Du/ihr* is used when addressing:
    —relatives and close friends
    —children up to about the age of 14 or 15
    —fellow students
    —colleagues in manual or blue-collar jobs
    —animals

- *Sie* is used in all other circumstances, in particular:
    —with adults who are strangers
    —with colleagues in non–blue-collar jobs
    —by teachers when addressing students in the senior classes of secondary school.

It is often difficult to know when to start using *du*. The best advice is to follow the lead of the Germans you are speaking to. **If you are ever in any doubt, use *Sie*.** Note that, except in letter writing, *du/ihr* and the related possessive adjectives, such as *dein*, etc. and *euer*, etc., are written with small letters. In all contexts the various forms of *Sie* and the possessive adjective *Ihr* ("your") are written with a capital letter.

2. Pronouns and case

German pronouns change their form according to their case (see Chapters 9, 10, and 11). One of the few remaining examples of case change in English is the pronoun system: "I—me," "she—her," "he—him."

The full personal pronoun system is:

Singular			Plural		
Nominative	**Accusative**	**Dative**	**Nominative**	**Accusative**	**Dative**
ich	*mich*	*mir*	*wir*	*uns*	*uns*
du	*dich*	*dir*	*ihr*	*euch*	*euch*
Sie	*Sie*	*Ihnen*	*Sie*	*Sie*	*Ihnen*
er	*ihn*	*ihm*	*sie*	*sie*	*ihnen*
sie	*sie*	*ihr*	*sie*	*sie*	*ihnen*
es	*es*	*ihm*	*sie*	*sie*	*ihnen*

The following illustrates how these personal pronouns are used:

Mein Vater ist fast immer verreist. **Er** (= nominative) *ist zur Zeit in Paris.*
My father is almost always away on business. He is currently in Paris.

Der Film soll gut sein. Wollen wir **ihn** (= accusative) *sehen?*
The movie is supposed to be good. Shall we go see it?

*Wo ist deine Schwester? Ich bin doch mit **ihr** (= dative) verabredet.*
Where is your sister? I had a date with her.

Note that the genitive forms (*meiner, deiner, Ihrer, seiner, ihrer, seiner; unser, euer, Ihrer, ihrer; ihrer, ihrer*) are very rare and are nowadays only found with verbs taking the genitive case:

*Viele unserer Kameraden sind im Krieg gefallen. Dieses Jahr möchten wir **ihrer** gedenken.*
Many of our comrades died in the war. We would like to commemorate them this year.

The forms *meinetwegen, deinetwegen, Ihretwegen, seinetwegen, ihretwegen, seinetwegen; unsertwegen, euretwegen, Ihretwegen, ihretwegen,* mean "because of me (etc.)/for my (etc.) sake."

*Ich bin doch **seinetwegen** extra in die Stadt gegangen.*
I went downtown especially for him/because of him.

3. Alternative personal pronouns

- *Dieser, diese, dieses* is used for emphasis, especially in spoken German, in place of *er, sie, es:*

   *Dann ist sein Bruder angekommen. **Dieser** wollte nichts damit zu tun haben.*
   Then his brother arrived. **He** wanted nothing to do with it.

   Note that *dieser* and *jener* are also used for "the latter" and "the former" respectively (see Chapter 2).

- The definite article *der, die, das* is frequently used in place of personal pronouns in conversation:

   ***Die** arbeiten schon lange hier.*
   They've been working here a long time.

   ***Von dem** kriegst du ja gar nichts.*
   You'll get absolutely nothing out of him.

For the reflexive pronoun forms, see Chapter 31.

Possessive adjectives and pronouns

The endings of the possessive adjectives *mein, dein* ("my," "your," etc.) are the same as those for *ein* (see Chapter 1):

	Masculine	Neuter	Feminine	Plural
Nominative	*mein*	*mein*	*meine*	*meine*
Accusative	*meinen*	*mein*	*meine*	*meine*
Dative	*meinem*	*meinem*	*meiner*	*meinen*
Genitive	*meines*	*meines*	*meiner*	*meiner*

Possessive adjectives usually come before the noun to which they refer. However, when they **follow** the verb (often *sein* or *haben*) they are known as possessive pronouns (like "mine," "yours," etc.). Possessive pronouns have two forms not shared by the possessive adjectives:

a) The masculine nominative singular (for example, referring to *der Wagen*)

meiner	mine (i.e., my car)	*uns(e)rer*	ours
deiner	yours	*eurer*	yours
Ihrer	yours	*Ihrer*	yours
seiner	his	*ihrer*	theirs
ihrer	hers		
seiner	its		

b) The neuter nominative and accusative singular (for example, referring to *das Problem*)

meins	mine (i.e., my problem)	*uns(e)res*	ours
deins	yours	*eures*	yours
Ihres	yours	*Ihres*	yours
seines	his	*ihres*	theirs
ihres	hers		
seines	its		

*Ist das sein Mantel?—Nein, er ist **meiner.***
Is that his coat?—No, it's mine.

*Wem gehört das Haus? Ist es **deins**?*
Whom does the house belong to? Is it yours?

In all other forms, they decline like the possessive adjective:

*Fahren wir mit deinem Wagen?—Ja, mit **meinem.***
Shall we go in your car?—Yes, in mine.

Relative pronouns

These are virtually identical in form with the definite article *der, die, das* (see Chapter 1). You should note the following four key points about relative pronouns:

• A relative pronoun introduces a so-called relative clause (see Chapter 20).

• It sends the finite verb (i.e., the one verb that changes to agree with the subject) to the end of the clause.

• It must agree in number and gender with the noun or phrase to which it refers. (In the plural, of course, it only needs to agree in number.)

• The grammatical case of the relative pronoun is decided by its role in the relative clause:

*der Freund, **der** mich eingeladen hat, . . .*   the friend who invited me . . .
(here the nominative **der** is the subject of the relative clause)

*der Freund, **den** ich einladen möchte, . . .*   the friend (whom) I would like to invite . . .
(here the accusative **den** is the object of the clause)

*die Beamtin, **der** er den Brief gab, . . .*   the official to whom he gave the letter . . .
(here **der** is the dative as it is the indirect object of the verb *geben*)

Note that in formal style Germans sometimes use *welcher* (see Interrogative pronouns (c) below) instead of *der,* especially when they wish to avoid repetition of *der:*

*Der Wirtschaftsminister, **welcher** den Gesetzesvorschlag unterstützt hatte, mußte zurücktreten.*
The economics minister, who had supported the draft bill, was forced to resign.

For further information on relative pronouns, see Chapter 20.

Interrogative pronouns

You use these to introduce questions. There are three interrogative pronouns: *wer* ("who"), *was* ("what"), and *welcher* ("which").

---

a) *wer* declines as follows:

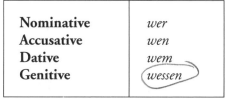

Nominative	*wer*
Accusative	*wen*
Dative	*wem*
Genitive	*wessen*

> **Wen** haben Sie gefragt?
> Whom did you ask?

> Mit **wem** hat sie getanzt?
> With whom did she dance?

The genitive form *wessen* is rather formal and is usually avoided:

> **Wem** gehört das Auto?
> To whom does the car belong?

rather than:

> **Wessen** Auto ist das?
> Whose car is it?

---

b) *was* is only used to refer to things and has one other form, the literary-sounding genitive *wessen.* The word *was* cannot normally be used with a preposition and is replaced by *wo-* or *wor-* + preposition (see Chapter 15):

> **Wogegen** hat man gestreikt?
> What was the strike about?

> **Worüber** haben sie gestritten?
> What did they argue about?

c) *welcher* is declined like *dieser* and is normally used either as a determiner (see Chapter 2) or as an interrogative pronoun:

> *Ich habe zwei Autos. **Welches** gefällt dir besser?*
> I have two cars. Which do you prefer?

Welcher is hardly ever used in the genitive.

Indefinite pronouns

a) *einer, eine, eins* ("one") declines like *meiner, meine, meins* (see Possessive adjectives and pronouns above):

> *Ich habe kein Buch. Hast du **eins**?*
> I haven't got a book. Do you have one?

b) *man,* meaning "one," "people in general," and "they," is used a great deal in German:

> ***Man** kann ja nicht alles wissen.*
> You can't know everything.

The accusative of *man* is *einen* and the dative of *man* is *einem:*

> *Man muß ihnen helfen, auch wenn es **einen** eilt.*
> You have to help them even if you're in a hurry.

c) *jemand* (meaning "someone") and *niemand* (meaning "no one") decline as follows:

Nominative	*jemand*	*niemand*
Accusative	*jemanden*	*niemanden*
Dative	*jemandem*	*niemandem*
Genitive	*jemandes*	*niemandes*

In **spoken** German, the accusative and dative often have no ending; that is, *jemand* and *niemand* are used:

> *Wir kennen hier **niemanden** OR **niemand.***
> We don't know anyone here.

Übung macht den Meister!

1. Wann duzt man sich, wann sagt man Sie?

Die Lehrer an einem Gymnasium nennt man Studienräte/Studienrätinnen. Sie duzen die Schüler der Unter- und der Mittelstufe. In der Oberstufe werden die Schüler mit „Sie" angeredet. Setzen Sie die passenden Pronomen (*du, ihr, Sie*) ein.

a. Ein Studienrat sagt zu seinen Schülern in Klasse 5/6 (Unterstufe):

Habt _ihr_ eure Hausaufgaben gemacht?

Wollt _ihr_ lieber im Klassenzimmer bleiben oder auf den Schulhof gehen?

Seid _ihr_ alle vollzählig hier?

Ihr müßt für nächste Woche einen Aufsatz schreiben.

Ihr sollt die neue Lektion sorgfältig durchlesen.

Ihr könnt die Aufgaben für die nächste Stunde machen.

b. Die Schüler sprechen untereinander auf dem Schulhof:

Gibst _du_ mir einen Kaugummi?

Kannst _du_ mir das nochmal erklären?

Hilfst _du_ mir bei den Hausaufgaben?

_Du_ hörst mir ja gar nicht zu.

_Du_ weißt doch, daß ich keine Zeit habe.

_Du_ sollst mich nicht immer stören.

c. Die Schüler wenden sich an die Lehrer:

Könnten _Sie_ mir das noch einmal erklären, Herr Klug?

Würden _Sie_ das bitte wiederholen?

Helfen _Sie_ mir bitte bei dieser Mathematikaufgabe?

Ich kann _Sie_ nicht verstehen, Frau Berg.

Machen _Sie_ mit uns eine Klassenfahrt?

Was für eine Note geben _Sie_ mir für den Aufsatz?

2. Meine Schule

Ein deutscher Schüler beschreibt seinem englischen Brieffreund seine Schule. Setzen Sie die Pronomen *er, sie, es* ein.

Ich gehe auf ein Gymnasium. (1) __Es__ liegt in der Stadtmitte und (2) __es__ heißt Goethe-Gymnasium. (3) __Es__ ist ein gemischtes Gymnasium, das heißt, (4) __es__ wird von Jungen und Mädchen besucht.

Die Schule ist ziemlich alt. (5) __sie__ wurde 1920 erbaut. Heute besteht (6) __sie__ aus mehreren Gebäuden. (7) __sie__ liegen um einen Schulhof herum. (8) __sie__ dient uns als Pausenhof und teilweise als Sportplatz. Es gibt eine Turnhalle, (9) __sie__ liegt neben dem Hauptgebäude, daneben befindet sich der Kunstraum, der ziemlich neu ist. (10) __er__ wurde erst vor zwei Jahren fertiggestellt. Auf der anderen Seite liegen die Chemie- und Physiklaboratorien. (11) __sie__ sind ein bißchen altmodisch und sollen demnächst modernisiert werden. Das neue Schwimmbad liegt gegenüber. (12) __Es__ wurde erst letztes Jahr eingeweiht.

Die Schüler an unserer Schule sind etwa 10–19 Jahre alt. (13) __sie__ kommen im Alter von zehn Jahren in diese Schule und treten in die sogenannte Unterstufe ein. Nachdem (14) __sie__ die sogenannte Mittelstufe durchlaufen haben, kommen (15) __sie__ im Alter von 16–17 Jahren in die Oberstufe. (16) __Es__ dauert drei Jahre. Die Schüler der Oberstufe haben alle vor, das Abitur zu machen, weil (17) __sie__ zum Zugang zur Universität berechtigt. (18) __Es__ ist eine schwierige Prüfung. Viele der Schüler bestehen (19) __es__ nicht.

3. Sie haben ihre Herzen in Heidelberg verloren

Ersetzen Sie die eingeklammerten Namen mit den passenden Pronomen.

1. (Barbara) __sie__ wohnt in Hamburg. (Horst) __er__ kommt aus München. (Barbara und Horst) __sie__ studieren in Heidelberg. (Barbara und Horst) __sie__ kennen sich nicht.

2. (Barbara) __Sie__ sieht (Horst) __ihn__ in der Universität. (Barbara) __sie__ findet (Horst) __ihn__ ganz toll, sie wirft (Horst) __ihm__ interessierte Blicke zu, aber (Horst) __er__ bemerkt (Barbara) __sie__ nicht.

3. Ein paar Tage später gehen (Barbara und Ulla) __sie__ in die Disco. Dort treffen sie (Horst) __ihn__. (Barbara) __sie__ tanzt mit (Horst) __ihm__, sie gefällt (Horst) __ihm__. Am nächsten Tag schenkt er (Barbara) __ihr__ Blumen! Er trifft (Barbara) __sie__ jetzt täglich.

4. Bald kauft (Horst) __er__ einen Ring für (Barbara) __sie__. (Barbara und Horst) __sie__ verloben sich und (Barbara) __sie__ heiratet (Horst) __ihm__ ein Jahr später. (Barbara und Horst) __sie__ leben glücklich und zufrieden bis an ihr Lebensende!

4. Partygespräche

Folgende Sätze sind auf vielen Partys zu hören. Setzen Sie die richtigen Pronomen ein.

1. Darf ich vorstellen, das ist (my) __mein__ Mann und das ist (his) __ihre__ Schwägerin.

2. Möchten Sie bitte (your, *polite*) __Ihren__ Mäntel ablegen.

3. Guten Abend, wie geht es (your, *polite*) __Ihren__ Eltern?

4. Wir sind heute abend mit (his) __ihm__ Wagen gekommen. Ich habe (mine) __meiner__ zu Hause gelassen.

5. Können Sie mir (my) __meines__ Glas nachfüllen?

6. Entschuldigung, sitze ich auf (your, *polite*) __Ihnen__ Platz?

7. Wir haben heute abend einen Babysitter für (our) __unsere__ Kinder gefunden. Wer versorgt (yours, *familiar plural*) __Ihnen__?

8. Ist das (your, *familiar*) __deinen__ Teller?—Nein, es ist der Teller (of my) __meiner__ Frau.

9. Ist die junge Dame (his) __ihr__ Schwester?—Nein, sie ist (his) __ihrer__ Freundin.

10. Wir schreiben Ihnen (our) __unsere__ Adresse und (our) __unsere__ Telefonnummer auf.

11. Er kann (his) __ihren__ Mantel, und ich kann (my) __meinen__ Schirm nicht finden.

12. Vielen Dank für (your, *polite*) __Ihner__ Einladung.

5. Niemand kennt sich aus

Auf der Party treffen viele Leute zusammen, die sich alle fremd sind und auch den Gastgeber nicht besonders gut kennen. Man hört diese Aussagen und Fragen. Setzen Sie die richtigen Pronomen ein.

1. (Who) __Wer__ ist der Gastgeber?

2. Wo legt (one) __man__ die Mäntel ab?

3. Sitzt hier schon (anybody) __jemanden__?

4. Nein, hier sitzt (nobody) __niemanden__.

5. Ich kenne (nobody) __niemand__ unter den Gästen.

6. (Who) __Wer__ ist der Herr dort drüben?

pronouns

7. (Whom) _Wen_ haben Sie mitgebracht?

8. (Which) _Welcher_ Wein schmeckt besser, der Weiße oder der Rote?

9. (Which) _Welche_ Kuchen möchten Sie probieren?

10. Könnte (somebody) _jemand_ bitte ein Taxi rufen?

11. (Nobody) _Niemand_ weiß, wo sich das Telefon befindet.

freie Fahrt!

1. Können Sie mir helfen?

Arbeiten Sie zu zweit! Machen Sie eine Liste von 20 Sehenswürdigkeiten, Straßen oder Gebäuden, die man in einer typischen deutschen Stadt finden würde (*das Denkmal, die Hauptstraße, der Stadtpark, der Zoo, usw.*) „A" fragt „B", wo sich die verschiedenen Sehenswürdigkeiten, usw. befinden. „B" weiß nicht genau und kann nur sagen, wie weit entfernt sie sind. Tauschen Sie nach zehn Fragen die Rollen:

BEISPIELE: **Wo ist hier der Zoo?**
→ *Er* ist nur 100 Meter/zwei Kilometer von hier.

Wo befindet sich die Hauptstraße?
→ *Sie* ist nicht weit von hier, etwa 300 Meter.

Wo finde ich das Kriegerdenkmal?
→ *Es* steht hier (irgendwo) in der Nähe.

2. Wer kauft was?

Am Samstagmorgen sitzen Herr und Frau Richter am Frühstückstisch. Sie gehen heute in verschiedene Läden und Frau Richter will wissen, wer was kaufen wird. Stellen Sie sich ihren Dialog vor.

BEISPIELE: **Wer kauft denn heute das Fleisch?**
→ **Ich kaufe *es*.**

Wer kauft die Milch?
→ **Ich kaufe *sie*.**

Machen Sie zu zweit weiter! „A" stellt die Frage, „B" bietet an, das Produkt zu kaufen. Tauschen Sie nach jeder Frage die Rollen.

3. Die neue Wohnung hat Probleme

Arbeiten Sie zu zweit! „A" ist gerade in eine neue Wohnung eingezogen und muß vieles reparieren lassen. „A" fragt die Person „B" ob er (sie) jemanden kennt, der helfen kann.

BEISPIEL: A: Kennen Sie einen Handwerker, der das Fenster reparieren könnte?
             B: Nein, ich kenne niemand(en). Aber Herr Arnold war sehr zufrieden mit dem Mann, der seins repariert hat.

Die anderen Probleme in der Wohnung sind:

die Wasserleitung	das Waschbecken	der Ofen
die Steckdose	der Türgriff	das Bad
die Dusche	das Schlafzimmer	der Schrank

4. Lauter Fragen

Schreiben Sie 15 Fragen, die mit *wo* + Präposition anfangen.

BEISPIELE: **Wozu hat er dich angerufen?**

             Worin besteht das Problem?

             Worüber ärgert er sich?

chapter 6

Numerals

so wird's gemacht

Cardinal numbers

a) A cardinal number is a simple number such as 5, 46, or 157. The cardinal numbers in German are:

0	*null*				
1	*eins*	11	*elf*	21	*einundzwanzig*
2	*zwei*	12	*zwölf*	22	*zweiundzwanzig*
3	*drei*	13	*dreizehn*	30	*dreißig*
4	*vier*	14	*vierzehn*	40	*vierzig*
5	*fünf*	15	*fünfzehn*	50	*fünfzig*
6	*sechs*	16	*sechzehn*	60	*sechzig*
7	*sieben*	17	*siebzehn*	70	*siebzig*
8	*acht*	18	*achtzehn*	80	*achtzig*
9	*neun*	19	*neunzehn*	90	*neunzig*
10	*zehn*	20	*zwanzig*	100	*hundert*

Note that there is no *s* in the middle of *sechzehn* and *sechzig,* and that *siebzehn* and *siebzig* do not have the expected *en* in the middle.

Numbers over 100 are usually given as figures, but if written out in full, all numbers below a million appear as one word:

101	*hunderteins*	300	*dreihundert*
102	*hundertzwei*	764	*siebenhundertvierundsechzig*
123	*hundertdreiundzwanzig*	1000	*tausend*
159	*hundertneunundfünfzig*	1005	*tausendfünf*
200	*zweihundert*		

b) You usually separate thousands and millions from the rest of the number by a space rather than a comma. Occasionally, however, digits will be separated by a period:

1 100	*tausendeinhundert* OR *eintausendeinhundert* OR *elfhundert*
2 000	*zweitausend*
4 287	*viertausendzweihundertsiebenundachtzig*
1 000 000	*eine Million*
35 466 300	*fünfunddreißig Millionen vierhundertsechsundsechzigtausenddreihundert*
1.000.000.000	*eine Milliarde*

Note the following uses of cardinal numbers:

- On the telephone, on public address systems, and often in other spoken contexts too, *zwo* is used in place of *zwei* to avoid confusion between *zwei* and *drei*.

- When writing 7, put a bar across it to avoid confusion with 1; for example, 7

- You usually write and read telephone numbers in pairs. However, you would more likely read out dialing codes digit by digit:

    07642 15 07 36 = *null sieben sechs vier zwo, fünfzehn, null sieben, sechsunddreißig*

- You write and read distances, measurements, and prices as follows:

85 km	*fünfundachtzig Kilometer*
6 m	*sechs Meter*
30 cm	*dreißig Zentimeter*
20 Sch.	*zwanzig Schilling*
DM 43,52	*dreiundvierzig Mark zweiundfünfzig*
DM 0.28/Pf. 28	*achtundzwanzig Pfennig*

- Years are not separated by a space and are read as follows:

1996	*neunzehnhundertsechsundneunzig*

Note that *in* is **never** used before a year. You must use either *im Jahre* or the year on its own:

EITHER	*Im Jahre 1984 ist er ausgewandert.*
OR	*Er ist 1984 ausgewandert.*
	He emigrated in 1984.

Ordinal numbers

a) Ordinal numbers (for example, 6th, 20th, 102nd) tell you what order things happen in. They are adjectives and take the normal adjective endings (see Chapter 14).

b) From 2nd to 19th, ordinal numbers are formed by adding *-te* to the cardinal number:

der zweite, der achte, der elfte, usw.   the second, eighth, eleventh, etc.

numerals

The only three exceptions are:

> *der erste, der dritte, der siebte*   the first, third, seventh

c) For 20th and all numbers above, add *-ste* to the cardinal number:

> *der zwanzigste, der vierundvierzigste, der hundertste, der tausendste*
> the 20th, the 44th, the 100th, the 1,000th

Any numbers above 20 that end in a number from 2nd to 19th, however, retain the *-te* ending:

> *der hundertzweite, der hundertzwölfte, der tausendfünfte*
> the 102nd, the 112th, the 1005th

When written, the ordinals normally appear as a figure followed by a period:

Written	**Spoken**
in der 57. Spielminute	*in der siebenundfünfzigsten Spielminute*
der 21. Mai	*der einundzwanzigste Mai*
am 10.6.	*am zehnten sechsten*

Fractions

a) A half is either the adjective *halb* or the noun *die Hälfte*:

> *eine halbe Stunde*   half an hour
> *ein halbes Jahr*   six months
> *die Hälfte der Arbeit*   half the work

One and a half is *eineinhalb* or, especially in spoken German, *anderthalb*. The other "halves" are formed in the same way:

> *zweieinhalb, dreieinhalb, viereinhalb, usw.*   2½, 3½, 4½, etc.

b) You can form all other fractions simply by adding *-el* to the stem of the ordinal number and giving it a capital letter:

> *dritt- + -el → ein Drittel*   a third
> *ein Viertel*   a quarter
> *ein Sechstel*   a sixth
> *ein Achtel*   an eighth

c) Decimal fractions in German are written with a comma (*Komma*), **not** a period:

> 5,8   *fünf Komma acht*
> 94,6%   *vierundneunzig Komma sechs Prozent*

d) The terms for basic arithmetic are:

$6 + 5 = 11$

sechs plus fünf sind/gleich elf
OR *sechs und fünf sind/gleich elf*

$10 - 7 = 3$

zehn minus sieben sind/gleich drei
OR *zehn weniger sieben sind/gleich drei*

$2 \times 5 = 10$

zwei mal fünf ist/gleich zehn

$15 \div 3 = 5$

fünfzehn (geteilt) durch drei ist/gleich fünf

Übung macht den Meister!

1. Auf der Bank

In Deutschland, in Österreich und in der Schweiz muß man oft noch Geld per Scheck von der Bank abheben, weil es weniger Geldautomaten gibt. Wenn man einen Scheck ausstellt, wird der Zahlenbetrag in Wörtern ausgeschrieben. Schreiben Sie folgende Geldbeträge in Wörtern:

1. DM 50,00 _____

2. 100,00 Fr. _____

3. DM 125,00 _____

4. 36,00 Sch. _____

5. DM 128,80 _____

6. DM 245,50 _____

7. 650,75 Fr. _____

8. DM 846,45 _____

9. 1 030 Sch. _____

10. DM 1 217,16 _____

2. In unserem Verein wird gewählt

Wahlergebnisse werden ausgezählt. Sie arbeiten als freiwilliger Wahlhelfer beim Auszählen von Stimmen. Ihr Kollege ruft Ihnen die Zahlen zu—Sie schreiben die Zahlen auf:

BEISPIEL:　　**Zweitausenddreihundertvierzig.**
　　　　　　　→ **2.340/2 340**

1. _55 824_　　　Fünfundfünzigtausendachthundertvierundzwanzig.

2. _1 324 005_　Eine Million dreihundertvierundzwanzigtausendundfünf.

3. _730 215_　　Siebenunddreißigtausendzweihundertfünfzehn.

4. _839_　　　　Achthundertundneununddreißig.

5. _2 000 412_　Zwei Millionen vierhundertundzwölf.

6. _66 487_　　　Sechsundsechzigtausendvierhundertsiebenundachtzig.

7. _1385_　　　　Eintausenddreihundertfünfundachtzig.

3. Kennen Sie diese Werke?

Schreiben Sie die folgenden Film-, Musik- und Buchtitel in Wörtern! Die jeweiligen Zahlen finden Sie im untenstehenden Kasten.

1. Die _____ Stufen. (Film und Buch)

2. Schneewittchen und die _____ Zwerge. (Märchen)

3. _____ Hochzeiten und ein Todesfall. (Film)

4. _____ Uhr mittags. (Film mit Gary Cooper)

5. Die _vier_ _____ Musketiere. (Film und Buch)

6. In _____ Tagen um die Welt. (Film und Buch)

7. Die _____ Jahreszeiten. (Musik von Vivaldi)

8. _____ Space Odyssee. (Film)

9. Die _____ Gebote. (Film über die Bibel)

10. Die glorreichen _____. (Western)

2001	39	10	80	3
7	4	12	7	4

Und was ist hier gemeint?

11. Das _____ Reich.

12. Der _____ und der _____ Weltkrieg.

13. Die _____ Welt.

14. Der _____ Sinn.

15. Heinrich der _____ und seine sechs Frauen.

16. Wir leben im _____ Jahrhundert.

17. Der _____ Bildungsweg.

4. Wichtige Jahreszahlen aus der deutschen Nachkriegsgeschichte

Schreiben Sie Sätze über diese wichtigen Ereignisse. Beginnen Sie die Sätze mit entweder der Jahreszahl oder „Im Jahre."

BEISPIEL: **1939   Der 2. Weltkrieg hat begonnen**
            → (Im Jahre) neunzehnhundertneununddreißig hat der Zweite Weltkrieg
            begonnen.

1. 1945   Der 2. Weltkrieg hat geendet.

_____

2. 1949   Die BRD ist gegründet worden.

_____

3. 1955   Die BRD hat die Souveränität erlangt.

_____

4. 1957   Das Saarland ist das 11. Bundesland geworden.

_____

5. 1961   Die Berliner Mauer ist gebaut worden.

_____

6. 1989   Die Grenze zwischen der BRD und der DDR ist geöffnet worden.

_____

7. 1990   Deutschland ist wiedervereinigt worden.

_____

5. Feiertage in Deutschland

In der Bundesrepublik gibt es sowohl gesetzliche als auch kirchliche Feiertage. Die gesetzlichen Feiertage sind für das gesamte Bundesgebiet festgelegt, für die kirchlichen gibt es je nach Bundesland verschiedene Regelungen. Wie heißen diese Tage? Schreiben Sie Sätze im Nominativ und Akkusativ.

BEISPIEL: **Der 25. Dezember ist der erste Weihnachtsfeiertag.**
Am fünfundzwanzigsten Dezember feiert man Weihnachten.

Der Am	a. 1. Januar b. 1. Mai c. 1. November d. 24. Dezember e. 31. Dezember f. 3. Oktober	ist/heißt feiert man	der Tag der Arbeit. der heilige Abend. Silvester. der Tag der deutschen Einheit. Allerheiligen. Neujahr.

1. _____

   _____

2. _____

   _____

3. _____

   _____

4. _____

   _____

5. _____

   _____

6. _____

   _____

6. So wohnen die deutschen Studenten

Eine Umfrage des Studentenwerkes hat festgestellt, wie die Studenten wohnen. Danach sollen etwa

- 30% bei den Eltern wohnen
- 20% in einer Wohngemeinschaft wohnen
- 10% in einem Studentenwohnheim wohnen
- 33% in einer Wohnung allein oder mit Partner(in) wohnen
- 7% zur Untermiete wohnen

Formulieren Sie diese Tatsachen, indem Sie die Ausdrücke aus dem unterstehenden Kasten benutzen.

BEISPIEL: **30% bei den Eltern wohnen**
→ **Fast ein Drittel wohnt bei den Eltern.** ODER
Mehr als ein Viertel wohnt bei den Eltern.

Ein Drittel	Fast ein Drittel	Ein Zehntel
Weniger als ein Zehntel	Ein Fünftel	Mehr als ein Viertel
Weniger als ein Viertel		

1. 20% in einer Wohngemeinschaft wohnen

   _____

2. 10% in einem Studentenwohnheim wohnen

   _____

3. 33% in einer Wohnung allein oder mit Partner(in) wohnen

   _____

4. 7% zur Untermiete wohnen

   _____

7. Zahl oder Nummer?

Füllen Sie die Lücken in den folgenden Sätzen mit dem Wort *Zahl* oder *Nummer* aus.

1. Mein Bankkonto hat die folgende _____.

2. Eine große _____ der Studenten bekommt kein Stipendium.

3. Ich habe leider seine Haus_____ vergessen.

4. Die Arbeitslosen_____ ist weiterhin gestiegen.

5. Die _____ der Verkehrsunfälle nimmt im Winter meistens zu.

6. Geben Sie mir bitte Ihre Telefon_____.

7. Die _____ der Wochenarbeitsstunden ist in den letzten Jahren gesunken.

freie Fahrt!

1. Der Familienstammbaum der Familien Müller und Schmidt

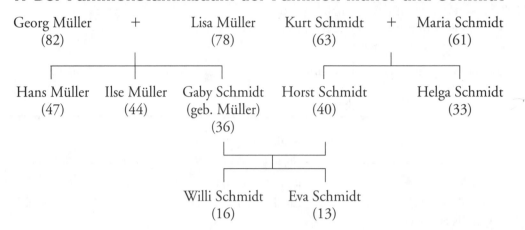

Georg Müller (82) + Lisa Müller (78)   Kurt Schmidt (63) + Maria Schmidt (61)

Hans Müller (47)   Ilse Müller (44)   Gaby Schmidt (geb. Müller) (36)   Horst Schmidt (40)   Helga Schmidt (33)

Willi Schmidt (16)   Eva Schmidt (13)

Beschreiben Sie die beiden Familien, indem Sie die Altersangaben aufschreiben. Benutzen Sie Wörter wie Großvater, Großmutter, Sohn, Tochter, Vater, usw.

BEISPIEL: **Der Großvater, Georg Müller, ist zweiundachtzig (Jahre alt).**

2. Wer ist ein schneller Kopfrechner?

Testen Sie eine Gruppe von 4–5 Leuten, indem Sie jeweils etwa zehn Aufgaben zu verschiedenen Rechenoperationen stellen. Wer die Antwort zuerst richtig ausruft, bekommt einen Punkt.

BEISPIEL: **Addieren:**   **146 plus 175?**
                 Subtrahieren: **95 minus 27?**
                 Multiplizieren: **5 mal 12?**
                 Dividieren: **66 (geteilt) durch 3?**

3. Wer ist/war das?

Suchen Sie in einem Lexikon Lebensdaten von berühmten Leuten der Gegenwart oder Vergangenheit. Berichten Sie dann:

BEISPIEL: **Er/sie wurde im Jahre _____ geboren.**
                 Er/sie ist im Jahre _____ gestorben.
                 Er/sie hat von _____ bis _____ gelebt.

Geben Sie noch weitere Informationen mit Jahresangaben aus dem Leben dieser Leute.

BEISPIEL: **Er/sie gewann _____ den Oscar.**
                 Er/sie hat _____ ein Buch veröffentlicht.
                 Er/sie wurde _____ gekrönt/zum Präsidenten gewählt.

Können Ihre Kommilitonen (Kommilitoninnen) erraten, wer diese Leute sind/waren?

4. Preise vergleichen

Ein Spiel für zwei Personen. Einigen Sie sich auf ein Sachgebiet und finden Sie gemeinsam 8–10 Gegenstände, zum Beispiel, Lebensmittel, Kleidungsstücke, Getränke auf der Speisekarte, Möbelstücke.

Jede(r) schreibt also dieselben acht Gegenstände auf seinen Zettel und gibt dann diesen Gegenständen einen realistischen Preis in DM.

Jetzt erfragen Sie die jeweiligen Preise:

Was kostet bei dir ein/eine _____?

Vergleichen Sie am Ende: wer hat die billigsten, wer hat die teuersten Preise?

chapter 7

Dates and times

so wird's gemacht

Days of the week

Montag	Monday
Dienstag	Tuesday
Mittwoch	Wednesday
Donnerstag	Thursday
Freitag	Friday
Samstag/Sonnabend	Saturday
Sonntag	Sunday

Sonnabend is used mainly in northern Germany and is, in general, less common than *Samstag*.

Note that all the days are masculine nouns and that you express "on" a particular day by *am: am Dienstag, am Freitag*.

Months of the year

Januar	January	*Juli*	July
Februar	February	*August*	August
März	March	*September*	September
April	April	*Oktober*	October
Mai	May	*November*	November
Juni	June	*Dezember*	December

All these months are masculine nouns. You express "in" a particular month by using *im: im März, im September*.

The alternative forms *Juno* (= *Juni*) and *Julei* (= *Juli*) are regularly used in spoken German to distinguish the two similar-sounding months. In some regions (e.g., Bavaria and Austria), *Jänner* is used for January.

Dates

a) To express the day and month, use the masculine ordinal number with *der* and do not translate English "of." In written material, you would use the form in parentheses:

der zweite (der 2.) Februar	February second
der einundzwanzigste (der 21.) April	April twenty-first

b) In a letter, the date appears in the accusative case in the top right-hand corner of the page:

Mainz, den 29. Dezember

c) To express "on" a particular date, you use *am*. To discuss relative dates, use *vom, bis zum,* and *seit dem:*

am 25. August	on August 25
vom 19. Juni	from June 19
seit dem 1. Januar	since January 1
bis zum 21. März	until March 21

d) If asking someone the date, use one of the following:

Den wievielten haben wir heute? OR *Der wievielte ist heute?*
What is the date today?

(Heute ist) der achte Oktober.
It's October 8 (today).

Heute haben wir den elften Mai.
It's May 11 (today).

Am wievielten fahren Sie in Urlaub?
On what date do you go on vacation?

Am dritten August.
On August 3.

The clock

If you need to know the time, use:

Wieviel Uhr ist es, bitte? OR *Wie spät ist es, bitte?*
What time is it, please?

Um wieviel Uhr beginnt der Film?
(At) what time does the movie start?

To tell the time in written and official contexts, the 24-hour clock is used. In conversation the 12-hour clock is more common.

a) 24-hour clock

Times are written with *Uhr* after the number (for example, *15.35 Uhr*), but in speech you would say:

00.00	*Es ist null Uhr.*
00.05	*Es ist null Uhr fünf.*
02.00	*Es ist zwei Uhr.*
12.00	*Es ist zwölf Uhr.*
19.05	*Es ist neunzehn Uhr fünf.*
19.15	*Es ist neunzehn Uhr fünfzehn.*
19.45	*Es ist neunzehn Uhr fünfundvierzig.*

b) 12-hour clock

You will see in the table below that, even before half past the hour, it is quite common to think of the time in relation to the upcoming hour. This is especially important with half past the hour:

1.00	*Es ist ein Uhr.*
2.00	*Es ist zwei Uhr.*
9.05	*Es ist fünf nach neun.*
9.08	*Es ist acht **Minuten** nach neun.*
9.15	*Es ist Viertel nach neun/Viertel zehn.*
9.25	*Es ist fünfundzwanzig nach neun/fünf vor halb zehn.*
9.30	*Es ist halb **zehn**.*
9.35	*Es ist fünfundzwanzig vor zehn/fünf nach halb zehn.*
9.45	*Es ist Viertel vor zehn/drei Viertel zehn.*
9.51	*Es ist neun **Minuten** vor zehn.*
12.00	*Es ist Mittag/Mitternacht.*
	OR *Es ist zwölf Uhr mittags/nachts.*

Note the following:

* When giving a time that involves minutes not grouped in fives (for example, 9.08 above), the word *Minuten* must be used.

* The variants *Viertel zehn* and *drei Viertel zehn* are particularly common in southern Germany.

* To express "at" a time, use *um*:

um halb acht	at 7:30
um drei Viertel fünf	at 4:45

* To express "exactly," use *Punkt*:

Punkt sechs Uhr	at six on the dot

* To express "about," use *etwa* or *gegen*:

gegen Mittag	around noon
um etwa vier Uhr	at about four o'clock

- To express "from/to" use *von/zu*:

  von halb zwei bis halb drei   from 1:30 until 2:30

- To specify which part of the day is being referred to when using the 12-hour clock, use one of the following:

vormittags/morgens	A.M.
mittags	from noon to 3:00 P.M.
nachmittags	P.M./in the afternoon
abends	P.M./in the evening
nachts	A.M./at night

Other time expressions

a) There are a number of important expressions relating to days and parts of the day. In the following selection, note the use of small letters throughout:

heute früh/heute morgen	this morning
heute mittag	this lunchtime
heute nachmittag	this afternoon
heute abend	this evening
heute nacht	tonight
morgen	tomorrow
übermorgen	the day after tomorrow
morgen früh	tomorrow morning
morgen abend, usw.	tomorrow evening, etc.
gestern	yesterday
vorgestern	the day before yesterday
gestern abend, usw.	yesterday evening, etc.

b) The accusative case is used to express a specific time:

nächsten Samstag	next Saturday
letztes Wochenende	last weekend
jeden Monat	every month
dieses Jahr	this year

c) You also use the accusative to say how long an action lasts:

*Wir warteten **eine halbe Stunde.***
We waited half an hour.

*Er blieb **den ganzen Tag.***
He stayed all day.

d) You use the genitive when you are referring to some day/morning/evening, etc. without saying when precisely it was or will be (as compared to the more specific "last Tuesday," "next Friday," "every week," etc.):

eines Tages	one day
eines Morgens	one morning
eines kalten Winterabends	one cold winter's evening
eines Nachts (despite *die Nacht!*)	one night

e) As seen on page 59 with times of the day, an old genitive *-s* appears on the end of a number of modern time adverbs, all written with a small initial letter. Other common ones include:

montags, usw., wochentags, werktags   on Mondays, etc., weekdays, workdays

Übung macht den Meister!

1. Die Wochenroutine einer jungen Dame

Der Terminkalender von Jutta Jung ist meistens ausgebucht. Sie hat jeden Tag etwas geplant:

Montag	Englischkurs besuchen
Dienstag	Sport treiben
Mittwoch	Karten spielen
Donnerstag	Sauna besuchen
Freitag	Großeinkauf im Supermarkt machen
Samstag	ausgehen
Sonntag	in die Kirche gehen

Schreiben Sie Sätze über Juttas Unternehmungen.

BEISPIEL: **Sie besucht am Montag . . ./Sie besucht montags . . .**

1. Montag   _____

2. Dienstag   _____

3. Mittwoch   _____

4. Donnerstag   _____

5. Freitag   _____

6. Samstag   _____

7. Sonntag   _____

2. Kennen Sie diese Tage?

Die Tage unten sind keine gewöhnlichen Wochentage. Setzen Sie die passenden Wörter in die untenstehenden Sätze ein.

Aschermittwoch	Karfreitag	Rosenmontag
Ostersonntag	Pfingstsonntag	Pfingstmontag
Palmsonntag	Gründonnerstag	der lange Samstag

1. Der _____ ist immer der 1. Samstag im Monat, wenn die Geschäfte längere Öffnungszeiten haben.

2. Am _____ gibt es Fastnachts- und Karnevalsumzüge in vielen Städten.

3. Der _____ ist der Tag vor Karfreitag.

4. Am _____ freuen sich die kleinen Kinder auf die Ostergeschenke.

5. Am _____ beginnt die Fastenzeit.

6. Der _____ ist ein wichtiger Feiertag.

7. _____ und _____ liegen sieben Wochen nach Ostern.

8. Der _____ wird von allen Christen als Todestag Christi begangen.

3. In welchem Monat?

Beantworten Sie die Fragen schriftlich.

BEISPIEL: **Im August/Im September**

1. Wann ist Neujahr? _____

2. Wann ist Weihnachten? _____

3. Wann sind normalerweise die Sommerferien? _____

4. Wann ist Frühlingsanfang? _____

5. Wann ist Ostern? _____

6. Wann ist das größte Bierfest in München? _____

4. Wie spät ist es?

Schreiben Sie jeweils zwei Möglichkeiten.

1. 2.15

_____   _____

2. 3.45

_____   _____

3. 4.17

_____   _____

4. 5.30

_____   _____

5. 6.40

_____   _____

6. 12.00

_____   _____

7. 1.30

_____   _____

5. Ein zeitliches Durcheinander

Ordnen Sie diese Zeitadverbien in chronologischer Ordnung. Beginnen Sie mit „vor fünf Jahren":

3 vorgestern   1 vor fünf Jahren   15 nächstes Jahr
10 morgen früh   5 gestern abend   13 übermorgen abend
9 morgen   6 heute   2 letztes Jahr
11 morgen nachmittag   14 nächste Woche   8 heute abend
7 heute morgen   12 übermorgen   4 gestern

_____

_____

_____

_____

_____

_____

_____

_____

_____

_____

_____

_____

_____

freie Fahrt!

1. Genaue Daten

1. Wann haben Sie Geburtstag?

2. Wann ist das Semester/Trimester zu Ende?

3. Wann begann das Semester/Trimester?

4. Wie lange dauert das Semester/Trimester?

5. Wann ist Silvester?

6. Wann ist der heilige Abend?

7. Wann ist Nikolaustag?

2. Termine, Termine!

Die Sekretärin eines sehr beschäftigten Firmendirektors erklärt ihm am Vorabend einer Geschäftsreise nach Köln, was für Termine er am nächsten Tag hat.

BEISPIEL: **Also um 7 Uhr 45 holt Sie der Chauffeur zu Hause ab.**
Um 8 Uhr 30 müssen Sie am Flughafen sein.
Ihre Maschine fliegt um . . .

Vervollständigen Sie den Terminkalender mit weiteren Terminen für den Tag.

3. Fernsehgewohnheiten

a. Finden Sie heraus, was die Lieblingsprogramme Ihres Partners (Ihrer Partnerin) sind und wann sie gesendet werden. Machen Sie genaue Zeitangaben! Erzählen Sie der ganzen Gruppe, was Sie herausgefunden haben.

b. Was kommt diese Woche im Fernsehen? Beschreiben Sie in ca. 150 Wörtern, was Sie besonders interessiert und wann die Sendungen ausgestrahlt werden.

4. Fahrpläne lesen

Besorgen Sie sich einen Bus-/Zugfahrplan und arbeiten Sie mit einem (einer) Partner(in), indem Sie sich gegenseitig Fragen stellen.

BEISPIEL: **Wann fährt der Zug/Bus nach . . . ab?**
Wann kommt . . . an? Wann fährt der erste Bus am Morgen/der letzte Zug?

5. Familiengeburtstage

Schreiben Sie etwa 6–8 Geburtstagsdaten Ihrer Familie bzw. von Freunden und geben Sie diese Daten an Ihren (Ihre) Partner(in). Er (sie) wird jetzt testen, ob Sie sich auch genau an die Daten erinnern und sie auf Deutsch sagen können.

BEISPIEL: **Wann hat dein Vater Geburtstag?**
                  → Er hat am 15. Juli Geburtstag.

6. Mein Alltag

Schreiben Sie in ca. 150 Wörtern einen kurzen Bericht über den Ablauf einer normalen Woche bei Ihnen. Was machen Sie montags/am Montag? usw.

chapter 8

Measures and dimensions

so wird's gemacht

Measurements

a) Germany, Austria, and Switzerland use only the metric system of measurement, that is, centimeters (*der/das Zentimeter* or *cm*), meters (*der/das Meter* or *m*), kilometers (*der Kilometer* or *km*), grams (*das Gramm* or *g*), dekagrams (*das Deka[gramm]* or *dkg*), and kilograms (*das Kilogramm* or *kg*). As shown in Chapter 6, decimals are indicated by commas rather than periods, for example, 8,6.

b) For the size of clothes or shoes, you would normally use *die Größe:*

> *Wir haben Ihre Größe leider nicht.*
> Unfortunately we do not have your size.

> *In welchen Größen haben Sie das Kleid?*
> In what sizes do you have the dress?

c) To refer to a person's height use *groß:*

> *Wie groß ist er?*
> How tall is he?

> *Er ist 1,90 m groß.*
> He is 1.90 m tall.

• Note that you use *groß* even if the person is, in fact, small!

d) If you want to talk about weight (*das Gewicht*), use the verb *wiegen* and the adjectives *schwer/leicht*. For very large weights, use the metric *die Tonne* and *der Zentner*:

> *Was wiegt das Paket?*
> What does the package weigh?

> *Wie schwer ist deine Tasche?*
> How heavy is your bag?

> *Sie ist ganz leicht.*
> It's quite light.

> *Der Lkw wiegt über vier Tonnen.*
> The truck weighs over four tons.

> *Die Ziegel wiegen zwei Zentner.*
> The bricks weigh two hundredweight.

If you want to say someone is overweight, use the expression *Übergewicht haben*. Alternatively, you can use *zunehmen* "to put on weight" and its opposite *abnehmen* "to lose weight":

> *Ich habe in letzter Zeit zugenommen.*
> I've put on weight recently.

> *Mir gefällt's nicht, wenn ich Übergewicht habe.*
> I don't like it when I'm overweight.

> *Ich mache eine Schlankheitskur. Ich will fünf Kilo abnehmen.*
> I'm on a diet. I want to lose five kilos.

e) The noun *die Stärke* and the adjective *stark* are the most common words for expressing power or strength:

> *Er ist ein starker Mann.*
> He is a strong man.

> *die Stärke des Biers/der Mauern*
> the strength of the beer/the walls

> *Die Lautstärke der Musik war fast 100 Dezibel.*
> The volume of the music was almost 100 decibels.

> *Was ist die Pferdestärke des Autos?*
> What is the car's horsepower?

f) Percentage in German is *der Prozentsatz* and amounts are expressed as follows (the word *Prozent* would not normally be written):

> *Nur 70 Prozent/% der Bundesbürger haben gewählt.*
> Only 70 percent of Germans voted.

> *Die Einkommenssteuer wurde um 2 Prozent/% erhöht.*
> Income tax was increased by 2 percent.

Dimensions

a) To describe a three-dimensional object, use some combination of the adjectives *lang* ("long"), *breit* ("wide"), *tief* ("deep"), and *hoch* ("high"). The corresponding nouns are: *die Länge, die Breite, die Tiefe,* and *die Höhe:*

> *Der Schrank ist 2 m hoch, 50 cm breit und 40 cm tief.*
> The cupboard is 2 m tall, 50 cm wide, and 40 cm deep.

> *Die neue Brücke hat eine Länge von 200 m.*
> The new bridge is 200 m long.

> *Der Dom hat eine Höhe von 80 m.*
> The cathedral is 80 m high.

b) Volume is measured in *Kubikzentimeter* or *Kubikmeter:*

> *Das Schwimmbecken enthält 600 Kubikmeter Wasser.*
> The swimming pool holds 600 cubic meters of water.

c) To give the measurements of a two-dimensional surface, use *mal* or *auf:*

> *Der Fleck ist etwa 5 cm auf 2 cm.*
> The patch is about 5 cm by 2 cm.

> *Die Wand ist drei mal fünf Meter lang.*
> The wall is 3 m high by 5 m long.

Area is measured in *Quadratzentimeter, Quadratmeter,* or *Quadratkilometer:*

> *Mein Zimmer ist neun Quadratmeter groß/Mein Zimmer hat neun Quadratmeter.*
> My room is 9 square meters.

> *Sie untersuchten eine Fläche von 300 Quadratkilometern.*
> They examined an area of 300 square kilometers.

Shapes

To describe an object you might use the following:

der Kreis	circle	*kreisförmig, rund*	circular, round
das Quadrat/Viereck	square	*quadratisch/viereckig*	square(-shaped)
das Rechteck	rectangle	*rechteckig*	rectangular
das Dreieck	triangle	*dreieckig*	triangular
das Pentagon/Fünfeck	pentagon	*fünfeckig*	pentagonal
das Polygon/Vieleck	polygon	*polygonal/vieleckig*	polygonal
die Kugel	sphere	*kugelförmig*	spherical
das Oval	oval	*oval*	oval(-shaped)
der Zylinder	cylinder	*zylindrisch*	cylindrical
der Würfel	cube	*würfelförmig*	cubic/cube-shaped

Übung macht den Meister!

1. So sprechen Deutsche über Maße und Gewichte

Was paßt zusammen?

1. Das Kleid ist zu eng. _____

2. Wie schwer ist das Paket? _____

3. Was für eine Schuhgröße haben Sie? _____

4. Wie groß sind Sie? _____

5. Was wiegt dieser Brief? _____

6. Er hat Übergewicht. _____

7. Warum macht sie eine Schlankheitskur? _____

8. Warum trinken Sie Ihren Kaffee nicht aus? _____

9. Wie stark ist Ihr Wagen? _____

a. Ich trage Größe 39.
b. Ich bin 1,72 m groß.
c. Es wiegt 2,5 kg.
d. Er wiegt 5 g.
e. Weil er mir zu stark ist.
f. Haben Sie es in einer größeren Größe?
g. Er hat 20 PS (Pferdestärke).
h. Er sollte dringend abnehmen.
i. Weil sie Übergewicht hat.

2. Hier wird gemessen!

Welche Nomen aus dem untenstehenden Kasten passen hier?

1. Die _____ des Meers ist sehr unterschiedlich.

2. Die _____ des Kölner Doms ist 156 m.

3. Die _____ der Straße reichte nicht für vier Spuren aus.

4. Die _____ des Sees ist nur etwa 2,50 m.

5. Die _____ des Marathonlaufes ist immer 42,195 km.

6. Die _____ der Zugspitze beträgt 2963 m.

7. Die _____ der Brücke war zu gering für den großen Lastwagen.

8. Die _____ der Strecke zwischen Hamburg und Berlin beträgt etwa 300 km.

9. Die _____ des Stoffes reicht nicht aus für die Gardinen.

Länge	Breite	Höhe	Tiefe

3. Welche Form paßt?

Welche Adjektive im ersten Kasten beschreiben die Nomen im zweiten Kasten? Bei einigen Beispielen gibt es vielleicht mehrere Möglichkeiten.

a.

zylindrisch		oval
	viereckig	
rund		würfelförmig
	rechteckig	

b.

Ball	Teppich	Dose
Postkarte		Ei
Kirsche	Handtuch	
Streichholzschachtel	Pille	

4. Zusammengesetzte Wörter

Aus dem untenstehenden Kasten bilden Sie zusammengesetzte Wörter mit folgender Bedeutung.

1. Maß, in welchem deutsche Wohnungsgrößen gemessen werden. _____

2. Eine runde Verkehrsinsel. _____

3. Oft wird er „Kuli" genannt. _____

4. Ein Viereck auf einem Stadtplan. _____

5. Hart gepreßter Zucker in viereckiger Form. _____

6. Ein anderes Wort für „Globus." _____

7. Würfelförmig gefrorenes Wasser. _____

8. Ein Brettspiel, zu dem man Würfel braucht. _____

-meter	Würfel-	-schreiber	-spiel
-kugel	-zucker	Quadrat-	Erd-
Kugel-	Kreis-	-würfel	Eis-
-quadrat	Plan-	-verkehr	Würfel-

measures and dimensions

freie Fahrt!

1. Persönliche Angaben eines Topmodells und ihrer Kollegin

Cornelia S.
Körpergröße: 1,75 m
Gewicht: 52 kg
Kleidergröße: 36
Schuhgröße: 37
Taillenweite: 58 cm

Nicole B.
Körpergröße: 1,69 m
Gewicht: 49 kg
Kleidergröße: 34
Schuhgröße: 36
Taillenweite: 56 cm

Schreiben Sie Sätze über diese beiden Frauen, indem Sie die Fragen beantworten:

Wie groß ist sie?
Was wiegt sie?
Welche Kleidergröße trägt sie?
Was für eine Schuhgröße trägt sie?
Was für eine Taillenweite hat sie?

2. Wer die Wahl hat, hat die Qual

Ein junger Angestellter besichtigt zwei Wohnungen von verschiedener Größe. Er beschreibt sie seinen Eltern in einem Brief. Schreiben Sie die Maße in Wörtern und vergleichen Sie. Welche sollte er mieten?

	Wohnung A	**Wohnung B**
Gesamtfläche:	60 m²	75 m²
Küche:	4 m × 2 m	5 m × 2,40 m
Wohnzimmer:	5 m × 4,50 m	5 m × 6 m
Schlafzimmer:	3 m × 4,50 m	3,50 m × 4 m
Bad:	2,50 m × 2,50 m	3 m × 3,50 m
Flur:	9,75 m²	8,50 m²
Preis:	DM 650 pro Monat	DM 720 pro Monat

3. Wer hat das beste Augenmaß?

Wählen Sie ein bestimmtes Objekt im Zimmer (zum Beispiel, Tafel, Schrank, Fenster, Tür) und schätzen Sie. Jeder hat einen Vorschlag für die Dimensionen (Länge, Höhe, Breite). Zum Schluß wird der Gegenstand abgemessen. Wer hat am besten geschätzt?

chapter 9

Nominative case and accusative case

so wird's gemacht

General information on cases

The forms of German articles, determiners, nouns, pronouns, and adjectives vary according to what job they perform in the sentence. These variations are the result of the German case system.

Whereas English relies mainly on word order to show what role a word plays in the sentence, the use of cases means German can be a lot more flexible in its word order. For example, in the sentence "My brother saw the thief," swapping the positions of "my brother" and "the thief" changes the meaning completely. In German, however, it is possible to say both *Mein Bruder hat den Dieb gesehen* and *Den Dieb hat mein Bruder gesehen,* without changing the meaning of the sentence. This is because the case endings of the definite article *den* and the possessive adjective *mein* indicate clearly which is the subject and which the object, that is, who is doing what to whom.

As the above example shows, it is usually the words qualifying a noun (articles, determiners, and adjectives), rather than the noun itself, that indicate case.

There are four cases in German: the nominative, the accusative, the dative, and the genitive. This chapter and Chapters 10, 11, and 12 deal with their use.

The nominative

The nominative case is the basic form in which nouns appear in textbooks and dictionaries. It is the form that is used to "nominate" or "name" the person or thing. You use it for the following purposes:

a) To show the subject of the sentence or clause:

Meine Schwester wohnt in Mainz.
My sister lives in Mainz.

Das hat der neue deutsche Student auch gesagt.
The new German student said that too.

b) After the verbs *bleiben, heißen, scheinen, sein,* and *werden:*

Der Direktor heißt Herr Bauer.
The director is called Mr. Bauer.

Sein Bruder ist ein bekannter Schauspieler.
His brother is a famous actor.

Das scheint ein guter Plan zu sein.
That seems to be a good plan.

c) To express oaths and exclamations or to address people when no verb is used:

Du lieber Gott!	Good heavens!
Du blöder Mann! (rude)	You stupid man!
Du unartiger Junge!	You naughty boy!

The accusative

The accusative is used:

a) To show the direct object:

Er hat einen schweren Fehler gemacht.
He has made a serious mistake.

Ich habe keinen Mantel.
I don't have a coat.

b) After the prepositions *bis, durch, für, gegen, ohne, um,* and *wider:*

Bis nächsten Mittwoch!
See you next Wednesday!

Fahren Sie durch den Tunnel.
Go through the tunnel.

*Ich arbeite für **meinen Vater.***
I'm working for my father.

*Das macht ihr ohne **mich**!*
You can count me out of that. (literally: "you do that without me")

---

c) After the prepositions *an, auf, hinter, in, neben, über, unter, vor,* and *zwischen* when you wish to imply motion **toward** the following noun or pronoun, as shown in the pictures below.

Note that when used with the dative these prepositions indicate position—see Chapter 10 and also Chapter 17 on prepositions.

Das Kind saß auf dem Stuhl.
The child sat on the chair.

*Das Kind kletterte auf **den Stuhl.***
The child climbed onto the chair.

*Wir kletterten **auf das Dach.***
We climbed onto the roof.

*Der Junge lief hinter **den Wagen.***
The boy ran behind the car.

*Gehen wir in **die Kneipe.***
Let's go to the bar.

*Ich setzte mich neben **die neue Schülerin.***
I sat down next to the new girl (pupil).

Note that *entlang* follows the noun in the accusative case.

*Sie fuhren **die Bismarckstraße** entlang.*
They drove along Bismarck Street.

---

d) To indicate a particular point in time or a length of time in phrases without a preposition (see also Chapter 7):

***Einen Moment,** bitte!*
Just one moment, please.

letzten Montag
last Monday

nominative and accusative

*Er blieb **die ganze Woche.***
He stayed all week.

*Ich war **einen Monat** lang in Bonn.*
I was in Bonn for a month.

---

e) For expressions of measurement, distance, space, or value:

*Der Koffer muß fast **einen halben Zentner** wiegen.*
The case must weigh almost 50 pounds.

*Sie wohnt kaum **einen Kilometer** vom Büro entfernt.*
She lives less than a kilometer from the office.

*Der Teppich ist **einen Meter** breit.*
The carpet is one meter wide.

*Das ist ja **keinen Pfennig** wert.*
That's not worth a penny.

---

f) In wishes and greetings:

Guten Abend!
Good evening.

Herzlichen Glückwunsch!
Congratulations!

---

g) With the verbs *lehren* and *nennen*, which require two accusative objects, and with *kosten*, which can occasionally have two objects:

*Der Lehrer nannte **sie ein Wunderkind.***
The teacher called her a child prodigy.

*Die Wohnung hat **meinen Vater eine Menge Geld** gekostet.*
The apartment cost my father a lot of money.

Übung macht den Meister!

1. An der Universität heißt alles anders

Heidi hat ihr Abitur bestanden und will in Tübingen an der Universität studieren. Ihre Freundin, die schon zwei Semester dort ist, erklärt ihr das neue „Uni"-Vokabular.

So war es an der Schule	So heißt es an der Universität
die Schule	die Hochschule
das Gebäude	das Kollegiengebäude
die Bücherei	die Bibliothek
die Kantine	die Mensa
das Klassenzimmer	der Hörsaal
das Unterrichtszimmer	der Seminarraum
der Lehrer/die Lehrerin	der Dozent/die Dozentin
der Studienrat/die Studienrätin	der Professor/die Professorin
die Unterrichtsstunde	die Vorlesung/das Seminar/die Übung
der Mitschüler/die Mitschülerin	der Kommilitone/die Kommilitonin
die Klassenarbeit	die Klausur
die Prüfung	das Examen
die Abschlußprüfung	das Staatsexamen
der Festsaal	die Aula
das Schulhalbjahr	das Sommersemester/Wintersemester
die Schulferien	die Semesterferien
das Fachgebiet	die Fakultät

Setzen Sie das richtige Uni-vokabular in den Text ein:

1. _____ werden auch vorlesungsfreie Zeit genannt.

2. In deutschen Universitäten sind _____ oft überfüllt, weil die Studentenzahlen nicht beschränkt sind.

3. _____ serviert billiges Essen.

4. _____ dauert von Mitte Oktober bis Mitte Februar,

   _____ dauert von Mitte April bis Ende Juli.

5. _____ ist eine staatliche Prüfung am Ende der Studienzeit.

6. _____ ist der größte Raum der Universität, wo oft Feiern abgehalten werden.

7. _____ dauern im allgemeinen 45 bis 50 Minuten.

8. _____ ist eine schriftliche Prüfungsarbeit.

9. Herr Esch ist ein berühmter _____ .

nominative and accusative

2. Alles dreht sich um die Studenten

Mit dem Wort „Student/en" lassen sich viele neue Wörter bilden. Schauen Sie sich die Graphik an, schreiben Sie alle diese neuen Wörter auf.

BEISPIEL: **die Wirtschaft + der Student → der Wirtschaftsstudent**

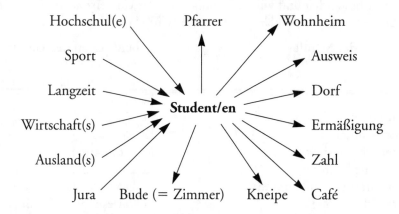

Setzen Sie jetzt die passenden Wörter in den Text ein.

1. In Deutschland unterstützt der Staat bedürftige _____ durch das Bundesausbildungsförderungsgesetz (Bafög).

2. Viele Studenten gehen in die _____, weil sie für ihr billiges Bier bekannt ist.

3. Um verbilligte Eintrittskarten zu bekommen, zeigt man den _____.

4. Man hat das _____ nur für Studenten gebaut.

5. Ich mag meine _____, weil sie zwar klein, aber preiswert ist.

6. In der Nähe der Universität gibt es ein _____, das von 8 Uhr morgens bis 22 Uhr geöffnet hat.

7. Studenten, die länger als 12/14 Semester studieren, nennt man _____.

8. Diesen _____ treffe ich jeden Mittwoch beim Training im Stadion.

9. Wenn Studenten in Not sind oder religiöse Fragen besprechen wollen, sehen sie den _____.

10. Die _____ wächst von Jahr zu Jahr.

11. Die _____ werden vom akademischen Auslandsamt betreut.

3. Wohin gehen die Studenten?

Bilden Sie zwölf Sätze mit dem Akkusativ!

| Sie gehen | in
an
auf | der Hörsaal
die Kneipe
die Mensa
der Betrieb
die Universität
die Bibliothek
das Universitätsfest
der Maiball
das Stadion
das Laboratorium
der Tennisplatz
das Amt | zum Trainieren.
zum Lernen.
zum Feiern.
zum Lesen.
zum Studieren.
zum Trinken.
zum Essen.
zum Tanzen.
zum Tennisspielen.
zum Experimentieren.
zum Betriebspraktikum.
zum Einschreiben. |

1. _____

2. _____

3. _____

4. _____

5. _____

6. _____

7. _____

8. _____

9. _____

10. _____

11. _____

12. _____

4. Was Studenten sich erzählen

Was paßt zusammen?

1. Herzlichen Glückwunsch _____
2. Letzten Sommer _____
3. Bis morgen abend. _____
4. Diesen August _____
5. Für die kommende Prüfung _____
6. Meine Bude ist _____
7. Für die Auslandsreise _____
8. Guten Morgen, _____
9. Das Wiederholungsbuch _____
10. Nächsten Sommer _____

a. wie geht es dir?
b. einen halben Kilometer von der Uni entfernt.
c. mache ich einen Deutschkurs in der Schweiz.
d. ist seinen Preis wert.
e. Ich sehe dich dann in der Kneipe.
f. wünsche ich einen guten Flug.
g. zum bestandenen Examen!
h. werde ich mein Staatsexamen machen.
i. machte ich ein Praktikum in Österreich.
j. wünsche ich dir alles Gute!

freie Fahrt!

1. Alte Erinnerungen

Sie sind zu einem Klassentreffen in Ihrer alten Schule eingeladen. Dort unterhalten Sie sich mit früheren Kameraden über nicht Anwesende. Was ist aus ihnen geworden?

BEISPIELE: **Weißt du, was Renate jetzt macht?**
→ Sie ist eine bekannte Tänzerin geworden.

Was ist aus Horst geworden?
→ Er scheint ein wichtiger Beamter geworden zu sein.

Kennst du noch den Helmut Krämer?
→ Ja, er heißt aber jetzt Herr Professor Krämer!

Arbeiten Sie zu zweit! Machen Sie ähnliche Dialoge. Benutzen Sie die Verben *sein, werden, heißen, scheinen* und *bleiben.*

2. Hier braucht man kein Geld

In Ihrer Stadt haben Studenten ein Tauschgeschäft aufgemacht. Sie gehen ins Geschäft und erzählen dem Assistenten, was Sie gern tauschen möchten.

BEISPIELE: **Ich tausche diesen Mantel gegen eine Lederjacke.**

Kann ich einen Roman von Tolstoi gegen ein englisches Wörterbuch tauschen?

Schreiben Sie zehn weitere Sätze.

3. Wie komme ich am besten zum Stadion?

Sie befinden sich in der Stadtmitte und ein Wagen hält an. Der Fremde am Steuer fragt nach dem Weg zum Fußballstadion. Leider ist die Fahrt ganz kompliziert. Erklären Sie ihm den Weg, indem Sie jede der folgenden Präpositionen mindestens einmal benutzen: *durch, um, in, an, auf, hinter, neben, unter, über, vor, zwischen, entlang.*

BEISPIEL: **Fahren Sie diese Straße entlang. Dann fahren Sie unter die Eisenbahnbrücke, über den Theaterplatz, usw. . . .**

4. Erinnern Sie sich noch?

Was haben Sie letztes Jahr gemacht? Schreiben Sie Sätze für alle zwölf Monate. Dann vergleichen Sie mit diesem Jahr. Stellen Sie auch Fragen an Ihre Kameraden.

BEISPIELE: **Was hast du letzten Januar gemacht?**
→ Letzten Januar hatte ich Prüfung—diesen Januar mache ich ein Praktikum.

Was hast du letzten März gemacht?
→ Letzten März machte ich den Führerschein—diesen März fahre ich nach Frankreich.

nominative and accusative

chapter 10

Dative case

so wird's gemacht

The dative has a wide range of uses.

Indirect object

The dative expresses the indirect object of a verb, especially after verbs such as *geben, erzählen, zeigen, schicken*. The indirect object is the person who is given, told, shown, or sent something.

> *Sie gab **ihrem Freund** das Buch.*
> She gave her friend the book.

> *Sie erzählten **uns** eine lange Geschichte.*
> They told us a long story.

> *Peter zeigte es **mir.***
> Peter showed it to me.

Note that English, since it lacks case endings, must either use "to" or rely on the word order "indirect object, direct object" to make the meaning clear.

Prepositions (general)

You always use the dative after the following prepositions:

aus	out of
außer	apart from
bei	at someone's house/near/on the occasion of
gemäß	in accordance with
laut	according to
mit	with/by (transport)
nach	after
seit	since
von	from/of
zu	to

aus dem Zimmer	out of the room
bei meiner Schwester	at my sister's
mit dem Zug	by train
nach dem Mittagessen	after lunch
seit den Wahlen	since the elections
vom Bahnhof	from the station
ein Freund von mir	a friend of mine

entgegen "against/contrary to" and *gegenüber* "opposite" usually follow the noun:

dem Park gegenüber	opposite the park

See also Chapter 17 on prepositions.

Prepositions (location)

You use the dative after the following prepositions to mean being "in" a place or "on" something, as opposed to arriving "into" a place or "on to" something. This does still allow movement **at** the place or **on** the object, but without actually leaving it. Contrast the use of these prepositions with the accusative—see Chapter 9.

an	on/at/by
auf	on (a horizontal surface)
hinter	behind
in	in
neben	near/next to
über	over/above
unter	under/among
vor	in front of
zwischen	between
an der Wand	on the wall
auf dem neuen Tisch	on the new table
in dieser schmutzigen Wohnung	in this dirty apartment
unter den Kollegen	among one's colleagues

See also Chapter 17 on prepositions.

Verbs with dative

Certain verbs can **only** take a dative object. The most common are:

antworten	to answer
begegnen	to meet
danken	to thank
folgen	to follow
gehören	to belong to
geschehen	to happen to
glauben	to believe
gratulieren	to congratulate
helfen	to help

dative case

nutzen/nützen	to be of use
passen	to fit, to suit
passieren	to happen to
schaden	to harm
vorkommen	to seem to

*Wir danken **Ihnen** für Ihre Hilfe.*
(We) thank you for your help.

*Er gratuliert **seinem Freund.***
He congratulates his friend.

*Das ist **mir** noch nie passiert.*
That has never happened to me before.

Impersonal verbs

The dative is needed with a number of verbs that either have *es* as their subject (see Chapter 32) or whose subject in English is the indirect object in German (and therefore in the dative). Some of the most common are:

auffallen	to strike/occur to
einfallen	to occur to
fehlen	to be missing
gefallen	to like
gelingen	to succeed
leidtun	to be sorry
schmecken	to taste (good)
wehtun	to hurt

*Es tut **mir** leid.*
I'm sorry.

*Das ist **uns** noch nicht gelungen.*
We haven't managed that yet.

***Ihm** tut der Rücken weh.*
His back hurts.

*Das Essen hat **meinem Freund** gar nicht geschmeckt.*
My friend didn't like the food at all.

See also Chapter 32 on impersonal verbs.

Verbs with certain prefixes

You use the dative with verbs beginning in *bei-, ent-, entgegen-, nach-, wider-,* or *zu-:*

*Ein junger Mann kam **dem Auto** entgegen.*
A young man was coming toward the car.

*Wir sind **ihr** sofort nachgelaufen.*
We immediately ran after her.

*Hören Sie **der Musik** gut zu.*
Listen carefully to the music.

Adjectives (sensation)

The dative is used with certain adjectives to express sensations, usually along with the verbs *sein* or *werden:*

heiß	hot
kalt	cold
schlecht	bad or ill
schwindlig	dizzy
süß	sweet
übel	ill/sick
unwohl	not well
warm	warm

*Ist **dir** zu kalt?*
Is it too cold for you?

***Mir** wurde plötzlich schwindlig.*
I suddenly started to feel dizzy.

Adjectives (general)

You use the dative with a wide range of other adjectives, again usually with *sein* or *werden.* Here the adjective usually follows the noun to which it refers:

dankbar	grateful
egal, gleich	equal or indifferent
fremd	strange
klar	obvious/clear
möglich	possible
nützlich	useful
peinlich	embarrassing
schädlich	harmful
wichtig	important

*Wir waren **dem Chef** sehr dankbar.*
We were very grateful to the boss.

*Das war **meinem Mann** doch ganz klar.*
It was, of course, quite clear to my husband.

*So etwas könnte **euch** ja ganz nützlich sein.*
Something like that could be quite useful to you.

Advantage/disadvantage

The dative indicates the person for whom or to whom the action of the verb is done. This may suggest either advantage or disadvantage for someone:

*Kannst du **mir** bitte eine Zeitung kaufen?*
Can you buy me a paper, please?

*Der Hausmeister hat **dem Alten** die Tür aufgemacht.*
The caretaker opened the door for the old man.

*Jemand hat **meiner Freundin** die Handtasche gestohlen.*
Someone stole my girlfriend's purse (from her).

*Die Sonne scheint **mir** ins Gesicht.*
The sun is shining in my face.

Parts of the body, clothes

You use the dative to indicate possession, in particular with parts of the body or with clothes:

*Habt ihr **euch** die Hände gewaschen?*
Have you washed your hands?

*Du solltest **dir** heute etwas Warmes anziehen.*
You ought to put something warm on today.

Übung macht den Meister!

1. Großzügige Weihnachtsgeschenke!

Rudi Reich hat viel Geld. Er wird Weihnachtsgeschenke für seine Familie kaufen. Unten ist seine Einkaufsliste. Abends in der Kneipe prahlt er bei seinen Freunden.

Schreiben Sie auf, was er sagt:

BEISPIEL: **Ehefrau—Goldkette (f.), Goldarmband (n.)**
          → Der Ehefrau schenke ich eine Goldkette und ein Goldarmband.

1. Eltern—Kreuzfahrt (f.)

   _____

2. Schwester—Pelzmantel (m.)

   _____

3. Bruder—Motorrad (n.)

   _____

4. Zwillingsschwester—Kleinwagen (m.)

   _____

5. Schwiegereltern—Kiste (f.) Sekt

   _____

6. Schwägerin—Seidenbluse (f.)

   _____

7. Schwager—Golfausrüstung (f.)

_____

8. Neffe—Spielcomputer (m.)

_____

9. Nichte—Stereoanlage (f.)

_____

2. Das war ihm noch nie passiert!

Setzen Sie bitte die Wörter in Klammern in den Dativ.

Hans Jung wohnt in (eine) _____ Kleinstadt in Süddeutschland. Er arbeitet in (die)

_____ Firma seines Vaters. Unter (die) _____ Arbeitskollegen ist er nicht sehr beliebt,

weil (sie) _____ klar ist, daß (er) _____ nur schnelle Autos und Frauen wichtig sind.

Letzte Woche wollte er nach (die) _____ Arbeit mit (eine junge)

_____ Sekretärin der Firma zu (das) _____ Autorennen nach Monaco

fahren. Er wollte nicht mit (der) _____ Zug, sondern mit (der neue) _____

Sportwagen, der (sein) _____ Vater gehörte, in den Süden reisen. Er traf sich also mit (seine

neue) _____ Freundin in (das teuerste) _____ Restaurant der

Stadt. Nach (ein vorzügliches) _____ Abendessen begann die Reise.

Schon als sie aus (die) _____ Stadt fuhren, machte der Motor seltsame Geräusche. Sie

folgten (die) _____ Landstraße in Richtung Autobahn. Die Geräusche unter (die) _____

Motorhaube wurden immer lauter, aber Hans trat nur stärker auf das Gaspedal. Sie waren schon in

(die) _____ Schweiz, und irgendwo zwischen (die Schweiz) _____ Grenze

und (der) _____ Gotthardpaß geschah es dann. Plötzlich fiel (er) _____ auf, daß die

Geschwindigkeit immer langsamer wurde. Kurz darauf gab es einen Knall und der Motor stand still.

So etwas war (der junge) _____ Mann noch nie passiert! Da er sich mit (das

neue) _____ Modell nicht auskannte, blieb (er) _____ nichts anders übrig,

als zu Fuß zu (das nächste) _____ Telefon zu laufen und Hilfe herbeizurufen.

Schließlich kam ein Mechaniker aus (das nahegelegene) _____ Dorf, der

versuchte (sie) _____ zu helfen, aber leider fehlten (er) _____ die passenden Ersatzteile.

Es wurde (Hans und seine Freundin) _____ klar, daß sie

Monaco auf keinen Fall rechtzeitig für das Autorennen erreichen würden und daß sie in (das einzige)

_____ Gasthaus des nahegelegenen Dorfs übernachten mußten. Zu allem Unglück

dative case

stellte Hans dort fest, daß er seine Kreditkarte in (das teure) _____ Restaurant liegengelassen hatte. Das war (er) _____ sehr peinlich. Auch das war (er) _____ noch nie passiert!

3. Auf der Fähre fühlt man sich nicht so wohl!

Eine Schülergruppe befindet sich auf der Überfahrt von Portland nach Nova Scotia. Auf der Fähre reden alle durcheinander. Was paßt zusammen?

1. Walter und Hans haben zu viel Schokolade gegessen. _____
2. Sabine hat mir Geld geliehen. _____
3. Gisela sitzt in einer Ecke und stöhnt. _____
4. Die Suppe schmeckt mir gar nicht. _____
5. Er sieht blaß aus. _____
6. Wir waren eine halbe Stunde in der frischen Luft auf dem Deck. _____
7. Frau Schmidt hat den Kapitän ganz oben auf der Brücke besucht. _____
8. Rudi hat beim Bezahlen einen Fehler gemacht. _____
9. Ich habe zu viel Sahnetorte gegessen. _____
10. Wir finden es sehr warm hier im Restaurant. _____
11. Ich bin seekrank. _____

a. Mir ist übel.
b. Das war ihm peinlich.
c. Uns ist kalt.
d. Ihnen ist übel.
e. Ich bin ihr dankbar.
f. Mir ist schlecht.
g. Ihm ist schlecht.
h. Uns ist es hier zu heiß.
i. Sie ist mir zu salzig.
j. Dabei wurde ihr schwindlig.
k. Ihr ist unwohl.

freie Fahrt!

1. Mitbringsel aus Amerika

Ein deutscher Freund ist bei Ihnen zu Besuch. Er kauft viele Geschenke für seine Familie und Sie möchten wissen, wer welches Geschenk bekommen wird. Stellen Sie ihm Fragen.

BEISPIEL: **Wem kaufst du den Tee?**
→ Den Tee kaufe ich meinem Vater.

Arbeiten Sie zu zweit und machen Sie weitere Dialoge—der Freund hat auch Geschenke für Mutter, Schwester, Bruder, Kusine, Vetter, Onkel, Tante, Großvater, Großmutter, Schwager und Schwägerin gekauft.

2. Wer hat das schönste Wohnzimmer?

Zeichnen Sie ein einfaches Bild eines Wohnzimmers mit Fenster, Tür und folgenden Gegenständen:

Tisch	Stuhl	Sofa	Sessel
Flasche	Buch	Heft	Tasse
Glas	Ball	Tennisschläger	Schuhe
Kassette	Bild an der Wand	Fernseher	

Arbeiten Sie zu zweit! Ihr(e) Partner(in) darf Ihr Bild auf keinen Fall sehen. Versuchen Sie durch Fragen herauszufinden, wo sich die Gegenstände auf dem Bild Ihres Partners/Ihrer Partnerin befinden.

BEISPIEL: **Wo steht der Tisch/liegt das Buch/hängt das Bild?**
Neben der Tür/hinter dem Sofa/auf dem Tisch.

Sie können folgende Präpositionen benutzen: *an, auf, hinter, neben, über, unter, vor, zwischen, rechts von, links von.*

Versuchen Sie das Bild Ihres Partners/Ihrer Partnerin zu zeichnen. Wenn Sie alle Gegenstände in das neue Bild gesetzt haben, vergleichen Sie Ihre Bilder.

3. Vorsicht vor Hoteldieben!

Sie sind Leiter einer Gruppe von amerikanischen Touristen in Zürich. Eines Tages gibt es einen Einbruch im Hotel und Sie müssen aufschreiben, was gestohlen worden ist. Schreiben Sie einen Bericht für die Polizei.

BEISPIELE: **Der Dieb hat dem jungen Mann im Zimmer 104 den Paß gestohlen.**

Der alten Dame im Zimmer 17 hat er die Handtasche gestohlen.

Mir hat er den Fotoapparat genommen.

Schreiben Sie, was die anderen zehn Mitglieder der Gruppe verloren haben.

4. Das hatten wir nicht erwartet!

Die Familie Wiechert ist aus einem Urlaub in Spanien nach Salzburg zurückgekommen. Leider ist im Urlaub alles Mögliche schiefgegangen. Frau Wiechert erzählt ihrer Freundin über die Probleme, die sie, ihr Mann und ihre drei Kinder gehabt haben. Übernehmen Sie die Rolle von Frau Wiechert. Benutzen Sie die Verben *gefallen, schmecken, gelingen* oder die Adjektive *süß, heiß, kalt, warm, schlecht.*

BEISPIELE: **Meinem Mann hat das Essen nicht geschmeckt.**

Meinem jüngeren Sohn ist öfters schlecht geworden.

chapter 11

Genitive case

so wird's gemacht

In modern German, the genitive case is not used very often in conversation, frequently being replaced by the preposition *von*. In the written language, however, the genitive is still very common.

Possession

You use it to indicate possession, corresponding to English apostrophe "s" or "of":

die Familie **meines Freundes**	my friend's family
der frühere Direktor **unserer Schule**	the former principal of our school
die Geschichte **dieser Häuser**	the history of these houses

- Note that instead of the genitive, you can use *von* with the dative: *von meinem Freund, von unserer Schule, von diesen Häusern.* (See also Chapters 10 and 17.)

- Note that in German you only use the so-called Saxon Genitive (for example, "that car**'s** bumper," "Sarah**'s** friend") with the names of people, nationalities, and towns/cities, and that there is no apostrophe before the "s":

Helmuts *Auto*	Helmut's car
Herrn Wegeners *Wohnung*	Mr. Wegener's apartment
Frau Arnolds *Kinder*	Mrs. Arnold's children
Deutschlands *Weine*	Germany's wines
die Stadtmitte **Frankfurts**	Frankfurt's downtown

Verbs

The following verbs require the genitive:

anklagen	to accuse of
bedürfen	to be in need of
gedenken	to remember/commemorate
sich bedienen	to make use of
sich entsinnen	to remember
sich erfreuen	to enjoy
sich rühmen	to boast of
sich schämen	to be ashamed of
sich vergewissern	to make sure of
sich versichern	to assure oneself of

*Wir gedenken **unserer Toten.***
We remember our dead.

*Er schämte sich **seiner Taten.***
He was ashamed of his actions.

*Sie rühmten sich **ihrer Qualifikationen.***
They boasted about their qualifications.

Prepositions

You use the genitive after a number of prepositions. The most common are:

(an)statt	instead of
außerhalb	outside of
infolge	as a consequence of
innerhalb	within
trotz	in spite of
während	during
wegen	because of

infolge der Demonstrationen	as a result of the demonstrations
trotz seiner schlechten Noten	in spite of his bad marks
wegen des schlechten Wetters	because of the bad weather

In spoken German, in particular, you can also use *(an)statt, trotz, während,* and *wegen* with the dative.

See also Chapter 17 on prepositions.

Adjectives

The genitive is used with some adjectives. These include:

bewußt	aware of
fähig	capable of
gewiß	certain/assured of
schuldig	guilty of
sicher	sure of
voll	full of

genitive case

*Sie ist sich **ihrer Schwächen** bewußt.*
She is aware of her weaknesses.

*Er ist **des Verbrechens** schuldig.*
He is guilty of the crime.

Expressions with *sein*

The genitive appears in a number of set expressions involving the verb *sein*:

*Ich bin **der Meinung**/der Auffassung/der Ansicht . . .*
I am of the opinion . . .

*Früh morgens ist er immer **schlechter Laune**.*
He's always in a bad mood in the morning.

*zweimal **zweiter Klasse** nach Bonn*   two second-class tickets to Bonn

Time expressions

The genitive sometimes expresses indefinite time, the equivalent of "one day" rather than "last Tuesday," etc. (see also Chapter 7):

eines Tages	one day
eines warmen Sommerabends	one warm summer evening

Set expressions

You also use the genitive in a number of set expressions such as:

allen Ernstes	in all seriousness
letzten Endes	after all
meines Wissens	to my knowledge
meines Erachtens	in my judgment/opinion

Übung macht den Meister!

1. Kennen Sie Deutschland?

Setzen Sie die passenden Städte in den Text ein. Vergessen Sie nicht, den passenden Artikel zu benutzen!

BEISPIEL: **Weinfest ist das schönste in ganz Baden-Württemberg.**
        → Freiburgs Weinfest ist das schönste in ganz Baden-Württemberg.

Berlin	Köln	Dresden	München
Hamburg	Leipzig	Frankfurt	Bonn

1. Auf _____ Reeperbahn kann man sich gut amüsieren.

2. _____ Oktoberfest ist das größte Bierfest Bayerns.

3. In _____ Stadtmitte findet man das Goethehaus.

4. Der Dom ist _____ Wahrzeichen.

5. Viele Geschäftsleute aus aller Welt besuchen _____ Frühjahrs- und Herbstmesse.

6. _____ Stadtkern wurde im Zweiten Weltkrieg total zerstört.

7. _____ Museen und Theater rechtfertigen seinen Ruf als Weltstadt.

8. _____ Regierungsgebäude werden nach Berlin verlegt.

2. Was für Währungen haben diese Länder?

Schreiben Sie eine Liste für Touristen.

BEISPIEL: **Deutschlands Währungseinheit ist die Mark.**

der Schilling	die Krone	der Yen	der Lire
der Franc	der Gulden	die Peseta	

1. Frankreich

_____

2. Italien

_____

3. Spanien

_____

4. Österreich

_____

5. Schweden

_____

6. Japan

_____

7. Holland

_____

genitive case

3. Besuchen Sie Heidelberg!

Heidelberg ist eine alte Universitätsstadt am Neckar. Sie wird von vielen Touristen besucht. Hier ist ein Auszug aus einer Reisebeschreibung. Bitte setzen Sie die Wörter in Klammern in den Genitiv.

Heidelberg erfreut sich (eine herrliche) _____ Lage und kann sich unter

Deutschlands Städten (große) _____ Beliebtheit rühmen. Die Stadt erstreckt sich

beiderseits (die Ufer) _____ des Neckars. Diesseits (der Fluß) _____

liegen die Altstadt, die Universität und das Geschäftszentrum, jenseits (der Neckar)

_____ sind die neueren Stadtteile und außerhalb (die Stadt)

_____ befinden sich kleinere Industrieansiedlungen. Oberhalb (die Altstadt)

_____ steht das berühmte Heidelberger Schloß, um (das) _____

willen viele Touristen die Stadt besuchen. Aufgrund (ein amerikanischer Film)

_____ ist es in der ganzen Welt bekannt geworden. Während

(die Sommermonate) _____ finden vor der Kulisse (das Schloß)

_____ Theater- und Konzertaufführungen statt. Unweit (die Schloßruine)

_____ gibt es herrliche Spazierwege inmitten (der Wald)

_____ und (die Weinberge) _____. Angesichts (die

zahlreichen internationalen Touristen) _____,

die aufgrund (die günstige Lage) _____ zum Flughafen Frankfurt

anreisen, hat Heidelberg ein gutes Hotelangebot und kann sich (viele ausgezeichnete Restaurants)

_____ rühmen, wo man (Deutschland)

_____ Weine und Speisen genießen kann.

freie Fahrt!

1. Auf der Hochzeit

Zur Hochzeit von Peter und Claudia sind alle möglichen Verwandten eingeladen. Sie fragen den Bruder von Peter, wer die Leute sind.

BEISPIEL: **Wer ist das denn drüben?**
             → Das ist Peters Onkel.
             → Ich glaube, das ist Claudias Schwester.

Machen Sie zu zweit weitere kurze Dialoge.

2. Ein Blick ins Familienalbum

Zu Hause schauen Sie sich alte Familienfotos an. Sie erklären einem Freund, wer oder was auf den Bildern zu sehen ist.

BEISPIELE: **Hier ist der Bruder unseres Großvaters.**

Das ist das Haus meiner Tante.

Links siehst du den Bauernhof meines Onkels.

3. Wie gut sind Sie in Geographie?

Arbeiten Sie zu zweit! Testen Sie Ihren Partner/Ihre Partnerin über Hauptstädte, höchste Berge, die Einwohner, die Sprachen von europäischen Ländern.

BEISPIELE: **Wie heißt die Hauptstadt der Türkei?**

Wie nennt man die Einwohner Frankreichs?

Was ist der höchste Berg der Alpen?

Was ist die Landessprache Belgiens?

4. Verkehrshinweise

Sie sind Angestellter des Südwestfunks, Baden-Baden, und müssen jeden Tag über Verkehrsprobleme berichten. Fertigen Sie einen Bericht über Probleme in Stuttgart, Karlsruhe, Baden-Baden und Freiburg an, indem Sie folgende Präpositionen benutzen: *wegen, infolge, außerhalb, beiderseits, diesseits, jenseits, inmitten, oberhalb.* Folgende Ausdrücke könnten Ihnen helfen:

der Stau	der Unfall
die Bauarbeiten	zäh fließender Verkehr (mit Stillstand)
die Umleitung	mit Verkehrsstockungen/Verspätung rechnen
Straße gesperrt	Glatteis
Schnee	Nebel
die Ampel funktioniert nicht	

BEISPIELE: **In Stuttgart gibt es jenseits/beiderseits der Eisenbahnbrücke einen Stau von zwei Kilometern.**

In Freiburg muß man wegen des Nebels/eines Unfalls mit Verkehrsstockungen rechnen.

genitive case

chapter 12

Apposition

so wird's gemacht

Apposition and cases

Nouns that explain more about a preceding noun or pronoun are said to be in apposition and are always in the same case as the preceding noun/pronoun. This can occur in any of the four cases and the noun or phrase in apposition is always set off from the rest of the sentence by a comma or commas:

>*Was macht denn jetzt dein Bruder, **der Musiker?***
>What is your brother, the musician, doing now?

>*Ich kenne ja Ihren Vetter, **den berühmten Fußballspieler.***
>I know your cousin, the famous football player.

>*Sag der Maria, **dem kleinen Mädchen** drüben, daß ihre Mutter schon da ist.*
>Tell Maria, the little girl over there, that her mother is here.

>*Wie heißt die Firma deines Bruders, **des Möbelherstellers?***
>What's the name of the company owned by your brother, the furniture manufacturer?

Titles

Titles of books, movies, and plays that are in apposition to a noun that describes them stay in the nominative:

>*Hast du den Film „**Der Zeuge**" gesehen?*
>Have you seen the movie *The Witness?*

>*Das habe ich im Buch „**Die Neue Türkei**" gelesen.*
>I read that in the book *The New Turkey.*

Measurements and dimensions

You also find apposition in measurements and quantities where English would use "of":

> *Ich möchte eine Tasse **heiße Schokolade.***
> I'd like a cup of hot chocolate.

> *Trinken Sie ein Glas **italienischen Wein?***
> Would you like a glass of Italian wine?

Numbers and amounts

a) After a number or some other expression of amount, you use masculine and neuter nouns of measurement, quantity, or value **in the singular only.**

*zwei **Glas** Bier*	two glasses of beer
*30 **Grad** Hitze*	30 degrees (literally "of heat")

This also applies to the feminine *Mark:*

400 Mark	400 marks

b) With other feminine nouns, you must use plural forms:

*ein paar **Flaschen** Bier*	a few bottles of beer

Certain other numbers

a) If you use another number before the nouns *das Dutzend* (dozen), *das Hundert* (hundred), *die Million* (million), and *die Milliarde* (billion), the noun they go with has to be in the same case as the numbers:

> *Die Regierung hat drei Milliarden **alte Schulden** geerbt.*
> The government inherited old debts of three billion.

(i.e., accusative plural because *drei Milliarden* is accusative plural)

*trotz zwei Millionen **Arbeitsloser***	in spite of two million unemployed

(i.e., genitive plural because *zwei Millionen* is genitive plural)

b) If there is no number before the noun, use *von:*

Hunderte von Demonstranten	hundreds of demonstrators
Dutzende von Polizisten	dozens of police

Place names

German has no equivalent of the English "of" with place names:

die Stadt Kassel	the town of Kassel
an der Universität Essen	at the University of Essen

Comparisons

Apposition also occurs with *als* ("than") and *wie* ("as") in comparisons:

> ***Der Film*** *ist genauso langweilig wie* **das Buch.**
> The movie is just as boring as the book.

> ***Sie*** *hat es besser gemacht als* **du.**
> She did it better than you.

> *Ich liebe* ***ihn*** *mehr als* **meinen Vater.**
> I love him more than (I love) my father.

See also Chapter 16 on the comparison of adjectives and adverbs.

Übung macht den Meister!

1. Beim Gebrauchtwagenhändler

Finden Sie für die Automarken die richtigen Fälle (z.B. Akkusativ, Dativ, usw.) und setzen Sie ein Komma ein, wo es angebracht ist.

BEISPIEL: **Er will diesen großen Wagen _____ (Volvo).**
→ **Er will diesen großen Wagen, den Volvo.**

1. Das ist ein toller Wagen _____ (Audi).

2. Darf ich diesen Wagen _____ (Mercedes) probefahren?

3. Wie teuer ist dieser Wagen _____ (BMW)?

4. Wie funktionieren die Bremsen dieses Wagens _____ (Volkswagen)?

5. Gibt es in diesem Wagen _____ (Polo) einen Katalysator?

6. Die Farbe dieses Wagens _____ (Ford) gefällt mir nicht.

7. Hat dieser Wagen _____ (Golf) einen Katalysator?

8. Wo befindet sich das Ersatzrad an diesem Wagen _____ (Opel)?

2. Die Firmenfeier

Auf der Firmenfeier treffen sich die neuen Kollegen und Kolleginnen. Setzen Sie die richtigen bestimmten oder unbestimmten Artikel und alle Kommas ein.

Darf ich vorstellen, das ist der neue Kollege (Ingenieur aus Amerika) _____.

Er arbeitet seit letzter Woche mit Herrn Maître (Ingenieur aus Frankreich)

_____ zusammen. Mit ihrer Arbeit werden die beiden häufig Herrn Müller

(Hauptingenieur der Firma) _____ unterstützen. Dort drüben unterhält

sich Herr Pfeifer (Personalchef) _____ mit Herrn Weiß (Abteilungsleiter)

_____. Mit Frau Bosch (neue Chefin) _____

kommen die jüngeren Mitarbeiter nicht so gut aus, dafür ist aber Frau Basler (Stellvertreterin)

_____ um so freundlicher. Für die Mitarbeiter (Angestellten der Firma

Laub) _____ hat sie immer Zeit. Oft berät sie Herrn Weber

(Abteilungsleiter) _____ und mit Frau Hübsch (Chefsekretärin)

_____ arbeitet sie eng zusammen.

3. Sind Sie informiert?

Finden Sie die passenden Satzteile:

1. Wollen wir heute abend im Kino _____

2. Bilder über das Erdbeben in Japan _____

3. Der Film „Der Pate" _____

4. In „Das verflixte 7. Jahr" _____

5. Die Zeitung „Neues Deutschland" _____

6. Der Roman „Das Omen" _____

7. Dieser Artikel wurde in _____

a. beschäftigte sich mit der Mafia.
b. war ein weltweiter Bestseller.
c. wurde in der ehemaligen DDR herausgegeben.
d. erschienen in „Der Stern" und „Die Bunte".
e. „Die Neue Züricher Zeitung" veröffentlicht.
f. spielte Marilyn Monroe eine Hauptrolle.
g. „Der Krieg der Sterne" anschauen?

4. Was darf es sein?

a. Sie wollen sich stärken und bestellen im Gasthaus. Vorsicht bei den Endungen! Schreiben Sie acht Sätze.

BEISPIEL: **Ich habe Lust auf *einen* Becher *kühle* Milch.** (= Akkusativ)

eine Tasse	Kaffee (m.) (schwarz)
ein Glas (n.)	Rotwein (m.) (französisch)
eine Portion	Sekt (m.) (prickelnd)
ein Krug (m.)	Erdbeeren (pl.) (süß)
eine Flasche	Brot (n.) (frischgebacken)
ein Teller (m.)	Bier (n.) (kalt)
ein Schluck (m.)	Spaghetti (pl.) (italienisch)
eine Scheibe	Schnaps (m.) (stark)

1. _____

2. _____

3. _____

4. _____

5. _____

6. _____

7. _____

8. _____

b. Später erzählen Sie, womit Sie sich gestärkt haben. Schreiben Sie acht weitere Sätze.

BEISPIEL: **Ich habe mich mit *einem* Becher *kalter* Milch gestärkt.** (= Dativ)

1. _____

2. _____

3. _____

4. _____

5. _____

6. _____

7. _____

8. _____

freie Fahrt!

1. Ein teurer Geburtstag

Sie studieren in der Schweiz und zu Ihrem Geburtstag laden Sie eine große Gruppe Ihrer Kommilitonen (Kommilitoninnen) ins Café ein. Man hat Sie zum Sprecher für die Gruppe gemacht.

Sagen Sie dem Kellner, was die Leute trinken wollen. Leider will jeder etwas anderes haben.

BEISPIEL: **Bringen Sie uns bitte ein Glas französischen Wein, eine Tasse indischen Tee . . .**

Bestellen Sie acht weitere Getränke.

2. Kennen Sie das?

Arbeiten Sie zu zweit! Fragen Sie, ob Ihr(e) Partner(in) ein bestimmtes Buch, ein Theaterstück, einen Spielfilm, eine Fernsehsendung oder eine Gruppe kennt. Wenn der (die) Partner(in) richtig rät, woher die Gruppe kommt oder wo das Buch/der Film/die Sendung geschrieben bzw. gedreht bzw. ausgestrahlt wurde, bekommt er/sie einen Punkt und muß dann selber eine Frage stellen. Wer hat nach fünf Minuten die meisten Punkte?

Kennen Sie das Buch „Krieg und Frieden"?
→ **Das russische?**

Kennen Sie den Film „Apokalypse Jetzt"?
→ **Den amerikanischen?**

3. Eine Künstlerfamilie

Jens zeigt einem Freund ein Familienfoto, das man auf dem Jubiläum seiner Großeltern aufgenommen hat. Alle 22 Mitglieder der Familie sind entweder künstlerisch oder musikalisch veranlagt. Auf dem Bild sitzen oder stehen sie in drei Reihen. Übernehmen Sie die Rolle von Jens und erklären Sie dem Freund, wer wo sitzt/steht und was sie von Beruf sind/waren.

BEISPIELE: **Hinten in der letzten Reihe steht mein Bruder, der Rockmusiker.**

Meine Mutter sitzt in der ersten Reihe neben meiner Großmutter, der ehemaligen Schauspielerin.

chapter 13

Noun declensions

so wird's gemacht

Noun declensions are the ways in which nouns change their forms in different cases (see Chapters 9, 10, and 11). German has three principal declensions.

Standard (or strong) declension

This is by far the most common pattern.

Singular

	Masculine	Neuter	Feminine
Nominative	der Hund	das Ding	die Mutter
Accusative	den Hund	das Ding	die Mutter
Dative	dem Hund	dem Ding	der Mutter
Genitive	des Hund(e)s	des Dings	der Mutter

Plural

	Masculine	Neuter	Feminine
Nominative	die Hunde	die Dinge	die Mütter
Accusative	die Hunde	die Dinge	die Mütter
Dative	den Hunden	den Dingen	den Müttern
Genitive	der Hunde	der Dinge	der Mütter

You need to note the following points about this declension:

- Feminine nouns never change their ending in the singular.

- You can form feminine plurals either with an umlaut, like *Mütter,* or by adding *-n/-en,* like *Frauen* (see mixed declension below).

- You add *-(e)s* to masculine and neuter nouns in the genitive singular. This ending is normally only used in nouns of one syllable where pronunciation might otherwise prove difficult (for example, *des Jahres*), but you **must** use it with nouns or syllables ending in sibilants, i.e., *-s, -sch, -ß, -ss, -st, -x,* or *-z:*

des Fisches	of the fish
des Flusses	of the river
des Schmerzes	of the pain

- The dative singular ending *-e* on some masculine and neuter nouns is old-fashioned and is usually found only in certain set phrases:

nach Hause	home(ward)
zu Hause	at home

- You must add *-n* to almost all nouns in the dative plural (the only exceptions are nouns of foreign origin that retain the nominative plural *-s*):

mit seinen Freunden	with his friends
aus diesen Gründen	for these reasons

  BUT

in den Restaurants	in the restaurants

- The genitive singular of neuter nouns ending in *-nis* is always *-nisses:*

des Verhältnisses	relationship
des Ergebnisses	result

  Feminine nouns ending in *-nis,* however, do not change in the genitive singular:

trotz der Finsternis	in spite of the dark

- You can give the infinitive of almost any verb an initial capital letter and turn it into a strong neuter noun:

das Rauchen	smoking
das Schwimmen	swimming
das Singen	singing

noun declensions

Weak declension

Masculine nouns that add *-n* or *-en* to the nominative singular form when they are in the accusative, dative, and genitive form in both singular and plural are usually referred to as weak nouns. (Some grammar books also refer to feminine noun plurals in *-n* or *-en* as weak.) There are relatively few weak nouns:

Singular

Nominative	*der Junge*
Accusative	*den Jungen*
Dative	*dem Jungen*
Genitive	*des Jungen*

Plural

Nominative	*die Jungen*
Accusative	*die Jungen*
Dative	*den Jungen*
Genitive	*der Jungen*

You should note the following points about weak nouns:

* They usually denote living beings:

der Affe	monkey
der Franzose	Frenchman
der Held	hero
der Kunde	customer
der Mensch	person
der Neffe	nephew
der Spatz	sparrow

* They include most nouns of foreign origin ending in *-and, -ant, -arch, -at, -ent, -ist, -krat, -nom*:

der Automat	slot machine
der Dirigent	(musical) conductor
der Demokrat	democrat

* A small number have an *-ns* ending in the genitive singular. The most common are:

der Buchstabe	letter (of alphabet)
der Friede	peace
der Gedanke	thought
der Glaube	faith
das Herz	heart (but note the accusative singular *das Herz*)
der Name	name
der Wille	will

- Weak nouns ending in *-ar* and *-er* add *-n* rather than *-en*. *Herr* adds *-n* in the singular and *-en* in the plural:

den Nachbarn	neighbor
des Bauern	farmer
dem Herrn	Mr./gentleman
die Herren	gentlemen

Adjectival declension

You can use many adjectives as nouns. These "adjectival nouns" have an initial capital letter and take the appropriate adjective endings (see Chapter 14 for the various ways in which adjectives change their endings):

eine Alte	an old woman
ein Neuer	a (male) newcomer, new arrival
die Arbeitslosen	the unemployed
er ist Deutscher	he is German

Mixed declension

A small number of nouns have the standard masculine/neuter genitive singular *-(e)s* but the weak plural *-n*. For example:

das Bett (bed), *des Bett(e)s, die Betten*
der See (lake), *des Sees, die Seen*
der Staat (state), *des Staat(e)s, die Staaten*

You need to learn such irregularities in noun declension when you first learn the noun, since there is no way of knowing just by looking at the noun whether it takes the standard or weak declension. The three key elements to learn are:

- a noun's nominative singular
- its genitive singular
- its nominative plural

These, along with the gender, will usually be given in any good dictionary: *Tisch, m., -es, -e* indicates that the noun is masculine, that the genitive form is *des Tisches*, and that the plural is *die Tische.*

noun declensions

Übung macht den Meister!

1. Was ist wichtig beim Neukauf eines Autos?

Die Autofirmen wollen wissen, was ihre Kunden beim Autokauf beachten. Sie machen eine Meinungsumfrage über die Wichtigkeit folgender Punkte. Schreiben Sie bitte diese wichtigen Punkte auf. Die Nomen in Klammern folgen der starken Deklination.

BEISPIEL: **das Prestige (Marke, f.)**
               → das Prestige der Marke

1. die Vorzüge (Modell, n.) _____

2. der Preis (Fahrzeug, n.) _____

3. das Topmodell (Reihe, f.) _____

4. das Grundmodell (Serie, f.) _____

5. die Farbe (Wagen, m.) _____

6. der Benzinverbrauch (Maschine, f.) _____

7. die Leistung (Motor, m.) _____

8. das Material (Sitze, m. pl.) _____

9. der Mechanismus (Schiebedach, n.) _____

10. die Ausstattung (Innenraum, m.) _____

11. die Stärke (Batterie, f.) _____

12. die Zentralverriegelung (Türen, f. pl.) _____

13. die Automatik (Fensterheber, m. pl.) _____

2. Vorsicht beim Kauf eines neuen Wagens!

In den ersten Monaten treten vielleicht noch Probleme auf. Schreiben Sie Sätze über die Angaben im Kasten:

BEISPIEL: **das Fenster   keine Probleme (dat. pl.)**
               → Dieses Modell hat keine Probleme *mit den Fenstern.*

	keine Probleme	Probleme
das Schiebedach		✓
das Steuerrad		✓
die Bremse	✓	
das Gaspedal	✓	
der Kofferraum	✓	
das Türschloß		✓
der Sitz	✓	
die Antenne		✓
die Kupplung	✓	
das Stereogerät	✓	
der Scheibenwischer		✓
das Fernlicht	✓	

1. _____

2. _____

3. _____

4. _____

5. _____

6. _____

7. _____

8. _____

9. _____

10. _____

11. _____

12. _____

3. Was sie am liebsten fahren

Die Kunden eines Autohauses haben bestimmte Vorlieben. Ein Autoverkäufer plaudert über die Lieblingswagen seiner Kunden. Schreiben Sie zehn Sätze:

BEISPIEL: **Der Lieblingswagen *des* Franzos*en* ist ein Peugeot.**

	der Kunde	Automarke
Das Lieblingsauto Der Lieblingswagen Die Lieblingsmarke	der Franzose dieser Kunde mein Neffe der berühmte Dirigent der Bauer mein Nachbar der Filmheld der Prinz der Bayer	Traktor (m.) Sportwagen (m.) Peugeot (m.) Rolls Royce (m.) Audi (m.) BMW (m.) Geländewagen (m.) Motorrad (n.) Kabriolet (n.)

1. _____

2. _____

3. _____

4. _____

5. _____

6. _____

7. _____

8. _____

9. _____

4. Ein erfolgreicher Tag!

Abends beschreibt der Autoverkäufer, was er während des Tages gemacht hat. Setzen Sie bitte die passenden Akkusativ- oder Dativformen der Nomen in die folgenden Sätze ein.

BEISPIEL: **Ich habe mich mit dem _____ über den Sportwagen unterhalten.**
→ Ich habe mich mit dem Prinzen über den Sportwagen unterhalten.

1. Ich habe dem _____ den Traktor verkauft.

2. Für den _____ habe ich den Rolls Royce reserviert.

3. Meinem _____ habe ich einen BMW gezeigt.

4. Den Geländewagen habe ich dem _____ vorgeführt.

5. Den Audi habe ich an diesen _____ verkauft.

6. Das Motorrad habe ich für meinen _____ reserviert.

7. Dem _____ habe ich dieses Mal einen Peugeot empfohlen.

8. Dem _____ habe ich das Kabriolet verkauft.

5. Das Geheimnis der „-nis"!

Bilden Sie die Genitive folgender starker Nomen. Bitte Geschlecht und Bedeutung im Wörterbuch nachschlagen.

BEISPIELE: **die Finsternis—der Finsternis**

das Gefängnis—des Gefängnisses

1. Erkenntnis _____ _____

2. Verhältnis _____ _____

3. Bekenntnis _____ _____

4. Hindernis _____ _____

5. Erlaubnis _____ _____

6. Geständnis _____ _____

7. Besorgnis _____ _____

8. Begräbnis _____ _____

9. Kenntnis _____ _____

10. Geheimnis _____ _____

freie Fahrt!

1. Europa und die Europäer

a. Schauen Sie sich eine Landkarte von Europa an und mit Hilfe eines Wörterbuches machen Sie eine Liste von Ländern und der dazugehörigen Nationalitäten. Schreiben Sie das Geschlecht („m." oder „f." oder „n.") hinter jedes Land.

BEISPIELE:	**Land**	**männlich**	**weiblich**
	Deutschland (n.)	*der Deutsche*	*die Deutsche*
	Schweiz (f.)	*der Schweizer*	*die Schweizerin*
	Frankreich (n.)	*der Franzose*	*die Französin*

b. Schreiben Sie nun Sätze nach dem folgenden Muster:

BEISPIEL: **Als ich *in Deutschland* war, habe ich *eine Schweizerin* und *einen Franzosen* kennengelernt.**

Benutzen Sie in jedem Satz ein anderes Land und verschiedene Nationalitäten.

c. Schreiben Sie die Sätze in (b) um.

BEISPIEL: **Mit *der Schweizerin* habe ich gearbeitet und mit *dem Franzosen* habe ich mich im Zug unterhalten.**

2. Nomen est Omen!

Arbeiten sie in Gruppen von vier Personen. Mit Hilfe eines Wörterbuches finden Sie möglichst viele „schwache" Nomen. Ihr(e) Lehrer(in) wird prüfen, ob Ihre Nomen tatsächlich dieser Kategorie angehören. Welche Gruppe hat die meisten gefunden?

chapter 14

Adjectives

so wird's gemacht

Adjective endings

a) Adjectives that come after the finite verb (the one verb in a sentence that changes to agree with the subject) do not take any endings. With adjectives, the finite verb is very often some form of *sein* or *werden:*

> *Der Film war* ***ausgezeichnet.***
> The movie was excellent.

> *Die Schule ist ja* ***langweilig*** *geworden.*
> School has gotten boring.

b) However, if adjectives come before the noun they describe, they change their endings:

> *Das renovier****te*** *Haus sieht gut aus.*
> The renovated house looks good.

> *Hast du den neu****en*** *Lehrer gesehen?*
> Have you seen the new teacher?

There are three types of adjective declension, involving no more than minor variations in endings. The particular declension you use depends on which article or determiner (if any) comes before the adjective (see Chapters 1 and 2 on articles and determiners).

"der" declension

a) Singular

	Masculine	Neuter	Feminine
Nominative	*der große Stuhl*	*das kleine Haus*	*die schöne Wohnung*
Accusative	*den großen Stuhl*	*das kleine Haus*	*die schöne Wohnung*
Dative	*dem großen Stuhl*	*dem kleinen Haus*	*der schönen Wohnung*
Genitive	*des großen Stuhls*	*des kleinen Hauses*	*der schönen Wohnung*

Plural (all genders)

Nominative	*die netten Leute*
Accusative	*die netten Leute*
Dative	*den netten Leuten*
Genitive	*der netten Leute*

b) You use these adjective endings after the definite article *der, die, das* and after so-called *"der"* words such as *dieser, jener, jeder*, etc. (see Chapter 2):

> ***Das** große Auto drüben gehört mir.*
> The big car over there belongs to me.

> *Ich kaufe **diesen** schönen Tisch.*
> I'm going to buy this lovely table.

> *Sie arbeitet in **der** neuen Fabrik.*
> She works in the new factory.

> *In **jedem** alten Haus haben wir ähnliche Probleme gefunden.*
> We found similar problems in every old house.

c) Following *beide, irgendwelche,* and *solche, der*-declension endings are normal, but you may also find the zero declension endings (see "zero declension" below):

> *beide blauen* (or *blaue*) *Stifte*   both blue pens
> *solche blöden* (or *blöde*) *Fragen*   such stupid questions

d) The plural *alle* ("all") is also followed by *der*-declension adjective endings, but note that any following demonstrative adjectives (for example, *dieser, jener*) or possessive adjectives (for example, *mein, dein, sein*) must have the same endings as *alle*:

Nominative	alle diese alten Leute	all these old people
	alle meine guten Freunde	all my good friends
Accusative	alle diese alten Leute	
	alle meine guten Freunde	
Dative	allen diesen alten Leuten	
	allen meinen guten Freunden	
Genitive	aller dieser alten Leute	
	aller meiner guten Freunde	

• After *alles* ("everything"), the adjective has the following endings and is usually capitalized:

Nominative	alles Gute	all the best
Accusative	alles Gute	
Dative	alles Gutem	
Genitive	alles Guten	

e) Note the *der*-declension ending after personal pronouns:

Wir Deutschen wollen unsere D-Mark behalten.
We Germans want to hold on to our deutschmark.

"ein" declension

a) Note the highlighted adjectives are the only ones that differ from the equivalent *der*-declension endings:

Singular

	Masculine	Neuter	Feminine
Nominative	ein **roter** Tisch	ein **neues** Auto	eine alte Frau
Accusative	einen roten Tisch	ein **neues** Auto	eine alte Frau
Dative	einem roten Tisch	einem neuen Auto	einer alten Frau
Genitive	eines roten Tisches	eines neuen Autos	einer alten Frau

Plural (all genders)

Nominative	keine leeren Gebäude
Accusative	keine leeren Gebäude
Dative	keinen leeren Gebäuden
Genitive	keiner leeren Gebäude

b) You use the *ein*-declension endings after *ein, kein,* and the possessive adjectives *mein* ("my"), *dein* ("your"), *sein* ("his/its"), *ihr* ("her/their"), *unser* ("our"), *Ihr* ("your" singular and plural polite form), *euer* ("your" plural familiar form):

> *Hast du **ein** neu**es** Kleid?*
> Do you have a new dress?

> *Sie ist **meine** beste Freundin.*
> She is my best friend.

> ***Unsere** persönlich**en** Probleme gehen Sie nichts an.*
> Our personal problems do not concern you.

Zero declension

a) Singular

	Masculine	Neuter	Feminine
Nominative	*guter Wein*	*deutsches Bier*	*frische Sahne*
Accusative	*guten Wein*	*deutsches Bier*	*frische Sahne*
Dative	*gutem Wein*	*deutschem Bier*	*frischer Sahne*
Genitive	*guten Weins*	*deutschen Biers*	*frischer Sahne*

Plural (all genders)

Nominative	*reiche Leute*
Accusative	*reiche Leute*
Dative	*reichen Leuten*
Genitive	*reicher Leute*

b) You use the zero declension endings when there is no article or determiner before the adjective:

französischer Rotwein	French red wine
der Geschmack frisch gebackenen Brotes	the taste of freshly baked bread
bei schönem Wetter	in nice weather

c) Zero declension endings are also used after *ein paar* ("a few") and any number other than one:

ein paar wertvolle Münzen	a few valuable coins
sechs alte Flaschen	six old bottles

d) Following *allerlei* ("all kinds of"), *etwas* ("something"), *nichts* ("nothing"), *viel* ("much"), and *wenig* ("little"), the adjective declines like a zero declension neuter adjective and usually begins with a capital letter:

Nominative	*nichts Interessant**es***	nothing of interest
Accusative	*nichts Interessant**es***	
Dative	*nichts Interessant**em***	
Genitive	*nichts Interessant**en***	

You very rarely see the genitive form.

e) After the indefinites *einige* ("some/a few"), *etliche* ("several"), *folgende* ("following"), *manche* ("some"), *einige* ("some/few"), *mehrere* ("several"), *viele* ("many"), and *wenige* ("few"), the adjective also takes zero declension endings:

*wenige warm**e** Tage*	few warm days
*einige arm**e** Leute*	some poor people
*dank vieler gut**er** Ratschläge*	thanks to a lot of good advice

f) When *viel* and *wenig* come before singular, so-called "uncountable" nouns, or when they are used as adverbs, you do not decline them. Adjectives that follow *viel* and *wenig* take zero declension endings:

*viel gut**er** Wein*	a lot of good wine
*aus wenig haltbar**em** Stoff gemacht*	made of not very durable material

g) Note that when there is a string of adjectives before a noun, each adjective has the same ending, whether it takes *der-*, zero, or *ein-*declension endings.

In the masculine or neuter dative singular, however, the second element *may* take the *der-*declension ending *n* rather than the zero declension *m*:

*wir sahen einen interessant**en**, neu**en** Film*	we saw an interesting new movie
*eine schön**e**, alt**e**, romanisch**e** Kirche*	a beautiful, old, Romanesque church
*aus teur**em** italienisch**en** Stoff*	made of expensive Italian material

Other adjective types

a) You can also use past participles as adjectives (see Chapter 25 for the formation of the past participle):

*das hart **gekochte** Ei* (from *kochen* "to cook, boil")	the hard-boiled egg
*ein **gelungenes** Experiment* (from *gelingen* "to succeed")	a successful experiment

A few such adjectives have taken on meanings distinct from the original verb, for example:

ausgezeichnet (from *auszeichnen* "to award, decorate")	excellent
bekannt (from *bekennen* "to confess, admit")	well-known, famous

b) Present participles too can be used as adjectives. These participles are formed by adding *-d* to the infinitive:

die **steigenden** *Preise*	the rising prices
fließendes *Wasser*	running water

Present participles are the equivalent of the English verb ending "-ing," but you may **not** use them to translate the continuous present tense in English, for example, "I am playing," which in German can only be *ich spiele.*

Like the past participles, some present participles have acquired a meaning independent of the original verb. For example:

dringend	urgent
umfassend	comprehensive, all-embracing

c) In German, you can use past and present participles to create extended adjective phrases in a way you cannot in English:

die schon vor Monaten **geprüften** *Dokumente*
the documents that were examined months ago

die gegen die hohe Arbeitslosigkeit **streikenden** *Arbeitnehmer*
the workers who are demonstrating against the high level of unemployment

die sich erst sehr langsam **entwickelnde** *Windenergie*
wind power that is only developing very slowly

The article and noun in such phrases can often be a long way apart, separated by other noun phrases, adjectives, adverbs, and reflexive pronouns. You will rarely meet this construction outside formal written contexts, but it is quite common there. As shown above, to translate it into English you normally use the main noun followed by a subordinate clause beginning with "who," "that," or "which."

d) You can form adjectives from the names of cities and towns by adding *-er* to the place name. These adjectives have an initial capital letter and never change their ending:

*im Köln**er** Dom*	in the Cologne Cathedral
*wegen der Basl**er** Fastnacht*	because of the Basle Carnival

e) Adjectives formed from numbers also end in *-er* and do not change:

*in den siebzig**er** Jahren*	in the (nineteen) seventies

Non-declinable adjectives

Certain adjectives do not take case endings. There are three main groups here:

a) Adjectives that you use only in spoken German, such as *klasse, prima, super,* all of which have similar meanings:

*ein **prima** Typ*	a really nice person
*eine **super** Zeit*	a great time

b) The color adjectives *beige, lila, orange,* and *rosa:*

*mit einem **lila** Kleid*	in a purple dress
*meine **rosa** Hose*	my pink trousers
*ein **orange** Hemd*	an orange shirt
(BUT *ein orangefarben**es** Hemd*)	

c) *ganz* and *halb* when used before place names without a preceding article or determiner:

***Ganz** Deutschland war in Trümmern.*
All of Germany was in ruins.

*Durch **halb** Europa sind wir gereist.*
We've traveled halfway around Europe.

Spelling of certain adjectives

a) The adjective *hoch* loses its *c* when you add an ending:

Die Kosten sind zu hoch.
The costs are too high.

*In den **hohen** Bergen gibt's auch im Sommer viel Schnee.*
There's plenty of snow in the (high) mountains even in summer.

b) The *e* before the adjective endings, *-l, -n,* and *-r* is dropped before an ending:

*Das Spiel war **miserabel**.*	The game was awful.
→ *Es war ein misera**bles** Spiel.*	It was an awful game.
*Die Jacke ist **dunkel**.*	The jacket is dark.
→ *die dun**kle** Jacke*	the dark jacket
*Der Regen war **sauer**.*	The rain was acidic.
→ *infolge des sa**uren** Regens*	as a result of acid rain

Adjectives with prepositions

Adjectives are very often used with specific prepositions. You need to learn these along with the adjective. Here are a few examples:

bereit zu (+ dat.)	ready for
dankbar für (+ acc.)	grateful for
eifersüchtig auf (+ acc.)	jealous of
einverstanden mit (+ dat.)	in agreement with
fertig mit (+ dat.)	finished with
gleichgültig gegenüber (+ dat.)	indifferent toward
reich an (+ dat.)	rich in
typisch für (+ acc.)	typical of
verwandt mit (+ dat.)	related to
zuständig für (+ acc.)	responsible for

You often have to put this adjective at the end of the sentence:

Ich bin **mit** diesem Plan nicht **einverstanden.**
I don't agree with this plan.

Übung macht den Meister!

1. Welches findest du besser?

Sie sind in ein Restaurant eingeladen, aber Sie wissen nicht, was Sie tragen sollen. Bitten Sie Ihren deutschen Freund um Rat.

BEISPIEL: **Anzug: braun, schwarz**
Welchen Anzug findest du besser, den braunen oder den schwarzen?

1. Jacke: lang, kurz

   _____

2. Hut: grün, rot

   _____

3. Hemd: weiß, gelb

   _____

4. Handschuhe: schwarz, blau

   _____

5. Mantel: braun, grün

   _____

2. Ein Blick ins Familienalbum

Ergänzen Sie die folgenden Sätze:

1. Die klein_____ Frau auf diesem Bild ist meine älter_____ Schwester, Claudia.

2. Sie trägt hier eine schwarz_____ Jacke, ein weiß_____ Hemd, einen rot_____ Hut und modisch_____ rot_____ Schuhe.

3. Neben ihr steht meine ander_____ Schwester, Birgit. Was meinst du, paßt die gelb_____ Bluse zum grün_____ Kleid?! Und passen die dunkl_____ Strümpfe zu den grau_____ Schuhen?

4. Und hier ist mein klein_____ Bruder, Fritz. Gefallen dir der braun_____ Anzug und die weiß_____ Schuhe?! Weiß_____ Schuhe trägt er immer so gern!

5. Kennen Sie diesen alt_____ Mann mit der braun_____ Mütze, der vor dem teur_____ blau_____ Mercedes steht? Das ist mein Vater.

6. Wie du siehst, habe ich die lang_____ Nase von der Mutter, aber meinen kurz_____ Hals und meine blond_____ Haare habe ich vom Vater.

3. In deutschen Städten

Herr Reitz, Vertreter einer großen Firma, fährt geschäftlich in verschiedene deutsche Städte. Er erzählt seiner Frau, was er diese Woche erlebt hat. Ergänzen Sie die Sätze mit den Adjektiven in Klammern. Achten Sie auf die Endungen!

1. In dem _____ Bahnhof bin ich meinem _____ Lehrer

   begegnet. Erinnerst du dich noch an den _____, _____

   Meyer?

   (Düsseldorf; früher; groß; dick)

2. In Bonn hat mich der _____ Taxifahrer mit der _____ Hose

   und dem _____ Hemd an deinen _____ Bruder erinnert.

   (jung; blau; weiß; älter)

3. Zwei meiner _____ Kollegen in Essen werden bald pensioniert. Ich habe

   ihnen alles _____ gewünscht. In Essen hatte ich ja früher viele

   _____ Kollegen.

   (alt; gut; nett)

4. Am Freitag war ich in Meschede, im Sauerland. Ich glaube, in _____

   Deutschland gibt es keinen _____ Standort.

   (ganz; besser)

5. Da findet man alles, was das Herz begehrt: _____ Leute, ein

_____ Klima, und vor allem eine _____ Landschaft.

(freundlich; gut; wunderschön)

6. Gestern war ich in Emmendingen, im Schwarzwald. Außer _____

Fachwerkhäusern aus dem 18. Jahrhundert und einer _____,

_____ Kirche gab es dort nichts _____.

(malerisch; restauriert; mittelalterlich; sehenswert)

4. Beschreibungen

Anhand der Wörter in den untenstehenden Kästen beschreiben Sie ein Familienmitglied. Sagen Sie etwas über (a) Aussehen und (b) Kleidung.

BEISPIELE: **Er/sie hat ein schmales Gesicht, eine kurze Nase, blaue Augen, lange blonde Haare und einen kleinen Mund.**

Er/sie trägt meistens eine weiße Bluse, ein graues Hemd, einen schwarzen Rock/eine braune Hose mit braunen Schuhen.

a. Aussehen:

Haare	Gesicht	Wangen	Lippen
Ohren	Hals	Nase	Mund
Haut	Brille	Beine	Füße
lang	kurz	interessant	hübsch
schön	attraktiv	häßlich	schlank
dick	groß	klein	hell
schmal	blond	dunkel	blau
grün	usw.		

b. Kleidung:

Bluse	Hose	Rock	Kleid
Pullover	Jacke	Mantel	Krawatte
Strümpfe	Socken	Schuhe	
modisch	teuer	modern	elegant
sportlich	rot	blau	weiß
braun	schwarz	gelb	grün
usw.			

_____

_____

_____

_____

_____

_____

5. Kein Problemkind mehr

Jahrelang haben sich die Krämers Sorgen um ihren Sohn Bernd gemacht. Jetzt freuen sie sich, daß er so gut vorankommt. Vervollständigen Sie diesen kleinen Text, indem Sie das jeweils richtige Adjektiv mit der dazugehörigen Präposition einfügen. Vergessen Sie nicht, daß das Adjektiv oft am Ende des Satzes steht!

fähig	an . . . interessiert	dankbar
stolz auf	von . . . überzeugt	von . . . enttäuscht
für . . . verantwortlich		

Wir sind sehr (1) _____ _____ unseren Sohn, Bernd. Als er noch zur Schule ging,

waren wir allerdings (2) _____ seiner Leistung sehr (3) _____, aber seitdem er

bei meinem Bruder in der Firma arbeitet, sind wir (4) _____ der Richtigkeit seines Entschlusses

(5) _____. Wir hatten ja nicht geahnt, daß er (6) _____ der Computertechnik

so (7) _____ wäre. Er ist schon (8) _____ eine ganze Abteilung

(9) _____. Ich bin meinem Bruder (10) _____, daß er Bernd die

Chance gegeben hat, zu zeigen, daß er solcher Arbeit (11) _____ war.

freie Fahrt!

1. Das war aber interessant!

a. Mit Hilfe eines Wörterbuches finden Sie Adjektive, die die Wörter im Kasten beschreiben. Machen Sie eine Liste für sich.

> ein (= n.) Buch
> eine Fernsehsendung
> eine Landschaft
> eine Party
> ein (= m.) Urlaub
> ein (= n.) Abenteuer
> ein (= n.) Erlebnis
> eine Schauspielerin
> ein (= n.) Fußballspiel

BEISPIELE: **ein interessantes Buch, eine schöne Landschaft**

b. Vervollständigen Sie Ihre Liste, indem Sie Ihre Wörter mit denen eines anderen Kameraden vergleichen.

c. In Gruppen von vier Personen versuchen Sie nun so viele dieser Adjektive wie möglich in einem Erinnerungsspiel zu benutzen. Jedes Gruppenmitglied muß jedes Mal ein neues Adjektiv hinzufügen.

BEISPIEL: **Wir hatten einen schönen Urlaub.**
→ Wir hatten einen schönen, erholsamen Urlaub.
→ Wir hatten einen schönen, erholsamen, ruhigen Urlaub.
→ Wir hatten einen schönen, erholsamen, ruhigen, aber langweiligen Urlaub.

2. Wer ist das denn?

Arbeiten Sie in Gruppen! Eine(r) von Ihnen beschreibt jemanden in der Klasse und die anderen Gruppenmitglieder müssen raten, wer das ist. Beschreiben Sie in höchstens zehn Sätzen zunächst einmal Aussehen und dann Kleidung.

BEISPIELE: **er/sie hat lange, braune Haare, er/sie trägt einen weißen Pulli.**

Wenn keiner bis zum zehnten Satz richtig geraten hat, haben Sie gewonnen.

3. Wie sieht es bei dir aus?

Arbeiten Sie zu zweit! Zeichnen Sie eine Gestalt (Gesicht und Körper), aber zeigen Sie es nicht Ihrem (Ihrer) Partner(in). Diese(r) muß *Was für*-Fragen stellen, um Ihr Bild auf seinem (ihrem) Blatt zu zeichnen. Vergleichen Sie am Ende Ihre Bilder!

BEISPIEL: **Was für einen Hals hat er/sie?**

4. Zwanzig Fragen

Arbeiten Sie in Gruppen! Eine(r) stellt sich einen Gegenstand vor und beantwortet die Fragen der anderen Gruppenmitglieder nach Größe, Länge, Härte, Farbe, Material, Zweck, usw. des jeweiligen Gegenstandes mit *Ja* oder *Nein*.

chapter 15

Adverbs

so wird's gemacht

You can easily remember what an adverb does by telling yourself that it **adds** information to a **verb.** It can also modify the meaning of an adjective or another adverb. An adverb can be one of the following:

- Of manner (telling us how something happened):

hoffentlich	hopefully
nur	only
leider	unfortunately

- Of degree (to what extent something happened):

etwas	rather
sehr	very
ziemlich	quite

- Of place (where something happened):

hier	here
oben	upstairs
unten	downstairs

- Of time (when something happened):

endlich	finally
noch einmal	once again
wieder	again

Forming adverbs

German adverbs usually have the same forms as adjectives. For example, *gut* means either "good" or "well," *schnell* means either "quick" or "quickly."

There are, however, a few typical adverbial endings that are added to simple adjectives, nouns, or verbs. These are: *-erweise, -lang, -lich, -maßen, -s, -wärts, -weise*:

*einiger**maßen***	to a certain extent
*glücklich**erweise***	fortunately
*meisten**s***	usually
*stück**weise***	bit by bit
*vor**wärts***	forward
*wahrschein**lich***	probably
*wochen**lang***	for weeks on end

See also Chapter 39 for forming adverbs.

Adverbs of direction

You can add *hin* and *her* to the beginning of several prepositions (for example, *hinauf, herum, hinaus*) and to the end of a small number of adverbs of place (for example, *dorthin, hierher*). They indicate motion toward (*her*) or motion away from (*hin*) the speaker:

> *Komm doch **herunter.***
> Come down here.

> *Sie lief die Treppe **hinauf.***
> She ran up the stairs.

> *Wir sind **dorthin** gelaufen.*
> We ran there.

Hin and *her* sometimes repeat the meaning of a preposition:

> *Er kam **aus** der Wohnung **heraus.***
> He came out of the apartment.

> *Sie fuhr **auf** den elften Stock **hinauf.***
> She went up to the 11th floor.

Question words

a) Another form of adverb is the question word or interrogative. The main question words are:

wann?	when?
warum?	why?
wie?	how?
wie lange?	how long?
wie oft?	how often?
wo?	where?
woher?	where from?
wohin?	where to?
von wo?	where from?

- Two other words for "why?" are the colloquial *wieso?* and the rather formal *weshalb?*

- Note also the interrogative pronouns *was?* ("what?") and *wer?* ("who?") and the interrogative pronoun/determiner *welcher?* ("which?"). (See Chapter 5.)

b) Several question words consist of *wo* + preposition. The following is a selection. Note that if the preposition begins in a vowel, you have to insert *r:*

woran?	on/at what?
woraus?	out of what?
wofür?	for what?
wogegen?	against what?
worin?	in what?
womit?	with what?
worüber?	about what?
wovon?	about what?
wozu?	for what?

Worüber *klagen sie?*
What are they complaining about?

Wovon *hat er erzählt?*
What did he talk about?

Wogegen *demonstrieren sie?*
What are they demonstrating against?

c) For each of these question words, there is an equivalent adverb beginning with *da-*. Note again the insertion of the letter *r:*

daraus	out of it/that
dadurch	through it/that
dafür	for/in favor of it
dagegen	against it
damit	with it/that
danach	after it/that
davor	before/in front of it
dazu	to it/that

Danach *gingen sie ins Kino.*
After that they went to the movies.

Dahinter *liegt die Kirche.*
Behind it is the church.

Darin *liegt ja auch das Problem.*
That's where the problem lies, of course. (compare: "Therein lies the problem.")

Übung macht den Meister!

1. Zeit ist relativ!

Aus den folgenden Wörtern können neue Zeitadverbien durch Anhängen der Nachsilbe *-lang* gebildet werden:

die Jahrhunderte	die Jahrzehnte	die Jahre
die Monate	die Wochen	die Tage
die Stunden	die Minuten	die Sekunden

BEISPIEL: **die Jahrtausende → jahrtausendelang**

Setzen Sie nun passende Zeitadverbien in die untenstehenden Sätze anstelle der Ausdrücke in Klammern ein:

1. Die Dinosaurier sind schon (vor vielen tausend Jahren) _____ ausgestorben.

2. Ich mußte gestern im Krankenhaus (von neun Uhr morgens bis drei Uhr nachmittags) _____ warten.

3. (Seit dem Ende der 80er Jahre) _____ versuchen die Forscher schon ein Mittel gegen das Aids-Virus zu finden.

4. Die Ehefrau des Unfallopfers saß (jeden Tag) _____ an seinem Bett im Krankenhaus.

5. Der Banküberfall dauerte nur (wenige Minuten) _____, bevor die Täter in einem schwarzen Lieferwagen flohen.

6. Diese Firma befindet sich schon (seit mehreren Jahrzehnten) _____ im Familienbesitz.

7. Der Pistolenschuß war nur (für einige Sekunden) _____ zu hören.

8. Der Arbeitslose ist schon (seit Wochen) _____ auf Arbeitssuche, hat aber bisher noch nichts gefunden.

2. Wie kann man das mit einem Wort sagen?

Neue Adverbien lassen sich mit der Silbe *-lich* bilden. Ersetzen Sie die Ausdrücke in Klammern mit einem Adverb, das auf *-lich* endet:

1. Ich muß diese Tabletten (jede Stunde) _____ einnehmen.

2. Einmal (jede Woche) _____ gehe ich zum Training.

3. (Jeden Tag) _____ macht er mit seinem Hund einen Spaziergang.

4. Es wurde (von den Wissenschaftlern) _____ nachgewiesen, daß das Rauchen gesundheitsschädigend ist.

5. Die Firma macht einmal (pro Jahr) _____ einen Betriebsausflug.

6. Ich bezahle meine Zimmermiete (regelmäßig jeden Monat) _____.

7. Meine Abschlußprüfung als Krankenpfleger wird (vom Staat) _____ anerkannt.

8. (Aller Wahrscheinlichkeit nach) _____ werde ich nach Australien auswandern.

3. Fragen an einer Unfallstelle

Welche Teile passen zusammen? (Bei einigen Beispielen gibt es mehrere Möglichkeiten.)

1. Wann _____
2. Wer _____
3. Was _____
4. Wo genau _____
5. Wie _____
6. Woher _____
7. Wohin _____
8. Warum _____
9. Wie viele _____

a. hat die Polizei festgestellt?
b. hat der Zeuge ausgesagt?
c. ist es zum Unfall gekommen?
d. war in den Unfall verwickelt?
e. bremste der Motorradfahrer nicht?
f. Personen wurden verletzt?
g. ist der Unfall passiert?
h. fuhr der Lastwagenfahrer?
i. kam der Motorradfahrer?

4. Hin und her!

Bilden Sie so viele Adverbien wie möglich!

a. BEISPIEL: **vor + hin → vorhin**

```
                   vor
            da      |      auf
       wo ———       |       ——— aus
hier ————————————  hin  ———————————— ein
       dort ———     |     ——— unter
            gegen        über
```

_____   _____

_____   _____

_____   _____

_____   _____

                    _____

b. BEISPIEL: **wo** + **her** → **woher**

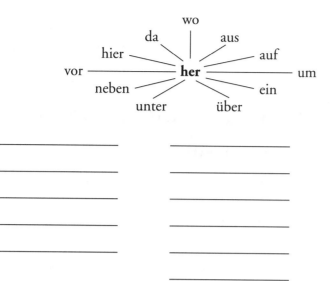

——————————   ——————————

——————————   ——————————

——————————   ——————————

——————————   ——————————

——————————   ——————————

——————————

freie Fahrt!

1. Wir suchen um die Wette!

Wer findet die meisten Adverbien in einer bestimmten Zeit (etwa fünf Minuten)? Eine der Nachsilben (*-maßen, -weise, -lang, -wärts, -lich*) wird vorgeschlagen. Alle suchen die entsprechenden Adverbien. Danach liest jeder seine Adverbien vor. Wer dieselben Wörter hat, streicht sie durch.

Sieger ist, wer zum Schluß die meisten Wörter hat! Der Sieger schlägt dann eine neue Nachsilbe vor.

2. Hin-und-her und her-und-hin

Arbeiten Sie in kleinen Gruppen! Erfinden Sie eine Geschichte, in der jeder Satz ein Adverb mit entweder der Vorsilbe bzw. Nachsilbe *hin* oder *her* enthält. Jede(r) sagt einen Satz, dann kommt der (die) nächste an die Reihe. Benutzen Sie die Adverbien aus Übung 4.

BEISPIEL: **Vorhin fuhr ein Auto die Straße entlang.**
                 Woher kam es wohl?

3. Fragen, Fragen und nichts als Fragen

Schreiben Sie einen Fragebogen (etwa zehn Fragen pro Thema):

a. Sie sind ein Reporter, der über einen Hotelbrand berichtet. Sie fragen einen Zeugen aus.

BEISPIEL: **Wann haben Sie den Brand gesehen?**

b. Sie sind ein Polizist, der nach einem Einbruch den Hausbesitzer nach Details fragt.

BEISPIEL: **In welchem Zimmer war die Aktentasche?**

c. Sie sind eine besorgte Mutter, die ihren Sohn nach dem Grund seines späten Heimkommens fragt.

BEISPIEL: **Wieso kommst du so spät nach Hause?**

chapter 16

Comparison of adjectives and adverbs

so wird's gemacht

In English we frequently use the adjective ending "-er" to compare people or things. For example: "taller than," "nicer than," "larger than." This form of the adjective is known as the comparative. Similarly, we use the adjective ending "-est/-st" (for example, "the kindest," "the prettiest") to express the superlative.

German comparatives and superlatives use these same endings. However, English uses "more" and "most" with adjectives longer than two syllables, but German uses the "-er" and "-est/-st" endings for all adjectives.

Comparative and superlative forms of the adjectives

a) You can place the comparative form of the adjective after the verb. When this occurs, it does not require any additional ending:

> *Deine Noten waren diesmal **besser**.*
> Your marks were better this time.

> *Das Wetter wird morgen **schlechter**.*
> The weather will be worse tomorrow.

For the superlative form in this position, *am* comes before the superlative adjective that has the ending *-sten*. For example: *am schönsten* the nicest, *am besten* the best:

> *Dieses Buch ist **am billigsten**.*
> This book is the cheapest.

*Diese Leute sind **am freundlichsten.***
These people are the friendliest.

b) If you place comparatives and superlatives before the noun they describe, you have to give them the same endings as any other adjective:

*die besser**e** Lösung*	the better solution
*einen kleiner**en** Garten*	a smaller garden
*mit der neust**en** Technologie*	with the latest technology
*aus billiger**em** Stoff*	made of cheaper material

- Comparative adjectives used in this way can have the meaning "fairly" or "quite":

*eine **längere** Reise*	quite a long trip
*ein **älterer** Mann*	quite an old/an elderly man

- Note that you normally use the superlative ending *-est* with adjectives whose positive or basic form ends in *-d, -s, -sch, -ß, -t, -tz, -x,* or *-z:*

*die laut**este** Musik*	the loudest music
*der süss**este** Kuchen*	the sweetest cake

c) With many adjectives of one syllable, you must add an umlaut to *a, o,* or *u* in the comparative or superlative forms. For example: *alt—**älter**—am **ältesten*** (old, older, oldest). Similar adjectives are:

dumm stupid	*dümmer*	*am dümmsten*
grob coarse/rough	*gröber*	*am gröbsten*
groß big	*größer*	*am größten*
hart hard/harsh	*härter*	*am härtesten*
jung young	*jünger*	*am jüngsten*
kalt cold	*kälter*	*am kältesten*
klug clever	*klüger*	*am klügsten*
kurz short	*kürzer*	*am kürzesten*
lang long	*länger*	*am längsten*
scharf sharp	*schärfer*	*am schärfsten*
schwach weak	*schwächer*	*am schwächsten*
schwarz black	*schwärzer*	*am schwärzesten*
stark strong	*stärker*	*am stärksten*
warm warm	*wärmer*	*am wärmsten*

*die viel **größere** Wohnung*	the much bigger apartment
*eine **härtere** Strafe*	a harsher punishment
*er ist am **schwächsten***	he is the weakest
*der **jüngste** Sohn*	the youngest son

d) There are some common irregular comparative and superlative forms, including:

gut good	*besser* better	*das beste* the best	*am besten* best
hoch high	*höher* higher	*das höchste* the highest	*am höchsten* highest
nah near	*näher* nearer	*das nächste* the nearest	*am nächsten* nearest
viel much	*mehr* more	*das meiste* the most	*am meisten* most
wenig little	*weniger* less/fewer	*das wenigste* the least	*am wenigsten* least/fewest

- Note that *weniger* does not change:

  *Ich habe **weniger** Freizeit als er.*
  I have less free time than he (does).

- Very occasionally you will find the forms *minder* and *das mindeste,* as alternatives to *weniger* and *das wenigste* respectively.

Comparative and superlative adverb forms

a) The comparative forms of adverbs are essentially the same as those of adjectives:

schnell quickly, fast	*schneller* more quickly, faster
gut well	*besser* better

b) The superlative form of the adverb is the same form as the superlative adjective following a verb:

*Er schwimmt **am besten.***
He swims best/is the best swimmer.

*Der letzte Zug fährt **am langsamsten.***
The last train is the slowest.

You can also say *aufs beste, aufs langsamste,* etc., which essentially means "could not be better/slower."

c) One other way in which you can form the superlative of adverbs is to place *äußerst, höchst,* or *möglichst* before the basic adverb or adjective:

***äußerst** vorsichtig*	extremely carefully
***höchst** notwendig*	most necessary
***möglichst** bald*	as soon as possible

d) You should pay particular attention to the following irregular comparative and superlative adverbial forms:

bald soon	*eher/früher* sooner	*am ehesten/am frühesten* soonest
gern gladly	*lieber* more gladly/rather	*am liebsten* most gladly/most of all
oft often	*öfter* more often	*am häufigsten* most often
viel much	*mehr* more	*am meisten* most

e) There are a number of superlative adverbs ending in *-ens*, the most common of which are:

bestens	very well
höchstens	at the most
meistens	mostly
mindestens	at least
nächstens	shortly
schnellstens	as quickly as possible
strengstens	most/very strictly
wärmstens	most warmly
wenigstens	at least

*Das Stück hat **mindestens** drei Stunden gedauert.*
The play lasted at least three hours.

*Wir sind **höchstens** in einer Stunde da.*
We'll be there in an hour at most.

*Das Rauchen ist **strengstens** verboten.*
Smoking is strictly forbidden.

Adjectives and adverbs: miscellaneous points

Note the following points that apply to both adjectives and adverbs:

a) In comparisons, German uses *als* where English uses "than":

*Das ist **weniger als** ich dachte.*
That is less than I thought.

*Peter arbeitete hier **länger als** Antje.*
Peter worked here longer than Antje.

so . . . wie is used where English uses "as/so . . . as":

*Du bist nicht **so klug wie** sie.*
You're not so clever as she is.

b) You must use the same case for the persons or things you are comparing:

*Ich fand **ihn** nicht so schön wie **unseren** Garten.*
I didn't think it was as nice as our garden.

c) You can reinforce a comparison with *genauso* or *ebenso*:

*Unsere Aufgabe war **genauso schwierig wie** eure.*
Our task was just as difficult as yours.

*Der Film war **ebenso langweilig wie** das Buch.*
The movie was just as boring as the book.

d) You can also reinforce comparatives by using *noch* or *viel* before the adjective or adverb. Similarly you can emphasize superlatives by using *aller-* or *bei weitem*:

> *Ihr Auto ist **noch/viel schöner.***
> Her car is even/much nicer.

> ***Der allerbeste** Wein der Welt*
> the very best wine in the world

> *Rußland ist **bei weitem das interessanteste** Land Europas.*
> Russia is by far the most interesting country in Europe.

e) "More and more" in a comparative phrase is *immer* + the comparative adjective or adverb form:

> *Es wird hier **immer kälter.***
> It's getting colder and colder here.

> *Wegen des Nebels mußten wir **immer langsamer** fahren.*
> We had to drive more and more slowly because of the fog.

f) For English "the more . . . the more" German uses either *je + -er . . . , desto -er* or *je + -er . . . , um so -er:*

> ***Je länger** du arbeitest, **desto mehr/um so mehr** verdienst du.*
> The longer you work, the more you (will) earn.

Übung macht den Meister!

1. Vergleichen Sie Fakten über Deutschland!

Schreiben Sie zwei Sätze.

BEISPIELE: **der Rhein, der Neckar (breit)**
> → **Der Rhein ist *breiter als* der Neckar.**
> → **Der Neckar ist *nicht so* breit *wie* der Rhein.**

Köln, Essen (westlicher)
> → **Köln liegt *westlicher als* Essen.**
> → **Essen liegt *nicht so* westlich *wie* Köln.**

1. Berlin, Bonn (groß)

_____

_____

comparison

2. Hamburg, Hannover (nördlich)

_____

_____

3. München, Frankfurt (südlich)

_____

_____

4. die Zugspitze, der Feldberg (hoch)

_____

_____

5. die bayrischen Alpen, der Schwarzwald (bergig)

_____

_____

6. das süddeutsche Klima, das norddeutsche Klima (mild)

_____

_____

7. Schleswig Holstein, Bayern (flach)

_____

_____

8. der Bodensee, der Titisee (tief)

_____

_____

9. das Ruhrgebiet, die friesischen Inseln (industriell)

_____

_____

2. Welche Verbesserung!

Frau Baumann, eine fleißige Mitarbeiterin in einer Großfirma, wurde befördert. Sie zieht auf die Chefetage um, wo sich ihr neues Büro jetzt befindet. Hier oben ist alles besser:

> Das alte Büro war schön.
> Die Einrichtung war luxuriös.
> Der Schreibtisch war groß.
> Der Chefsessel war bequem.
> Der Teppich war weich und teuer.
> Der Computer war modern.
> Das Telefon war neu. Die Sekretärin war fleißig und intelligent.
> Ihr Gehalt war hoch.
> Bisher hatte sie viel Arbeit und wenig Freizeit.

a. Schreiben Sie bitte auf, wie jetzt alles ist.

BEISPIEL: **Das neue Büro ist noch schöner.**

1. _____
2. _____
3. _____
4. _____
5. _____
6. _____
7. _____
8. _____

b. Wie würde Frau Baumann selbst über die neue Situation berichten? (Vorsicht bei den Endungen!)

BEISPIEL: **Ich habe jetzt ein schöner*es* Büro.**

1. _____
2. _____
3. _____
4. _____
5. _____
6. _____
7. _____
8. _____

3. Es war super!

Zwei verwöhnte Teenager kommen aus den Ferien zurück und erzählen ihre Erlebnisse. Ihrem Bericht nach hatten sie von allem das Beste. Finden Sie die Superlative zu den Adjektiven:

BEISPIEL: **Wir flogen mit dem (modern) Flugzeug.**
→ **Wir flogen mit dem modern*sten* Flugzeug.**

Wir wohnten im (gut) _____ Hotel des Ortes. Es lag an der (malerisch)

_____ Küste. Wir hatten das (luxuriös) _____ Zimmer mit der

(schön) _____ Aussicht. Wir speisten im (elegant) _____

Restaurant und aßen die (fein) _____ Speisen. Die Hotelbar hatte die

(toll) _____ Musik. Dort wurden die (heiß) _____ Rhythmen

comparison

gespielt. Dort tanzten auch die (gutaussehenden) _____ Tänzer. Die Kellner

servierten die (einfallsreich) _____ Cocktails, aber leider hatte das Hotel

die (teuer) _____ Preise!

4. Welcher Ausdruck paßt hier?

Setzen Sie einen passenden Ausdruck aus dem untenstehenden Kasten ein. (Bei einigen Beispielen gibt es mehrere Möglichkeiten.)

nächstens	wenigstens	bestens
mindestens	strengstens	höchstens
wärmstens	schnellstens	meistens

1. Das Theaterstück kann ich Ihnen _____ empfehlen.

2. Das Betreten des Atommeilers ist _____ verboten.

3. Die Wanderung wird _____ drei Stunden dauern.

4. Das Essen im Restaurant hat mir _____ geschmeckt.

5. Für die geplante Reise kann ich _____ DM 500 sparen.

6. Das Geschäft soll _____ eine Zweigstelle in San Franzisko eröffnen.

7. Ich trainiere _____ am Dienstagabend im Sportklub.

8. Die Opernkarte kostet _____ DM 100.

9. Mit 40° Fieber sollte er _____ zum Arzt gehen.

freie Fahrt!

1. Vergleiche anstellen!

Wählen Sie zwei Räume der Schule/Universität/Ihres Hauses und vergleichen Sie beide (Größe, Zahl der Fenster, Einrichtung, Lage, Helligkeit, usw.).

2. Personen vergleichen

Wählen Sie zwei bekannte Politiker/Stars/Sportler und vergleichen Sie beide.

BEISPIEL: „X" ist viel schöner/interessanter als „Y."

3. Vorlieben

Machen Sie eine Umfrage unter Ihren Freunden/Kollegen nach deren persönlichen Vorlieben. Schreiben Sie einen Fragebogen mit zehn Fragen. Verwenden Sie Superlative (zum Beispiel: *am liebsten, am besten, am häufigsten, am meisten, am schönsten, am schwersten, am nettesten, am strengsten . . .*).

BEISPIELE: **Was machst du am liebsten in den Ferien?**

Was meinst du, welcher Lehrer ist hier am strengsten?

4. Nie wieder!

Beschreiben Sie einen Urlaub, wo alles unübertrefflich negativ war.

BEISPIEL: **Wir buchten die billigste Reise und flogen mit dem ältesten Flugzeug einer kleinen Fluglinie . . .**

comparison

chapter 17

Prepositions

so wird's gemacht

A preposition is a word that connects a noun or pronoun to other elements of the sentence. Most prepositions form part of phrases of time, manner, or place, i.e., "when," "how," or "where": "**after** three o'clock," "**at** a fast pace," "**in** town."

The meaning of several German prepositions is similar to their English equivalents, but there are also a large number of differences between the two languages. The same German preposition can also have a number of different uses. The noun or pronoun to which a preposition refers has to go into either the accusative, dative, or genitive case, and knowing which preposition to use with which case is an important part of learning how to speak and write accurate German.

Prepositions with the accusative

These include: *bis, durch, für, gegen, ohne, pro, um, wider.*

- *bis*   until a certain time or by a certain deadline:

bis nächsten Samstag	by/until next Saturday
bis 1989	by/until 1989

  In spoken German, the first example also has the meaning "see you next Saturday."

- *durch*   physically through an object or place; by means of; owing to:

  Wir fuhren durch die Stadt.
  We drove through the city.

  Berlin wurde 1961 durch die Mauer geteilt.
  Berlin was divided by the wall in 1961.

durch einen Unfall	as the result of an accident

- *für* on behalf of; for a total of (in time phrases):

    ein Geschenk für die Mutter   a present for my mother

    Ich fahre für nur zwei Tage nach Bremen.
    I'm only going to Bremen for two days.

- *gegen* against something physical. With time and numbers, it suggests approximation. Occasionally it can also mean "in exchange for":

gegen die Tür	against the door
gegen Abend	toward evening
gegen Entgelt	for a fee

- *ohne* indicates the absence of something or someone and is almost always the equivalent of the English "without":

    ohne sie   without her

- *pro* is not very common and means "per" or "each":

    Es kostet DM 5 pro Person.
    It costs five marks per person.

- *um* around; at (when telling time). With the verb *gehen* it also means "concerning":

um den Sportplatz	around the playing field
um sechs Uhr	at six o'clock
es geht um das Geld	it's a question of money

- *wider* against (in the context of emotions or feelings):

    wider seinen Willen   against his wishes

Prepositions with the dative

These include: *aus, außer, bei, entgegen, gegenüber, gemäß, laut, mit, nach, seit, von,* and *zu*.

- *aus* out of a place; made out of. Can also convey a motive or cause:

aus dem Gebäude	out of the building
aus Glas	made of glass
aus Mitleid	out of pity

- *außer* apart from/except. Can also occasionally have the meaning "out of":

außer meiner Frau	besides my wife
außer Kontrolle/Betrieb	out of control/out of order

- *bei*   at the house of; near to; under certain circumstances. With a verb infinitive, it is the equivalent of "while _____ing":

bei meinem Freund/beim Bäcker	at my friend's/at the bakery
bei Dortmund	near Dortmund
bei kaltem Wetter	in cold weather
beim Schwimmen	while swimming

- *entgegen*   against in the sense of "contrary to." Can come before or after the noun/pronoun:

seinem Befehl entgegen	against his orders
entgegen meinen Wünschen	contrary to my wishes

- *gegenüber*   opposite; in relation to (someone). Tends to be placed before a noun but it must be placed after a pronoun and is often placed after people too:

gegenüber dem Stadion	opposite the stadium
ihr gegenüber	opposite/toward her
seinen Kollegen gegenüber	toward his colleagues

- *gemäß*   in accordance with. More typical of written German; usually follows noun:

Ihrem Vorschlag gemäß	in accordance with your suggestion

- *laut*   according to:

laut Fahrplan	according to the timetable
laut ärztlichem Attest	according to the medical certificate

- *mit*   together with something or someone; by means of (with reference to transport or parts of the body); at (a particular age):

mit meiner Schwester	(together) with my sister
mit dem Zug/mit der Hand	by train/by hand
mit sechs Jahren	at the age of six

- *nach*   after (in time phrases); past (when telling time); to a place; according to. In this last sense, it often follows the noun it refers to:

nach der Arbeit	after work
zehn nach eins	ten past one
nach Berlin/nach Hause	to Berlin/home
nach meiner Berechnung	according to my calculations
meiner Meinung nach	in my opinion

- *seit*   since or for a period of time. It conveys how long something has or had been occurring. If the thing you are describing is still going on, you should use the present tense; if it is over and done with, use the simple past:

seit dem Fall der Mauer	since the wall came down

  *Ich wohne hier **seit zwei Jahren**.*
  I have been living here for two years.

  *Er arbeitete schon **seit fünf Monaten** in Zürich.*
  He had already been working in Zurich for five months.

- *von*   from; of. In the second meaning it often replaces the genitive, especially in conversation, but also in written German:

—before personal pronouns
—after numbers, after *viel, wenig, etwas,* and other indefinite expressions
—before nouns standing on their own

ein Brief von einer Freundin	a letter from a friend
die Sekretärin von Frau Schneider	Mrs. Schneider's secretary
ein Vetter von uns	a cousin of ours
vier von den Abgeordneten	four members of Congress
die Folge von Schadstoffemissionen	the result of harmful emissions

A third meaning of *von* with the passive voice (see Chapter 34) is "by":

Das Auto wurde von dem Mechaniker abgeholt.
The car was picked up by the mechanic.

- *zu*   to a place or person; for a purpose. It also has a wide range of other uses:

Ich komme zu dir/zum Flughafen.
I'll come to see you/to the airport.

zum Frühstück	for breakfast
zu unserem Bedauern	to our regret
zu Hause/zu Fuß	at home/on foot
zu jener Zeit	at that time
zwei Koteletts zu DM 6	two chops for 6 marks each

Prepositions with the accusative or dative

Several prepositions can take either the accusative or the dative, depending on their meaning in the particular context. These include: *an, auf, entlang, hinter, in, neben, über, unter, vor,* and *zwischen.*

You use the accusative case to express motion in relation to the following noun or pronoun. Usually this is motion **toward** the thing or person. The dative after these prepositions conveys rest or movement **in** a place. (See Chapters 9 and 10 for further explanation of this point.) In the following examples, the accusative is given in bold:

- *an*   to; at; on a vertical surface:

*Sie schreibt **an ihren Bruder.***
She's writing to her brother.

Hans stand an der Tür.
Hans was standing at the door.

*Wir hängten das Bild **an die Wand.***
We hung the picture on the wall.

Das Bild hängt jetzt an der Wand.
The picture is now (hanging) on the wall.

- *auf*   on a horizontal surface. It also corresponds to English "in," "at," or "to" in a number of different contexts:

  > *Die Flasche steht auf dem Tisch.*
  > The bottle is on the table.

  > *Stell die Flasche **auf den Tisch.***
  > Put the bottle on the table.

  > *Wir wohnen auf dem Lande.*
  > We live in the country.

  > *Wir fahren **aufs Land.***
  > We're going to the country(side).

*auf dem Platz/**auf den Platz***	in the square/onto the square
*auf der Straße/**auf die Straße***	in the street/into the street
*auf der Fete/**auf die Fete***	at the party/to the party

- *entlang*   along. It takes the accusative and follows the noun when it means movement along something. It takes the dative and comes before the noun when it denotes position next to or along something:

  > *Wir gingen **den Fluß entlang.***
  > We walked along the river.

  > *Entlang der Mauer gab es wenig zu sehen.*
  > There was little to see along/next to the wall.

- *hinter*   behind:

  > *Hinter dem Haus steht die Garage.*
  > The garage is behind the house.

  > *Wir fuhren **hinter das Haus.***
  > We drove behind/around the back of the house.

- *in*   in; in a certain period of time from now (only with dative). Also has a number of other idiomatic uses:

  > *Wir wohnen in einem Reihenhaus.*
  > We live in a town house.

  > *Er ging **in das Haus.***
  > He went into the house.

in sechs Tagen	in six days
im Radio/im zweiten Stock	on the radio/on the second floor
in der Berliner Straße	on Berliner Straße

(Compare the last example with the use of *auf* when no street name is given: *Die Kinder spielen **auf** der Straße* "The children are playing in the street.")

- *neben*   next to; besides (with dative only):

> *neben der Schule*   next to the school

> *Stell dich **neben die Tür.***
> Stand next to the door.

> *Neben Sportsendungen sehe ich auch die Tagesschau gern.*
> Besides sports programs, I also like to watch the news.

- *über*   above; over. When followed by the accusative it can also mean "more than" (with numbers or dimensions) or "concerning":

> *Über der Stadt hängt eine dichte Rauchwolke.*
> A thick cloud of smoke hangs over the city.

> *Wir flogen **über die Stadt.***
> We flew over the city.

> *Sie ist **über zwei Meter groß.***
> She is over two meters tall.

> *Wir sprachen **über die Politik.***
> We were talking about politics.

- *unter*   under (both physically and in the sense of "less than"); among (with dative only):

> *Sie schwimmen unter der Brücke.*
> They are swimming under the bridge.

> *Sie sind **unter die Brücke geschwommen.***
> They have swum under the bridge.

> *Sie war **unter 1,50 Meter.***
> She was less than 1.5 meters tall.

> *Du bist hier ja unter Freunden.*
> You're among friends here.

- *vor*   in front of; ago (with time phrases and in the dative only):

> *Er stand direkt vor mir.*
> He stood right in front of me.

> *Er mußte **vor das Gericht** kommen.*
> He had to appear before the court.

> *vor zehn Jahren*   ten years ago

- *zwischen*   between:

> *Er saß zwischen mir und meiner Frau.*
> He sat between me and my wife.

> *Er setzte sich **zwischen mich** und **meine Frau.***
> He sat down between me and my wife.

Prepositions with the genitive

Several prepositions take the genitive, but many of them you will see only in formal written language. Of the others, the following are the most common:

- *anstatt/statt*   instead of. The form *anstatt* is more typical of formal usage:

statt einer Gefängnisstrafe	instead of a prison sentence

- *trotz*   despite or in spite of:

trotz seiner Klagen	in spite of his complaints

- *während*   during:

während der Schulferien	during the school vacation

- *wegen*   because of:

wegen der hohen Kosten	because of the high costs

Of the other prepositions that take the genitive, you should at least be able to recognize and understand the following in written German:

angesichts	in view of
anstelle	in place of
aufgrund	on the strength of
außerhalb	outside of
beiderseits	on both sides of
diesseits	this side of
infolge	as a result of
inmitten	in the middle of
innerhalb	within
jenseits	on the other side of
oberhalb	above
um . . . willen	for the sake of
unterhalb	beneath
unweit	not far from

You should note the following:

- You can also use *(an)statt, trotz, während,* and *wegen* with the dative, especially in spoken German.

- In spoken German, particularly, you would very often replace *außerhalb, innerhalb, oberhalb, unterhalb,* and *unweit* by another preposition or use them with *von* + dative.

- Instead of *jenseits,* you would normally use *hinter* + dative.

Finally, a number of the prepositions listed above can be joined to the definite article. For example:

an dem → am
an das → ans
auf das → aufs
bei dem → beim
in dem → im
in das → ins
um das → ums
von dem → vom
zu dem → zum
zu der → zur

Other examples, usually found only in spoken German, include: *durchs, fürs, gegens, hinters, nebens,*
übers, unters, and *vors.*

Übung macht den Meister!

1. Wie sagt man das richtig?

Jürgen Voss, ein Student aus Düsseldorf, studiert im 1. Semester an der Universität in Tübingen.
Er hat sich noch nicht gut eingelebt und schreibt an eine alte Freundin, die in der Nähe arbeitet.
Setzen Sie die Wörter in Klammern in den passenden Kasus.

Tübingen, den 20. Oktober

Liebe Anni,

durch (ein Zufall) _____ habe ich von (meine Mutter) _____

_____ erfahren, daß Du hier in (die Nähe) _____

bei (eine große Firma) _____ als Personalchefin angestellt bist. Ich habe

mich riesig über (diese Nachricht) _____ gefreut, weil ich selbst erst seit

(ein Monat) _____ hier in (diese Gegend) _____

wohne.

Entgegen (meine Wünsche) _____ habe ich nämlich keinen

Studienplatz an (die Universität Köln) _____ bekommen, sondern ich

mußte wider (meine Wille) _____ Norddeutschland verlassen, weil die

zentrale Vergabestelle mich an (die Universität Tübingen) _____

verwiesen hat. Innerhalb (ein Monat) _____ mußte ich eine Entscheidung

treffen, ob ich das Angebot hier in (der Süden) _____ annehmen wollte.

prepositions

So bin ich also jetzt seit (vier Wochen) _____ hier.

In (die Umgebung) _____ kenne ich mich noch nicht gut aus, aber ich

habe schon viele Spaziergänge durch (die Stadt) _____ gemacht. Leider bin

ich ohne (mein Wagen) _____ hier, er mußte kurz vor Semesterbeginn

verschrottet werden, weil ich gegen (ein Baum) _____ gefahren war und

die Kosten für (die Reparatur) _____ zu hoch waren. Kurz gesagt,

ich habe noch wenig Kontakt unter (die Studenten) _____, da ich

seit (die Ankunft) _____ sehr beschäftigt war.

Deshalb würde ich Dich also gern nach (die Arbeit) _____ einmal

abends in (die Stadt) _____ treffen. Wir könnten in (das Kino)

_____ gehen oder bei (gutes Wetter) _____

zu (ein netter Biergarten) _____ außerhalb (die Stadt)

_____ fahren. Wie wär's mit (ein Abend) _____

in (die nächste Woche) _____? Treffen wir uns vielleicht

an (die Bushaltestelle) _____ vor (das Rathaus)

_____, oder wäre es besser für (Du) _____

an (die Bushaltestelle) _____ bei (die Sparkasse)

_____ zu kommen?

Bitte hinterlasse für (ich) _____ eine Nachricht auf (der Anrufbeantworter)

_____, falls Du mich telefonisch nicht erreichen kannst. Ich freue

mich auf (die nächste Woche) _____ und (der Ausflug)

_____ in (die Stadt oder der Biergarten)

_____.

Beste Grüße

Dein Jürgen.

2. Wohin kommen die Sachen?

Als Jürgen in seine leere Studentenbude in einer WG (Wohngemeinschaft) einzieht, helfen ihm einige Mitbewohner beim Einräumen. Er sagt ihnen, wohin sie die Sachen stellen, legen, hängen sollen.

Schreiben Sie zwölf Sätze.

BEISPIEL: **Die Bücher werden auf das Bücherregal gelegt.**

Die Bücher Das Bett Der Schrank Das Bücherregal Der Teppich Der Schreibtisch Die Tischlampe Die Deckenlampe Die Stereoanlage Das Geschirr Der Spiegel Die Kleider	wird werden	in hinter auf neben an unter	die Ecke der Boden die Tür das Fenster der Kleiderschrank der Schreibtisch die Decke der Küchenschrank das Bücherregal die Wand der Boden der CD-Spieler	gelegt. gestellt. gehängt.

1. _____

2. _____

3. _____

4. _____

5. _____

6. _____

7. _____

8. _____

9. _____

10. _____

11. _____

12. _____

3. Wo befinden sich die Sachen?

Jürgen gibt eine Beschreibung seines Zimmers. Wo liegen/stehen/hängen nun die Sachen?

Schreiben Sie zwölf Sätze.

BEISPIEL: **Der Teppich liegt auf dem Boden.**

Die Bücher	liegt	hinter	die Ecke.
Das Bett	liegen	auf	der Boden.
Der Schrank	steht	neben	die Tür.
Das Bücherregal	stehen	an	das Fenster.
Der Teppich	hängt	unter	der Kleiderschrank.
Der Schreibtisch	hängen		der Schreibtisch.
Die Tischlampe			die Decke.
Die Deckenlampe			der Küchenschrank.
Die Stereoanlage			das Bücherregal.
Das Geschirr			die Wand.
Der Spiegel			der Boden.
Die Kleider			der CD-Spieler.

1. _____

2. _____

3. _____

4. _____

5. _____

6. _____

7. _____

8. _____

9. _____

10. _____

11. _____

12. _____

4. Das unberechenbare Wetter

Das Wetter macht oft den Touristen/Bergsteigern/Seglern/Autofahrern große Schwierigkeiten.
Schreiben Sie die untenstehenden Sätze im Genitiv auf:

BEISPIEL: **Wegen des Regens machten wir keinen Spaziergang.**

Wegen	der Regen	machten wir keinen Spaziergang.
	die Hitze	blieben wir meistens im Schatten.
	das schlechte Wetter	fand der Ausflug nicht statt.
	der Sturm	konnten wir nicht segeln.
	das Gewitter	hatten wir Verspätung.
	die Kälte	blieben wir lieber zuhause.
	der Hagel	wurde die Ernte zerstört.
	das Unwetter	gab es allerorts Überschwemmungen.
	das Glatteis	hatten wir auf der Heimfahrt einen Unfall.
	der Nebel	mußten wir ganz langsam fahren.

1. _____

2. _____

3. _____

4. _____

5. _____

6. _____

7. _____

8. _____

9. _____

freie Fahrt!

1. Wer macht was?

Arbeiten Sie in Gruppen. Machen Sie neue Sätze, indem Sie das Akkusativobjekt und die Person jeweils verändern. Jede(r) sagt einen neuen Satz. Wer keinen weiß, muß ausscheiden.

BEISPIELE:

	durch	*Ich* gehe durch *einen Park.*
		Du gehst durch *ein Kaufhaus.*
		Er . . .
	für	**Ich kaufe ein Geschenk für *den Onkel.***
	ohne	**Ich gehe nie ohne *den Hund* spazieren.**
	gegen	**Ich bin mit dem Auto gegen *eine Ampel* gefahren.**
	bis	**Ich warte bis *nächsten Monat.***
	um	**Es geht hier um *das Geld.***

2. Wenig Platz für die Gäste

Ein Student gibt eine Party und es kommen mehr Leute als erwartet. Deshalb sitzen/stehen die Gäste überall in der Wohnung. Schreiben Sie auf, wo sich noch 15 andere Gäste befinden.

BEISPIELE:

Ein Gast sitzt unter dem Tisch.

Ein Gast steht hinter der Tür.

3. So eine Unordnung!

Nach der Party ist die Wohnung in einem schlimmen Zustand. Beschreiben Sie die Unordnung in 20 Sätzen.

Wo befinden sich/liegen/stehen die Flaschen/Gläser/Teller, usw.?

4. Wohin mit all den Sachen?

Eine gute Freundin hilft am nächsten Morgen beim Aufräumen. Leider kennt sie sich nicht gut in der Wohnung aus. Sie muß ständig fragen, wohin die Sachen gehören/kommen. Mit einem (einer) Partner(in) machen Sie Dialoge:

BEISPIELE:

Wohin kommt dieser Stuhl?
→ Er kommt *ins* Wohnzimmer.

Wohin gehören die Gläser?
→ Sie gehören *auf* das Regal.

5. Ein eigenes Zimmer

Beschreiben Sie Ihr eigenes Zimmer in 10–15 Sätzen. Sagen Sie, wo sich Ihre Möbel/Kleider/Bücher befinden/liegen/stehen.

chapter 18

Word order: main clauses

so wird's gemacht

Word order and the finite verb

The most important feature of word order in German is that the so-called finite verb is always the second idea. The finite verb is the one verb in a clause or sentence that changes to agree with the subject. It can therefore be either singular or plural, and it can also be in the present or past tense:

> *Normalerweise **ist** das kein Problem.*
> Usually that is not a problem.

> *Meine Brüder **wohnten** in Hamburg.*
> My brothers lived in Hamburg.

The finite verbs in these sentences are *ist* and *wohnten.*

Infinitives, past participles, and separable prefixes, which almost always go to the end of the clause, are not part of the finite verb:

> *Ich **kann** dir nicht helfen.*
> I cannot help you.

> *Sie **werden** in fünf Minuten da sein.*
> They'll be here in five minutes.

> *Gestern **hat** sie das Auto verkauft.*
> She sold the car yesterday.

> *Endlich **kamen** sie in Rostock an.*
> Finally they arrived in Rostock.

Here the finite verbs are *kann, werden, hat,* and *kamen.*

Simple sentences

a) A simple sentence is one with a single clause containing a statement, i.e., not a command or a question. (A clause is a part of a sentence that has its own finite verb.) In such sentences the finite verb is always in second position and is usually easy to identify. However, as the examples above show, it is not always the subject that is in the first position. Furthermore, the first idea may consist of more than one word.

Other elements that you may find before the finite verb are: the object of the sentence, the indirect object, adverbs, infinitives or infinitive phrases, and past participles:

Den alten Mann *hat der Fahrer gar nicht gesehen.*
The driver did not see the old man at all. (= direct object)

Seinem Chef *wollte er nichts davon erzählen.*
He didn't want to tell his boss anything about it. (= indirect object)

Am Freitag in Aachen *gab es einen schrecklichen Autounfall.*
There was a terrible car accident in Aachen on Friday. (= adverbs)

Nach Hause fahren *will er erst nach den Prüfungen.*
He doesn't want to go home until after the exams. (= infinitive phrase)

Gekündigt *hat sie immer noch nicht.*
She still has not handed in her notice. (= past participle)

Other very common "first ideas" in German sentences are subordinate clauses (see Chapter 19).

b) Note the following points:

- A number of introductory words do not count as first ideas:

ach	oh
also	therefore
das heißt	that is to say/i.e.
ja	yes
na	well
nein	no
nun	well
sehen Sie/siehst du	you see
so	well then
verstehen Sie/verstehst du	you understand
wie gesagt	as I say/said
wissen Sie/weißt du	you know

So, ***wir kommen*** *um acht vorbei.*
Well then, we'll come over at eight.

Wie gesagt, ***ich weiß*** *es nicht.*
As I say, I don't know.

The subjects *wir* and *ich* are therefore considered to be the first ideas here.

- If you have an infinitive and a past participle at the end of a simple sentence, you must place the infinitive first. This often happens with modal verbs (for example, *müssen, können,* and *sollen*) whose infinitive form acts as the past participle when another verb is involved (see Chapter 30 on modal verbs):

> *Petra hat die Arbeit selbst **machen** müssen.*
> Petra had to do the work herself.

> *Er hat den Film nicht **sehen** wollen.*
> He didn't want to see the movie.

- In passive constructions (see Chapter 34), you must place the past participle before *werden/worden:*

> *Das Kind ist noch nicht **gefunden** worden.*
> The child hasn't been found yet.

Two main clauses

You can join two simple sentences together with the conjunctions (= linking words) *aber, denn, oder, sondern,* and *und.* The resulting sentence has two main clauses and the finite verb is always the second element in each clause:

> *Die Kinder **wollten** weiter spielen, aber die Mutter sagte „nein".*
> The children wanted to go on playing but their mother said no.

> *Wir **könnten** heute nach Basel fahren, oder wir **könnten** schwimmen gehen.*
> We could go to Basle today or we could go swimming.

Note the following points about this usage:

- You can **omit** the subject of the second clause in such sentences if it is the same as that of the first:

> *Bernd kaufte eine Zeitung und (er) setzte sich auf eine Bank im Park.*
> Bernd bought a newspaper and sat on a bench in the park.

- You must **include** the subject when the second clause has some element other than the subject or verb in the first position:

> *Sie hatten sehr wenig Geld übrig, und **deshalb** mußten **sie** zu Fuß gehen.*
> They had very little money left and therefore had to walk.

- **Be careful** not to confuse *denn* ("for/because"), which is followed by the subject as first idea, and *dann* ("then"), which is itself the first idea and is always followed by the finite verb:

> *Ich komme nicht mit, denn **ich habe** kein Geld.*
> I'm not coming since/because I don't have any money.

> *Er war zuerst im Hotel, aber dann **ging er** ins Restaurant.*
> He was at the hotel first, but then he went to the restaurant.

- You usually separate two main clauses by commas. Only when you omit the subject in the second clause can you leave the comma out. (See Chapter 40.)

order: main clauses

Direct questions and commands

a) The verb also goes in second position after question words such as *wer, wann, warum, was, wie, wo, woher, wohin, womit, wovon, woraus,* etc.:

> *Wann **kommt** der Zug an?*
> When does the train arrive?

> *Wen **wirst** du zur Party einladen?*
> Whom will you invite to the party?

> *Wo **ist** denn dein Freund geblieben?*
> Where has your friend gone?

b) However, you must put the finite verb in **first** position in straightforward "yes/no" questions:

> ***Willst** du nicht mitspielen?*
> Don't you want to play with us?

> ***Waren** Sie denn noch nie im Ausland?*
> Have you never been abroad then?

c) You also put the finite verb first in commands (see Chapter 27 for the formation of the imperative):

> ***Kommen** Sie doch rein!*
> Do come in!

> ***Bleib** sitzen!*
> Stay there!

> ***Mach** das sofort!*
> Do it at once!

Übung macht den Meister!

1. Im Falle des Umtausches ist die Garantie wichtig

a. Bitte schreiben sie die untenstehende Geschichte so um, daß die Ausdrücke in Klammern zur ersten Idee im Satz werden. (Die Verben verändern ihre Stellung nicht!)

BEISPIEL: **Horst steht (morgens) zu spät auf.**
→ **Morgens steht Horst zu spät auf.**

Der Student Horst kaufte (vor drei Monaten) einen Reisewecker. Er besorgte (gleichzeitig) zwei Batterien. Der Wecker hat (zunächst) gut funktioniert, und Horst ist (immer) pünktlich in der Universität angekommen. Der Wecker wurde (nach einigen Wochen) unzuverlässig. Er ging (schon bald) einige Minuten nach. Horst konnte sich (von dieser Zeit an) nicht mehr auf das Gerät verlassen. Er brachte den Wecker (schließlich) in das Geschäft zurück. Er verlangte einen sofortigen Umtausch (auf Grund der einjährigen Garantie). Die Verkäuferin tauschte das fehlerhafte Gerät (gegen Vorlage der Garantiekarte) um. Er hatte den Wecker (glücklicherweise) in einem guten Fachgeschäft zu Semesterbeginn für nur DM 50 gekauft.

_____

_____

_____

_____

_____

_____

_____

_____

_____

_____

b. Schreiben Sie den letzten Satz auf mehrere Arten um. (*Hatte* bleibt immer an zweiter Stelle.)

BEISPIEL: **Den Wecker hatte er glücklicherweise in einem guten Fachgeschäft zu Semesterbeginn für nur DM 50 gekauft.**

Was wird jeweils betont?

_____

_____

_____

_____

_____

2. Ein Ereignis—viele Versionen

Schreiben Sie den folgenden Satz auf verschiedene Arten um:

Ein schreckliches Gewitter ereignete sich an einem Freitag im Frühling in der Nähe der Stadt Kiel in Schleswig Holstein.

_____

_____

_____

_____

order: main clauses

3. Im Restaurant

Was paßt zusammen? Verbinden Sie die folgenden Sätze mit *aber, denn, oder, sondern, und* (die Sätze werden durch Komma getrennt):

1. Die Speisekarte war nicht ausgedruckt, _____
   _____

2. Die junge Dame hatte es offenbar eilig, _____
   _____

3. Die beiden Gäste am runden Tisch bestellten kein Essen,
   _____ _____

4. Das Ehepaar am Fenster beschwerte sich über die laute
   Musik, _____ _____

5. Der alte Herr rauchte eine Zigarre, _____ _____

6. Der Kellner sagte, er könnte heute Fisch empfehlen,
   _____ _____

7. Meine Rechnung war hoch, _____ _____

8. Die Bedienung brachte das Essen, _____ _____

a. sie schenkte den Wein ein.
b. sie war in Kreide an der Wand zu lesen.
c. die Bedienung und Mehrwertsteuer waren inbegriffen.
d. sie bestellte ein Schnellgericht.
e. es gäbe auch ofenfrische Pizza.
f. er trank einen Weinbrand dazu.
g. sie wollten nur etwas trinken.
h. die Musikbox spielte weiter.

4. Schlagzeilen aus der Presse

a. Setzen Sie die passenden Verben in die folgenden Schlagzeilen aus deutschen Zeitungen ein:

tötete	führte	tötete	zerstörte
richtete . . . an	rissen . . . ein	verwüstete	verursachte

1. Erdbeben _____ Superhotel in Japan.

2. Blitz _____ Gärtner im Stadtpark.

3. Wirbelsturm _____ Millionenschaden in der Karibik _____ .

4. Fluten _____ Damm in den Schweizer Alpen _____ .

5. Orkan _____ Waldgebiet in Florida.

6. Dauerregen _____ zu Überschwemmungen in der Rheinebene.

7. Explosion _____ 110 Arbeiter in der Türkei.

8. Gewitter _____ schwere Ernteschäden in Südengland.

b. Schreiben Sie nun vollständige Sätze mit den Ortsbestimmungen (*in Japan, in der Karibik*, usw.) am Anfang des Satzes. Vergessen Sie nicht: das Verb ist immer die zweite Idee! Fügen Sie auch (im Singular) den indirekten Artikel (*ein, eine*, usw.) ein:

BEISPIEL: *In Japan* **zerstörte *ein* Erdbeben ein Hotel.**

2. _____

3. _____

4. _____

5. _____

6. _____

7. _____

8. _____

5. Vorschriften und Ermahnungen

Bei Flugreisen gibt es viel zu beachten. Die meisten Passagiere kennen sich aus, aber die Flugbegleiter ermahnen alle immer höflich, was sie zu tun haben. Was sagen sie zu den Fluggästen?

BEISPIEL: *Die Fluggäste*   *Die Flugbegleiter*
               Sie zeigen die Einsteigekarte.   **Bitte, zeigen Sie die Einsteigekarte.**

1. Sie steigen ein.

    Bitte, _____

2. Sie setzen sich.

    Bitte, _____

3. Sie schnallen sich an.

    Bitte, _____

4. Sie löschen ihre Zigarette.

    Bitte, _____

5. Sie stellen ihren Sitz aufrecht.

    Bitte, _____

6. Sie lesen die Sicherheitsvorschriften.

    Bitte, _____

7. Sie hören der Sicherheitsanweisung zu.

    Bitte, _____

8. Sie genießen den Flug.

    Bitte, _____

order: main clauses

6. Gute Reise!

Ein Austauschschüler fährt nach einem Österreichaufenthalt nach Amerika zurück. Die Gasteltern geben ihm gute Ratschläge für die Reise. Schreiben Sie die Ermahnungen auf:

BEISPIEL: **Bitte die Eltern grüßen.**
              → Grüße bitte die Eltern!

1. Bald einen Brief schreiben.

   _____

2. Beim Umsteigen vorsichtig sein.

   _____

3. Den Paß nicht verlieren.

   _____

4. Den Anschlußzug nicht verpassen.

   _____

5. Die Butterbrote unterwegs essen.

   _____

6. Das Handgepäck nicht im Zug vergessen.

   _____

7. Den Eltern ein Geschenk von uns geben.

   _____

7. Die Eltern machen sich Sorgen

Im folgenden Jahr verbringt der österreichische Schüler zwei Wochen in Amerika. Seine Eltern erwarten ihn nach der Amerikareise am Wiener Hauptbahnhof. Der Zug hat aber Verspätung. Wie alle besorgten Eltern, stellen sie ihm sofort Fragen über die Reise. Schreiben Sie bitte diese Fragen auf:

BEISPIEL: **der Zug Verspätung (warum?)**
              → Warum hatte der Zug Verspätung?

1. abgefahren (wann?)

   _____

2. umgestiegen (wo?)

   _____

3. die Reise (wie?)

   _____

4. unterwegs gemacht (was?)

_____

5. zum Bahnhof gebracht (wer?)

_____

6. in Amerika gefahren (wohin?)

_____

7. von Wien nach New York (wie lange?)

_____

8. im Flugzeug gegessen (was?)

_____

9. unterwegs kennengelernt (wen?)

_____

10. die Zeit verbracht (wie?)

_____

freie Fahrt!

1. Unfälle und Verbrechen

a. Schreiben Sie zehn sensationelle Schlagzeilen für die Presse.

BEISPIELE: **Autofahrer tötet Schülerin!**

Verbrecher überfielen Geldtransport!

b. Erweitern Sie diese Sätze mit präpositionalen Attributen.

BEISPIELE: **Autofahrer tötet Schülerin** _auf dem Zebrastreifen vor der Schule._

Autofahrer tötet Schülerin _in der Mittagspause._

c. Sie können die Adverbien auch zur ersten Idee im Satz machen.

BEISPIELE: _Am Spätnachmittag_ **überfielen Verbrecher einen Geldtransport.**

ODER _In der Stadtmitte_ **überfielen Verbrecher einen Geldtransport.**

Beachten Sie: Das Verb ist immer die zweite Idee im Satz!

2. Was fällt Ihnen dazu ein?

Wir verbinden einen gegebenen Satz mit Hilfe einer der Konjunktionen (*aber, denn, oder, sondern, und*) mit einem anderen Satz. Beide Sätze werden durch Komma voneinander getrennt. Arbeiten Sie zu viert! Wie viele passende Sätze können Sie finden?

BEISPIEL: **Eine Frau geht auf den Markt,**
                     und sie kauft dort Gemüse.

             ODER   **aber sie hat ihren Geldbeutel vergessen.**

             ODER   **denn sie möchte Obst kaufen.**

Wenn niemand mehr einen Satz findet, sagt der (die) nächste einen neuen Satz, der ergänzt wird.

BEISPIEL: **Ich fahre in den Ferien vielleicht nach Spanien,**
                     aber ich muß noch viel Geld sparen.

             ODER   **denn ich war noch nie da.**

Machen Sie weiter!

3. Das hört man im Restaurant

Schreiben Sie Fragen, die in einem Restaurant gestellt werden, und ordnen Sie sie in zwei Gruppen ein.

a. Direkte Fragen:

BEISPIELE: **Gibt es heute eine Spezialität?**

                Haben Sie einen guten Rotwein?

b. Fragen, die mit einem Fragewort beginnen:

BEISPIELE: **Was möchten Sie trinken?**

                Wie teuer ist ein Eiscafé?

4. Befehle!

Finden Sie 10–15 Befehle, die eine strenge Mutter einem kleinen Kind gibt.

BEISPIELE: **Wasche deine Hände vor dem Essen!**

                Sprich nicht mit vollem Mund!

chapter 19

Word order: subordinate clauses

so wird's gemacht

Main and subordinate clauses

a) Besides main clauses, German also has subordinate clauses. Unlike a main clause, a subordinate clause cannot stand on its own:

> *Wir sind nicht gekommen, **weil wir keine Lust hatten.***
> We didn't come **because we didn't want to.**

English is similar to German here: in order to make sense, the subordinate clause *weil wir keine Lust hatten* needs the main clause *Wir sind nicht gekommen.*

The key points to remember about subordinate clauses are:

- Main and subordinate clauses are linked by a conjunction such as *daß* or *weil.*

- You must put the finite verb (i.e., the one verb in a clause that changes to agree with the subject) in the final position, i.e., **after** any infinitive or past participle.

- Main and subordinate clauses are separated by a comma:

> *Es war ja ganz klar, **daß** er die Arbeit nicht gern **machte.***
> It was quite clear that he did not like doing the work.

> *Er ist erst später gekommen, **weil** er den Bus verpaßt **hat.***
> He didn't come until later because he missed the bus.

> *Ich weiß nicht, **ob** sie es schaffen **könnte.***
> I don't know if she could manage it.

b) You can also place subordinate clauses before a main clause. The subordinate clause is then considered the first idea and the verb in the main clause retains second position overall:

Wenn ich ihn erreiche, sage ich ihm Bescheid.
If I can reach him, I'll let him know.

Obwohl er schon 70 Jahre alt ist, fährt er noch jeden Tag Rad.
Although he is 70, he still goes cycling every day.

Da sie wenig Freizeit hat, treibt sie keinen Sport.
Since she has little free time, she doesn't play any sports.

c) A common exception to the "verb final" rule for subordinate clauses is found in sentences expressing a comparison using *als* or *wie*. In this case, *als* and *wie* are usually placed after the finite verb:

*Woher weißt du, daß er mehr verdient **als du**?*
How do you know he earns more than you?

*Es scheint, daß ihre Geldprobleme genauso groß sind **wie unsere**.*
It seems that their money problems are just as serious as ours.

Subordinating conjunctions

a) There are a number of different conjunctions that send the verb to the end of a subordinate clause. These include:

als	when
als ob	as if
bevor	before
bis	until
da	since, because
damit	so that
daß	that
nachdem	after
ob	whether
obgleich	although
obwohl	although
ohne daß	without
ohne . . . zu	without
sobald	as soon as
so daß	so that, as a result
seit/seitdem	since (with time)
solange	as long as
um . . . zu	in order to
während	while
weil	because
wenn	if, whenever
wie	how

*Wir bleiben hier, **bis** Heinrich **zurückkommt.***
We'll wait here until Heinrich returns.

*Sie war schon gegangen, **als** ich dort **anrief.***
She had already gone when I phoned there.

*Sie hat das Kleid gekauft, **obwohl** sie es sich eigentlich nicht leisten **konnte.***
She bought the dress although she couldn't really afford it.

b) Note that sometimes you can omit *daß*. When you do this, you do not put the verb at the end of the clause:

Er wußte, es war illegal.
He knew it was illegal.

But contrast: *Er wußte, daß es illegal **war.***

c) You can also omit *wenn* and put the verb in first position. The resulting clause still conveys a condition:

***Wäre** er früher gekommen, hätte er mit uns fahren können.*
If he had come earlier, he could have gone with us.

(Compare the alternative English translation of this: "Had he come earlier . . .".)

Occasionally you will find the two clauses are linked by *so* or *dann*:

*Hätte er uns das gesagt, **so** hätten wir viel Zeit gespart.*
If he had told us that, we would have saved a lot of time.

See also Chapter 37 on conditions.

Modal verbs in subordinate clauses

When you use modal verbs (see Chapter 30) in subordinate clauses in all tenses other than the present and simple past, you must put the auxiliary verb (*haben* or *werden*) before the two infinitives:

*Sie weiß, daß sie die Sache allein **wird** erledigen müssen.*
She knows she will have to deal with the matter on her own.

*Er hätte sie gesehen, wenn er früher **hätte** kommen können.*
He would have seen them if he had been able to come earlier.

*Obwohl sie es nicht **hat** machen sollen, hat sie uns die Akten gezeigt.*
Although she was not supposed to do it, she showed us the files.

a) If you use a subordinate clause with an infinitive that depends on the main clause, you usually have to put *zu* before the verb:

> *Sie versuchte, **ihrem Freund zu helfen**.*
> She tried to help her friend.

> *Das Kind hat sich geweigert, **in die Schule zu gehen**.*
> The child refused to go to school.

> *Hör doch bitte auf, **diese furchtbaren Lieder im Bad zu singen**.*
> Please stop singing those awful songs in the bathtub.

Note that you must separate such "infinitive phrases" from the main clause by a comma (see Chapter 28 on infinitives).

b) However, with short infinitive phrases (usually only those consisting of *zu* and the infinitive), you may omit the comma:

> *Er begann zu singen.*
> He began to sing.

With separable verbs, you can either omit the comma or place the infinitive phrase into the main clause between the two parts of the separable verb:

EITHER	*Sie hörte auf **zu rauchen**.*
OR	*Sie hörte **zu rauchen** auf.*
	She stopped smoking.

See also Chapter 28.

Übung macht den Meister!

1. Die Reisegewohnheiten des Herrn Nimmermüd

Herr Nimmermüd reist gern und oft. Wir erfahren etwas über seine Reisegewohnheiten aus den untenstehenden Sätzen. Verbinden Sie die Sätze mit den Konjunktionen, so daß Nebensätze entstehen. Trennen Sie die Sätze durch ein Komma. Eine Konjunktion schickt das Verb an das Satzende!

1. Er bekommt Lust auf eine Reise, wenn (die Ferienzeit beginnt im Sommer).

   _____

2. Er spart das ganze Jahr lang für die Reise, obgleich (er verdient nicht viel).

   _____

3. Er könnte sich eine große Reise nicht leisten, ohne daß (er spart Geld).

_____

4. Er liest viele Prospekte und Reisebroschüren durch, bevor (er trifft eine Entscheidung über das Reiseziel).

_____

_____

5. Er bereitet sich auf die Reise vor, nachdem (er hat das Reiseziel festgelegt).

_____

6. Es hängt von seinem Reiseziel ab, ob (er fährt mit der Bahn oder mit dem Flugzeug).

_____

_____

7. Er reist immer allein, da (er ist unverheiratet).

_____

8. Er bucht meistens eine Gruppenreise, weil (er möchte nicht allein sein).

_____

9. Er nimmt immer ein Wörterbuch mit, obwohl (er spricht mehrere Fremdsprachen).

_____

_____

10. Er reist nie, ohne daß (er hat eine Reiseapotheke in seinem Gepäck).

_____

11. Er hat immer Reiseschecks und eine Kreditkarte dabei, damit (er kann sorglos reisen).

_____

_____

12. Er informiert sich über die Ausflugsmöglichkeiten, sobald (er kommt am Reiseziel an).

_____

_____

13. Er beklagt sich nie, während (er verbringt seine Ferien).

_____

14. Er träumt von der nächsten Reise, sobald (er trifft wieder in seinem Heimatort ein).

_____

_____

order: subordinate clauses

2. Die Morgenroutine der Sekretärin Gisela Hoffmann

Gisela ist Sekretärin und hat jeden Morgen die gleiche Routine, bevor sie zur Arbeit geht. Schreiben Sie die Sätze um, indem Sie die passenden Konjunktionen finden. Achtung bei der Wortstellung!

1. (when) Der Wecker klingelt um 7.30 Uhr—Gisela Hoffmann wacht auf.

_____

2. (although) Sie ist wach—sie bleibt noch fünf Minuten liegen.

_____

3. (before) Sie geht ins Badezimmer—sie macht ihre Morgengymnastik.

_____

4. (after) Sie hat die Übungen gemacht—sie beginnt mit der Morgentoilette.

_____

5. (so that) Ihre Zähne bleiben gesund—sie putzt sie sehr sorgfältig.

_____

6. (in order to) Sie will im Büro gut aussehen—sie schminkt sich sorgfältig vor dem Spiegel.

_____

_____

7. (as soon as) Sie ist im Badezimmer fertig—sie geht in die Küche.

_____

8. (while) Sie frühstückt—sie liest die Zeitung.

_____

9. (after) Sie hat gefrühstückt—sie macht Butterbrote für die Mittagspause im Büro.

_____

_____

10. (when) Sie verläßt das Haus—die Kirchturmuhr schlägt meistens 8.30 Ihr.

_____

11. (when) Sie verließ heute das Haus—es war leider schon neun Uhr.

_____

3. Tolle Ferien in der Schweiz

Ein amerikanischer Boy Scout war mit einer Gruppe von Pfadfindern aus aller Welt auf einer Freizeit in den Alpen. Er erzählt vom Leben in dieser Gruppe. Schreiben Sie die Sätze ins Perfekt um:

Es war interessant, weil (man viele Pfadfinder aus anderen Ländern kennenlernen können).

→ **Es war interessant, weil man viele Pfadfinder aus anderen Ländern *hat kennenlernen können.***

1. Es war ganz toll, daß wir (jeden Abend ein Lagerfeuer anzünden dürfen).

   _____

2. Es gefiel mir sehr gut, obwohl (ich immer Deutsch sprechen müssen).

   _____

3. Es machte viel Spaß, als (wir beim Zeltaufbau mithelfen müssen).

   _____

4. Wir waren enttäuscht, daß (wir wegen des schlechten Wetters die lange Bergtour nicht machen können).

   _____

   _____

5. Die Ferien waren prima, so daß (wir nicht nach Hause zurückkehren wollen).

   _____

6. Wir hatten viel Freizeit, obwohl (wir bei allen Arbeiten mithelfen sollen).

   _____

freie Fahrt!

1. Wie könnten diese Sätze weitergehen?

Ergänzen Sie die folgenden Sätze mit passenden Nebensätzen. Verwenden Sie jedes Mal eine andere Konjunktion.

BEISPIELE: **Wir gehen am Samstagabend nicht ins Kino, (weil, da, obgleich, obwohl, wenn, nachdem . . .)**

Er wartete im Hotel, (als, bis, damit, ohne daß, während, so daß, weil . . .)

ODER **(Weil, da, als, wenn, obgleich, obwohl . . .), gehen wir am Samstagabend ins Kino.**

Sie können daraus ein Spiel machen. In Gruppen von 3–4 Personen sagt eine(r) einen Satz. Wer die meisten Möglichkeiten in einer bestimmten Zeit (etwa drei Minuten) findet, ist Sieger.

2. Man darf ja träumen

Schreiben Sie, was ein Lotteriegewinner mit seinem Geld plant/vorhat/beabsichtigt/zu tun hofft/versucht. Vorsicht! Sie brauchen eine Infinitivkonstruktion mit „zu.“

BEISPIELE: **Er plant, eine Weltreise zu machen.**

Er hat vor, nach Australien zu fahren.

3. Leider kann ich das nicht

a. Anhand des untenstehenden Kastens finden Sie Sätze.

BEISPIEL: **Weil ich *keinen Führerschein* habe, kann ich nicht/kein *Auto fahren*.
Weil ich . . .**

> Führerschein—Auto fahren
> Tennisschläger—Tennis spielen
> Geld—Reise machen
> Paß—ins Ausland fahren
> Eintrittskarte—Fußballspiel sehen
> Partner—zur Party gehen
> Fernsehapparat—Film sehen

b. Verwandeln Sie nun diese *weil*-Sätze in *denn*-Sätze. Achten Sie auf die neue Wortstellung!

BEISPIEL: **Ich kann kein Auto fahren, denn ich habe keinen Führerschein.**

c. Erfinden Sie weitere Sätze, aber diesmal benutzen Sie *trotzdem* und *obwohl*. Finden Sie jeweils fünf Sätze.

BEISPIELE: **Ich will nichts kaufen, trotzdem komme ich mit in die Stadt.**

Er möchte in Frankreich arbeiten, obwohl er kein Französisch kann.

chapter 20

Relative clauses and indirect questions

so wird's gemacht

Relative clauses

a) A relative clause is one that refers back to a noun (or occasionally a pronoun or a determiner) in the main clause. You must use the word order rules of subordinate clauses (see Chapter 19) here too, but instead of using a conjunction, you begin a relative clause with a relative pronoun (some form of *der, die,* or *das*). This relative pronoun must agree in number and gender with the noun or phrase it refers to, while its case depends on what role it plays in the relative clause (i.e., whether it is the subject, the object, etc.):

> *Das war ja **der Junge, der** meinen Hut gestohlen hat.*
> That was the boy who stole my hat.

der is masculine singular because of the masculine singular noun *Junge,* and nominative because it is the subject of the finite verb *hat.*

> *Das ist **der Mann, den** wir in der Stadt gesehen haben.*
> That is the man (whom) we saw in town.

den is masculine singular because of the masculine singular noun *Mann,* and accusative because it is the object of the finite verb *haben.*

> ***die Stadt, der** sich die Armee langsam näherte*
> the town to which the army was slowly drawing closer

der is feminine singular because of the feminine singular noun *Stadt,* and dative because it is the indirect object of the verb *sich näherte.*

As the three examples above show, German makes no distinction between "who" and "which."

Note also that German cannot omit the relative pronoun as English often does:

der Mann, **den** *ich gestern sah*   the man I saw yesterday

---

b) The relative pronoun is identical to the definite article (see Chapter 1), with the exception of the highlighted forms in the table below:

Singular

	Masculine	Neuter	Feminine
Nominative	*der*	*das*	*die*
Accusative	*den*	*das*	*die*
Dative	*dem*	*dem*	*der*
Genitive	***dessen***	***dessen***	***deren***

Plural (all genders)

Nominative	*die*
Accusative	*die*
Dative	***denen***
Genitive	***deren***

der Lehrer, **dessen** *Schüler immer spät zum Unterricht kommen*
the teacher whose pupils always arrive late for lessons

Kinder, **deren** *Eltern nie zu Hause sind*
children whose parents are never at home

die Firma, **deren** *Arbeiter streiken*
the firm whose workers are on strike

---

c) If you place a preposition before a relative pronoun, the case of the pronoun is decided by the preposition:

Haben Sie den Mann gesehen, **von dem** *sie das Paket bekommen hat?*
Did you see the man she got the package from?

Wo ist denn die Wohnung, **in der** *du aufgewachsen bist?*
Where is the apartment in which you grew up?

Das ist der Tunnel, **durch den** *die IC-Züge fahren müssen.*
That's the tunnel the InterCity trains have to go through.

d) You use the relative pronoun *was* when "which" refers back to one of the following:

- The demonstrative *das* (that):

     Das, was *du mir gezeigt hast, finde ich schrecklich.*
     I think that what you have shown me is terrible.

     *Von **dem, was** er uns gesagt hat, habe ich schon fast die Hälfte vergessen.*
     I have already forgotten almost half of what he told us.

- The indefinite neuter expressions:

alles	everything
einiges	some things
etwas	something
folgendes	the following
manches	many things
nichts	nothing
vieles	lots
weniges	few things

     *Ich habe noch **manches, was** ich dich fragen will.*
     I have several other things I want to ask you.

     Alles, was *sie sagt, ist lauter Unsinn.*
     Everything she says is sheer nonsense.

     Note that after *etwas* you can also use *das:*

     *Zeig uns **etwas, das** du selbst gemacht hast.*
     Show us something you have made yourself.

- A neuter adjective such as *das Erste* ("the first thing"), *das Nächste* ("the next thing"):

     das Beste, was *ich machen kann*   the best I can do

- A whole clause:

     *Sie kamen erst um zwei Uhr nach Hause, **was** mich sehr geärgert hat.*
     They didn't come home until two o'clock, which really annoyed me.

Indirect questions

You introduce another type of subordinate clause, an indirect question, with the following question words:

wann	when
warum	why
was	what
was für ein	what kind of
welcher	which
wer	who
wessen	whose
wie	how
wo	where

These tend to occur after verbs such as *wissen, fragen, sagen,* etc. Examples of typical indirect questions are:

> *Er will wissen, **warum** wir die Arbeit nicht gemacht haben.*
> He wants to know why we haven't done the work.

> *Sie fragte, **wer** mitkommen möchte.*
> She asked who would like to go with her.

> *Sag mir, **welche** Bücher du brauchst.*
> Tell me which books you need.

Note that once again the verb is in final position.

Übung macht den Meister!

1. Wo verbringen sie ihre Traumferien?

Suchen Sie die passenden Relativpronomen aus der untenstehenden Auswahl aus.

der	in dem	den	über der	durch die	die	dessen
durch den	auf der	in dem	in denen	das	dessen	das
dessen	deren	auf der	von denen	die	durch das	auf der
in denen	die	in dem	die			

a. Herr Bauer:
Ich reise an einen Ort, *der* weder zu groß noch zu klein ist.

_____ man mit dem Flugzeug erreichen kann.

_____ in Europa liegt.

_____ Kathedrale berühmt ist.

_____ noch Straßenbahnen fahren.

_____ ein Fluß fließt.

_____ es viele interessante Sehenswürdigkeiten gibt.

b. Frau Wend:
Ich fliege in ein Land, *das* sich außerhalb Europas befindet.

_____ ein tropisches Klima hat.

_____ Sprache Spanisch ist.

_____ Einwohner mehrere Sprachen sprechen.

_____ es viele hohe Berge gibt.

_____ ein langer Kanal führt.

_____ viele Seen hat.

c. Fräulein Brühl:
Ich reise auf eine Insel, *die* man nur mit dem Schiff erreichen kann.

_____ weder Bahnhof noch Flughafen hat.

_____ von klarem Wasser umgeben ist.

_____ es viele seltene Pflanzen und Tiere gibt.

_____ Einwohner sehr touristenfreundlich sind.

_____ es aber keine Touristenhotels gibt.

_____ der Himmel meistens blau ist.

_____ die Sonne fast immer scheint.

d. Das Ehepaar Zähner:
Wir möchten Bergdörfer besuchen, *die* nicht auf der Landkarte zu finden sind.

_____ nicht mit öffentlichen Transportmitteln
erreichbar sind.

_____ noch ganz unberührt von Touristen sind.

_____ man keine anderen Deutschen trifft.

_____ man ohne Gefahr allein wandern kann.

_____ man sich sicher fühlt.

_____ man eine herrliche Aussicht über das umliegende
Land hat.

2. Wer ist wer?

Nach einem Wanderaufenthalt in den Alpen erklärt ein Reiseteilnehmer ein Gruppenbild von der
Wandergruppe. Verwandeln Sie die Sätze in Klammern in Relativsätze und setzen Sie die Kommas
ein.

BEISPIEL: **Das hier ist der Hotelbesitzer. (Er kommt aus Frankreich.)**
     → Das hier ist der Hotelbesitzer, der aus Frankreich kommt.

1. Das hier ist der Bergführer. (Er hat die Gruppe geführt.)

_____

2. Neben ihm steht seine Frau. (Sie hat sich immer um das Essen gekümmert.)

_____

3. Vor ihnen sitzt ein junges Ehepaar. (Es war die ganzen zwei Wochen über unzertrennlich.)

_____

_____

4. Dahinter stehen drei Studenten aus Japan. (Sie haben viele Fotos gemacht.)

_____

5. Neben ihnen sieht man die junge Dame aus der Schweiz. (Sie hat die Berggipfel immer als erste erreicht.)

_____

_____

6. Neben ihr steht ein junger Spanier. (Seine Frau sitzt hier neben dem Bergführer.)

_____

_____

7. Das hier war die älteste Teilnehmerin. (Ihr kleiner Hund war auch dabei.)

_____

8. Ihr Bruder (sein Rucksack fiel am letzten Tag in eine Bergschlucht) steht links neben ihr.

_____

_____

9. Die beiden jungen Bergsteiger im Hintergrund (ihre Gesichter sind so braun gebrannt) haben unsere Gruppe begleitet.

_____

_____

10. Das Haus im Vordergrund (das Dach ist hier auf der linken Seite zu sehen) war die letzte Berghütte auf unserer Wandertour.

_____

_____

3. Eine genauere Beschreibung dieser Ferien

Der Teilnehmer der Wanderreise erzählt weiter. Setzen Sie die passenden Präpositionen und Relativpronomen aus dem untenstehenden Kasten ein.

mit der	zu denen	mit denen	auf dem	durch die
in dem	auf den	in denen	für die	

1. Die Hütten, _____ wir übernachtet haben, waren recht einfach. Sie standen an Orten,

   _____ man nur über steile Felsen gelangen konnte.

2. Die Gruppe, _____ ich gewandert bin, war bunt gemischt.

3. Der Wanderweg, _____ wir am letzten Tag gewandert sind, war der steilste.

4. Mein Rucksack, _____ ich meinen Reiseproviant beförderte, war viel zu groß.

5. Die Teilnehmer, _____ ich zwei Wochen lang gewandert bin, kamen aus verschiedenen Ländern.

6. Der Gipfel, _____ wir am ersten Tag gestiegen sind, war der höchste.

7. Die Täler, _____ wir gewandert sind, waren beeindruckend.

8. Meine Bergstiefel, _____ ich im Sportgeschäft viel Geld bezahlt hatte, waren leider sehr unbequem.

4. Der ideale Bergführer

Jetzt beschreibt er den Bergführer, der die Gruppe begleitet hat. Setzen Sie bitte die richtigen Fragewörter aus dem untenstehenden Kasten ein:

welche	wer	wann	was	wie
warum	was für eine	wo	wessen	

Jeden Morgen beschrieb er beim Frühstück, (1) _____ Tour wir machen würden. Er fragte

dann immer, (2) _____ mitkommen möchte und erklärte, (3) _____ Route

wir einschlagen würden. Er nannte uns den Treffpunkt, (4) _____ wir gegen acht Uhr

starten würden und informierte uns, (5) _____ wir etwa wiederkehren würden. Dann

empfahl er uns, (6) _____ wir mitnehmen sollten und gab Ratschläge, (7) _____

wir unsere Haut vor der Bergsonne schützen könnten. Vor jeder Wanderung prüfte er,

(8) _____ Ausrüstung Mängel hatte und nannte Gründe, (9) _____ Vorsicht

in den Bergen angebracht sei.

freie Fahrt!

1. Personen oder Sehenswürdigkeiten raten!

Denken Sie an eine berühmte Person (Sportler(in), Star, Politiker(in), Sänger(in)) oder an ein Gebäude oder eine Sehenswürdigkeit und stellen Sie dann Fragen, die ein Relativpronomen enthalten.

BEISPIELE: **Wie heißt der Politiker, der in Amerika die Regierung führt?**

Wie heißt das kunsthistorische Museum, das in New York liegt?

Wie heißt die Brücke . . . ?

2. Pech gehabt!

Der Reisebus einer amerikanischen Reisegruppe wurde auf einem deutschen Parkplatz aufgebrochen und ausgeraubt. Fast jeder in der Reisegruppe hat etwas verloren. Leider sprechen die Leute kein Deutsch. So muß der Reiseleiter auf der Polizeiwache erklären, was gestohlen wurde bzw. was fehlt.

BEISPIELE: **Das ist die Dame, deren Handtasche gestohlen wurde.**

Das ist das Kind, dessen Walkman fehlt.

Geben Sie noch zehn weitere Erklärungen ab!

3. Auf der Polizeiwache

Der Reiseleiter berichtet später, daß die Polizisten, die den Diebstahl untersuchten, viele Fragen stellten.

BEISPIELE: **Können Sie mir sagen, warum . . . ?**

Haben Sie eine Ahnung, was für eine . . . ?

Uns interessiert, wessen/wo/welche(r) . . .

Erfinden Sie noch weitere Fragen, die die Polizisten gestellt haben könnten.

chapter 21

Word order within the clause: pronouns and nouns

so wird's gemacht

Reflexive pronouns

For a summary of the various forms of the reflexive pronouns, see Chapter 31.

a) In a main clause, you place reflexive pronouns immediately after the finite verb (i.e., the verb in the clause that changes its endings to agree with the subject):

> *Der Junge kaufte **sich** ein neues Hemd.*
> The boy bought himself a new shirt.

> *Sie hat **sich** schwer verletzt.*
> She has injured herself badly.

b) If some element other than the subject is in first position in a main clause, you place the reflexive pronoun **after a pronoun subject:**

> *Dann kaufte **er sich** ein neues Hemd.*
> Then he bought himself a new shirt.

You can, however, place the reflexive pronoun either **before** or **after a noun subject:**

> *Dann kaufte **sich der Junge** ein neues Hemd.*
> OR *Dann kaufte **der Junge sich** ein neues Hemd.*

c) You use these same rules in a subordinate clause too (see Chapter 19 for subordinate clauses):

> *Ich weiß nicht, wo **wir uns** treffen können.*
> I don't know where we can meet.

*Ich weiß nicht, wo **sich meine Kollegen und ich** treffen können.*
I don't know where my colleagues and I can meet.

d) In infinitive phrases, you place the reflexive pronoun at the start of the subordinate clause:

*Es wäre schön, **sich** mit dem Arzt unterhalten zu können.*
It would be nice to be able to talk to the doctor.

Noun and pronoun objects

a) If both the direct object and the indirect object are nouns, you must put the dative (= indirect object) before the accusative (= direct object):

*Wir zeigten **dem Lehrer das Heft.***
We showed the teacher the exercise book.

b) If both objects are personal pronouns (for example, "she," "him," "it"), you put the accusative before the dative:

*Wir zeigten **es ihm.***
We showed it to him.

c) If one object is a noun and the other a personal pronoun, the pronoun comes first, regardless of its case:

*Wir zeigten **ihm** das Heft.*
We showed him the exercise book.

*Wir zeigten **es** dem Lehrer.*
We showed it to the teacher.

d) If you wish to emphasize a direct object, you can put it in first position. If you do this the word order rule is: **accusative before dative:**

***Das Heft** zeigten wir dem Lehrer nicht.*
We didn't show the teacher the exercise book.

And if you emphasize a dative pronoun, the **dative comes before the accusative:**

***Ihm** zeigten wir es nicht.*
We didn't show it to him.

e) If you use a pronoun as the (direct or indirect) object of the verb, it normally comes **before a noun subject:**

*Wie hat **dir das Essen** geschmeckt?*
How did you like the food?

*Wann hat **es der Vorstand** beschlossen?*
When did the board of directors make the decision?

- Note that you also place personal pronouns before demonstrative pronouns (i.e., "this," "that"):

   *Erst vor ein paar Stunden ist **ihm das** eingefallen.*
   That only occurred to him a few hours ago.

Übung macht den Meister!

1. Eine vielseitige Familie

Diese Familie hat die verschiedensten Hobbys. Ein Bekannter beschreibt sie seinen Freunden. Setzen Sie in den Text das Reflexivpronomen *sich* an den richtigen Stellen ein:

Alle Familienmitglieder interessieren für Musik und körperliche Betätigung und strengen an, etwas für ihre Gesundheit zu tun. Sie erholen vom Alltagsstreß bei Spiel und Sport und achten besonders darauf, gesund zu ernähren.

Der Ehemann interessiert für Fußball. Als er noch jung war, hat er in einem Fußballverein angemeldet. Jeden Montagabend trifft er mit Kollegen im Sportverein zum Training. Über die Jahre hat er verbessert, aber er war nie gut genug, einem großen Fußballklub anzuschließen. Aber das viele Training hat bezahlt gemacht: er erfreut ausgezeichneter Gesundheit.

Die Ehefrau dagegen befaßt mit Yoga und kümmert um eine gute Haut und Figur. Sie wäscht und pflegt mit Naturkosmetika. Sie bemüht auch, täglich an der frischen Luft spazieren zu gehen. Um fit zu halten, hat sie bei einem Yogakurs in der Abendschule angemeldet.

Die Kinder des Ehepaars beschäftigen mit Popmusik und halten durch Discotanzen fit. Daneben befaßt der Sohn mit Schwimmen und die Tochter bemüht, eine gute Tennisspielerin zu werden. Sie alle sind einig, daß Sport und viel Bewegung wichtig für eine gute Gesundheit sind.

2. Weihnachtsgeschenke: Was schenken sie wem?

In dieser Familie diskutiert man über die Weihnachtsgeschenke. Jeder hat andere Pläne.

a. Finden Sie die richtige Wortstellung und schreiben Sie die Sätze auf.

BEISPIEL: **sie—einen Computer—kaufen—dem Sohn**
              → Sie kaufen dem Sohn einen Computer.

1. ich—dem Vater—schenke—einen Atlas.

2. ich—eine Flasche Parfüm—der Mutter—gebe.

_____

3. die Eltern—dem Sohn—kaufen—ein Fahrrad.

_____

4. die Eltern—der Tochter—einen Kassettenrekorder—schenken.

_____

5. der Bruder—eine CD—gibt—der Schwester.

_____

6. die Schwester—eine Taschenlampe—schenkt—dem Bruder.

_____

7. die Kinder—den Eltern—geben—Pralinen.

_____

b. Ersetzen Sie die Geschenke in Übung (a) mit den passenden Akkusativpronomen. Schreiben Sie diese Sätze auf.

BEISPIEL: **Sie kaufen dem Sohn einen Computer.**
              → Sie kaufen ihn dem Sohn.

1. _____
2. _____
3. _____
4. _____
5. _____
6. _____
7. _____

c. Ersetzen Sie nun die Personen, die Geschenke bekommen, mit den passenden Dativpronomen. Schreiben Sie diese Sätze auf.

BEISPIEL: **Sie kaufen ihm einen Computer.**

1. _____
2. _____
3. _____
4. _____
5. _____

6. _____

7. _____

d. Ersetzen Sie nun sowohl den Akkusativ wie in Übung (a) als auch den Dativ wie in Übung (b). Schreiben Sie auch diese Sätze auf.

BEISPIEL: **Sie kaufen ihn ihm.**

1. _____

2. _____

3. _____

4. _____

5. _____

6. _____

7. _____

freie Fahrt!

1. Das Klassentreffen

a. „Erinnert ihr euch?"

Bei einem Klassentreffen werden alte Erinnerungen aufgefrischt. Was für Fragen könnte man da hören?

Jede Frage bzw. jede Antwort sollte eine Form von *sich erinnern an* enthalten.

BEISPIEL: **Erinnert ihr euch noch an den Sportlehrer?**
→ Nein, wir können uns nicht mehr an ihn erinnern.
Erinnerst du dich an . . .

Bitte bilden Sie weitere Fragen und Antworten nach diesem Muster.

b. „Interessierst du dich immer noch für . . . ?"

Später wird über die alten Hobbys und Interessen gesprochen.

BEISPIEL: **Früher/damals hast du dich für Musik interessiert. Wofür interessierst du dich heute?**

Bilden Sie auch hier weitere Fragen und mögliche Antworten.

c. Eine der Klassenkameradinnen kommt aus einer Familie mit vielen Interessen. Sie redet auch gern und berichtet über alle Familienmitglieder (Ehemann, Kinder, Großeltern, andere Verwandte). Schreiben Sie zehn Sätze:

BEISPIEL: **Mein Ehemann interessiert sich für Fußball.**

2. Ein totales Durcheinander!

Samstagabend im Restaurant gibt es sehr viel zu tun, und die Kellner(innen) müssen gut aufpassen, daß alles zum richtigen Tisch kommt. Der Oberkellner überprüft ihre Arbeit. Leider wird heute alles falsch gemacht.

BEISPIEL: **Haben Sie dem Gast am Tisch 10 die Suppe gegeben?**
→ Ach nein, ich habe ihm den Salatteller gegeben!

ODER **Haben Sie der Frau am Tisch 5 das Rindersteak serviert?**
→ Nein, ich habe es dem Gast am Tisch 7 serviert!

Mit einem (einer) Partner(in) bilden Sie 20 weitere kleine Dialoge. Sie könnten auch folgende Gerichte verwenden:

die Erbsen (pl.)	der Blumenkohl	das Bauernbrot	das Käsebrot
das Zigeunersteak	der Gemüseteller	die Kartoffeln (pl.)	der Kalbsbraten
das Schnitzel	die Frikadellen	der Kartoffelsalat	der Vanillepudding
das Eis	der Apfelstrudel	der Rotwein	das Bier
der Sprudel	der Orangensaft	die Milch	der Kaffee

3. Der erste Tag am neuen Arbeitsplatz

Ein neuer Mitarbeiter und eine neue Mitarbeiterin werden in die Firma eingeführt. Sie, der Lehrling, haben die Aufgabe, ihnen am ersten Tag alles zu zeigen (z.B. das Büro, die Kantine, den Fotokopierapparat, den Computer, die Faxmaschine, die Toiletten, den Schreibtisch, den Kaffeeautomaten, das Chefzimmer, den Konferenzraum, usw.). Kurz danach vergewissert sich der Chef, daß Sie das auch so gemacht haben:

Chef: *Haben Sie den Mitarbeitern das Büro gezeigt?*
Lehrling: *Ja, ich habe es ihnen gezeigt.*
Chef: *Haben Sie der Kollegin/dem Kollegen ihren/seinen Arbeitsplatz gezeigt?*
Lehrling: *Ja, ich habe ihn ihr/ihm gezeigt.*

Machen Sie zu zweit weitere Dialoge.

chapter 22

Word order within the clause: *nicht* and adverbs

so wird's gemacht

Position of *nicht*

a) It is not always easy to decide where to place *nicht*. While there are a few useful guidelines, you should note the position of *nicht* whenever you meet it and try to work out why it is where it is.

b) If you wish to negate a whole clause or sentence, you should place *nicht* at the end or as near to the end as possible:

> *Solche Leute findest du bei uns* **nicht.**
> You won't find people like that here.

However, you put *nicht* **before** all of the following:

- Adjectives that follow the verb:

> *Das war nicht* **höflich.**
> That wasn't polite.

- Past participles:

> *Es hat hier seit Mai nicht* **geregnet.**
> It hasn't rained here since May.

- Infinitives:

    *Leider kann ich dir nicht **helfen.***
    Unfortunately I cannot help you.

- Separable prefixes:

    *Nächste Woche ziehe ich nicht **um.***
    I'm not moving next week.

- Verb complements, i.e., those elements that complete the meaning of the verb (especially prepositional phrases):

    *Verlassen Sie sich nicht **auf ihn.***
    Don't rely on him.

    *Sie geht am Samstag nicht **in die Stadt.***
    She isn't going downtown on Saturday.

- Adverbs of manner and place:

    *Manfred arbeitet nicht **schnell.***
    Manfred does not work quickly.

    *Ich war heute nicht **im Büro.***
    I was not in the office today.

---

c) You should place *nicht* in front of a word or phrase if you wish to refer to and emphasize that one item, rather than the whole clause or sentence:

    *Ich habe das **nicht dir** gekauft.*
    I didn't buy that for **you.**

The word *sondern* is often implied or stated here:

    Sie hat es nicht am Freitag (sondern am Donnerstag) geschickt.
    She didn't send it on Friday (but on Thursday).

---

d) Note that you must use *kein* to express *nicht ein:*

    *Sie ist doch **kein** Kind mehr.*
    She's not a child anymore.

Adverbs

---

a) A fairly reliable guide to the order of adverbs in sentences and clauses is the rule: Time—Manner—Place:

    Mein Bruder spielt immer (= T) mit denselben Jungen (= M) auf der Straße (= P).
    My brother always plays in the street with the same boys.

    Wir fahren morgen (= T) mit dem Zug (= M) nach Düsseldorf (= P).
    We are going to Düsseldorf by train tomorrow.

b) If the sentence contains more than one adverb of the same type (for example, two time adverbs), you put the general before the specific:

> *Du warst doch **am Samstag um vier Uhr** in der Stadtmitte, oder?*
> You were downtown at four o'clock on Saturday, weren't you?

> *In Köln neben dem Dom.*
> Next to the cathedral in Cologne.

c) Adverbs come before adjectives:

> *Vor dieser Prüfung war ich **zum ersten Mal** nervös.*
> I was nervous for the first time ever before this exam.

d) Adverbs often appear in first position:

> ***Plötzlich** war sie nicht mehr da.*
> Suddenly she wasn't there anymore.

In all other positions, however, you should put adverbs after pronouns:

> *Mein Freund schickte mir **endlich** das gewünschte Buch.*
> My friend finally sent me the book I wanted.

e) Unless you wish to give them special emphasis, you should put adverbs between indirect and direct noun objects:

> *Sie zeigte dem Polizisten **sofort** ihren Ausweis.*
> She immediately showed the policeman her identity card.

order: *nicht* and adverbs

Übung macht den Meister!

1. Lauter Neinsager!

Die folgenden Fragen werden einer Person gestellt, aber leider werden alle verneint. Verneinen Sie zuerst den ganzen Satz und dann das unterstrichene Satzglied.

BEISPIEL: **Sind Sie gestern in die Kneipe gegangen?**
                 → Ich bin gestern nicht in die Kneipe gegangen.
                 → Ich bin nicht gestern in die Kneipe gegangen (sondern vorgestern).

1. Möchten Sie heute ins Kino gehen?

_____

_____

2. Wollen wir am Sonntag im Restaurant essen?

_____

_____

3. Möchtest du dieses neue Automodell kaufen?

_____

_____

4. Haben Sie gestern abend diese Nachricht im Fernsehen gesehen?

_____

_____

5. Reist du im Sommer wieder nach Spanien?

_____

_____

6. Sind Sie dieses Jahr bei Ihrer alten Firma angestellt?

_____

_____

2. Der arme Bettler

Er hat nichts, er besitzt nichts. Beschreiben Sie seine hoffnungslose Lage.

BEISPIEL: **Er hat nicht einmal ein Bett.**
                 → Er hat kein Bett.

Er hat nicht einmal . . .

1. ein Dach über dem Kopf _____.

2. eine Familie _____.

3. einen warmen Mantel _____.

4. Schuhe _____.

5. ein regelmäßiges Einkommen _____.

6. einen Pfennig Geld _____.

7. eine feste Adresse _____.

8. einen festen Wohnsitz _____.

9. Freunde _____.

10. eine Packung Zigaretten _____.

3. Wie und wo haben Sie sich kennengelernt?

Eine Illustrierte machte eine Umfrage unter Ehepaaren über Zeit, Umstände und Orte, wo sich die Paare zum ersten Mal getroffen haben. Hier sind die Antworten, die leider etwas durcheinandergeraten sind. Finden Sie die richtige Wortstellung. Beginnen Sie jeweils mit dem unterstrichenen Wort.

1. Herr und Frau Müller:
uns—wir—im IC-Zug—haben—getroffen—in den letzten Sommerferien—zwischen Hamburg und Berlin.

_____

_____

2. Frau Schmidt:
im Hofbräuhaus—habe—ich—an einem Sommerabend—kennengelernt—meinen Mann—beim Biertrinken—in München.

_____

_____

3. Herr Weber:
in einer Disco—meine Frau—ich—auf einer Geschäftsparty—habe—an Fastnacht—kennengelernt—zufällig.

_____

_____

4. Das Ehepaar Schneider:
zu Ostern—auf einer Safari—wir—kennengelernt—uns—haben—in Kenia.

_____

_____

order: *nicht* and adverbs

5. Frau Herzog:
im Winter—ich—getroffen—habe—meinen Mann—in Österreich—eines Tages—
beim Skifahren.

_____

_____

6. Herr Lamber:
meine zukünftige Frau—ich—zum ersten Mal—gesehen—mit meinen Arbeitskollegen—
auf einer Geschäftsreise—nach Bern—habe.

_____

_____

7. Das Ehepaar Lehmann:
haben—getroffen—zufällig—wir—uns—letztes Jahr—im Wartezimmer unseres Hausarztes.

_____

_____

4. Der Hochzeitstag

Wie verbringen diese Ehepaare ihren Hochzeitstag? Wie und wo wird der Tag gefeiert? Schreiben Sie
zehn Antwortsätze. Benutzen Sie die Ausdrücke in den untenstehenden Kästen.

BEISPIEL: **Ich gehe oft mit einer Gruppe von Freunden in einen Biergarten.**

ich	wir

gehe	fahren	kaufen	fahre
reisen	reise	besuche	kaufe
gehen	schenke	besuchen	

immer	dieses Jahr	an unserem Hochzeitstag
meistens	oft	diesen Sommer/Winter
jedes Jahr	im Juli	zum Jahrestag

(mit) meiner Frau	füreinander	mit unseren Kindern
für meinen Mann	allein	für meine Frau
(mit) meinem Mann	zu zweit	mit dem IC-Zug
mit dem Flugzeug	mit einer Gruppe von Freunden	

(in) ein Restaurant	einen Rosenstrauß vom Markt
in einem Restaurant	ein kostbares Geschenk vom Juwelier
(in) den Biergarten	nach Österreich in die Berge
in einem Biergarten	(in) den sonnigen Süden
bei uns zu Hause	von Hamburg nach Berlin

1. _____

2. _____

3. _____

4. _____

5. _____

6. _____

7. _____

8. _____

9. _____

10. _____

freie Fahrt!

1. Unterschiede im Schulsystem

Unten finden Sie Ausdrücke über amerikanische und deutsche Schulen. Was für das eine Land zutrifft, gilt nicht für das andere Land. Verneinen Sie alle diese Sätze, indem Sie die Aussagen jeweils auf das andere System beziehen.

BEISPIELE: **Die deutschen Schüler essen nicht in der Kantine.**
               Die amerikanischen Schüler haben nicht „hitzefrei."

       essen in der Kantine
       „hitzefrei" haben
       gehen am Samstag in die Schule
       gehen jeden Morgen in die Morgenandacht
       müssen „sitzenbleiben", wenn die Noten nicht ausreichend sind
       tragen dieselbe Kleidung
       haben normalerweise nachmittags frei
       beginnen die Schule im Alter von vier Jahren
       werden jedes Jahr in die nächst höhere Klasse versetzt
       es gibt viele schulfreie Tage

Kennen Sie sonst noch Unterschiede?

order: _nicht_ and adverbs

2. Bei uns ist das ganz anders

Arbeiten Sie zu zweit und erfinden Sie Aussagen (etwa über Ihre beiden Familien und Ihre Gewohnheiten, über das Leben zu Hause, Ihre Freizeitinteressen, usw.). Ihr(e) Partner(in) muß jede Ihrer Aussagen verneinen.

BEISPIELE: **Wir gehen sonntags in die Kirche.**
→ Wir gehen sonntags nicht in die Kirche.

Mein Vater sieht gern fern.
→ Mein Vater sieht nicht gern fern.

Wir haben zu Hause einen Videorekorder.
→ Wir haben zu Hause keinen Videorekorder.

Tauschen Sie nach jeder Frage die Rollen.

3. Lauter Unsinn! (Ein Spiel für fünf Personen)

Man braucht für dieses Spiel fünf Blätter Papier und fünf Kugelschreiber/Bleistifte.

a. Jeder (jede) Mitspieler(in) schreibt zunächst den Namen einer Person im Singular (= Wer?) auf sein (ihr) Papier, ohne den Nachbarn (die Nachbarin) sehen zu lassen, wen er gewählt hat. Jetzt wird das Papier gefaltet und an den Nachbarn (die Nachbarin) weitergereicht.

b. Jeder (jede) schreibt nun eine Verbform in der dritten Person Singular darunter (= Macht was?). Wieder wird das Blatt gefaltet und weitergereicht.

c. Jetzt schreibt jeder (jede) ein Zeitadverb (= Wann?). Noch einmal wird gefaltet und weitergereicht.

d. Jetzt schreibt jeder (jede) ein Adverb der Art und Weise (= Wie?). Schon wieder wird gefaltet und weitergereicht.

e. Zum Schluß schreibt jeder (jede) ein Ortsadverb (= Wo?).

f. Der Zettel wird weitergereicht und die Unsinnsätze werden vorgelesen.

chapter 23

Forms of the verb and the present tense

so wird's gemacht

Verb forms

a) A verb gives us information about the action performed by the subject of the sentence. It tells us what is done, who or what does it, and when it is, was, or will be done. The form of the verb depends primarily on the subject, i.e., the person(s) or thing(s) performing the action concerned. The subject can be either first person (*ich, wir*), second person (*du, Sie, ihr*), or third person (*er, sie* ("she" or "they"), *es, man*). The form of the verb also depends on tense, i.e., when the action occurs (see Chapters 24–26).

b) The infinitive, which is the form you will find in a dictionary (for example, *haben* to have, *kommen* to come), always ends in *-n*. The infinitive helps you to identify the stem, which is the key part of the verb. You find this by removing the final *-n* or *-en* from the infinitive. For example, in the verb *kommen* the stem is *komm-*. To this stem, you add the following endings to form the present tense:

	Singular	**Plural**
First person	*ich komme*	*wir kommen*
Second person	*du kommst*	*ihr kommt*
	Sie kommen	*Sie kommen*
Third person	*er/sie/es kommt*	*sie kommen*

Note the following exceptions to this pattern:

- A small number of verbs have an infinitive in *-eln* or *-ern*. You form the stem here simply by removing the *-n*:

lächeln	to smile	*ich lächele*	*du lächelst*	*er/sie/es lächelt*, etc.
flüstern	to whisper	*ich flüstere*	*du flüsterst*	*er/sie/es flüstert*, etc.

- Where a verb's stem ends in *-chn, -d, -dn,* or *-t,* an *e* is inserted in the *du* and *er/sie/es* forms to ease pronunciation:

rechnen	to calculate	*ich rechne*	*du rechnest*	*er/sie/es rechnet*, etc.
finden	to find	*ich finde*	*du findest*	*er/sie/es findet*, etc.

- Verbs with a stem ending in *-s, -ß, -ss,* or *-z* do not add another *s* in the *du* form:

reisen	to travel	*ich reise*	*du reist*	*er/sie/es reist*
beißen	to bite	*ich beiße*	*du beißt*	*er/sie/es beißt*

Weak and strong verbs

a) The majority of German verbs are classed as "weak." Weak verbs are completely regular and the verb stem remains the same throughout all forms and tenses. In the present tense, the endings are those given above:

machen	to make	*ich mache*	*du machst*	*er/sie/es macht*

b) Although "strong" verbs are in the minority in German, they are a very important feature of the language since many of the most common verbs are strong. In strong verbs, the form of the verb stem changes in the simple past tense (see Chapter 24) and usually in the past participle too (see Chapter 25). In the present tense, many of these verbs have the regular endings you find in weak verbs, but a significant number modify or change the stem vowel in the *du* and the *er/sie/es* forms:

- Stem vowel *e* can change to *i* or *ie:*

helfen	to help	*ich helfe* *wir helfen*	*du hilfst/Sie helfen* *ihr helft/Sie helfen*	*er/sie/es hilft* *sie helfen*
sehen	to see	*ich sehe* *wir sehen*	*du siehst/Sie sehen* *ihr seht/Sie sehen*	*er/sie/es sieht* *sie sehen*
vergessen	to forget	*ich vergesse* *wir vergessen*	*du vergißt/Sie vergessen* *ihr vergeßt/Sie vergessen*	*er/sie/es vergißt* *sie vergessen*

- Stem vowels *a* or *au* can change to *ä* and *äu* respectively:

fallen	to fall	*ich falle* *wir fallen*	*du fällst/Sie fallen* *ihr fallt/Sie fallen*	*er/sie/es fällt* *sie fallen*
lassen	to let	*ich lasse* *wir lassen*	*du läßt/Sie lassen* *ihr laßt/Sie lassen*	*er/sie/es läßt* *sie lassen*
laufen	to run	*ich laufe* *wir laufen*	*du läufst/Sie laufen* *ihr lauft/Sie laufen*	*er/sie/es läuft* *sie laufen*

Irregular verbs

A small number of verbs are irregular in the singular present tense forms. These include *haben, sein,* and *wissen:*

haben to have		**sein** to be		**wissen** to know	
ich habe	*wir haben*	*ich bin*	*wir sind*	*ich weiß*	*wir wissen*
du hast	*ihr habt*	*du bist*	*ihr seid*	*du weißt*	*ihr wißt*
Sie haben	*Sie haben*	*Sie sind*	*Sie sind*	*Sie wissen*	*Sie wissen*
er/sie/es hat	*sie haben*	*er/sie/es ist*	*sie sind*	*er/sie/es weiß*	*sie wissen*

Use of the present tense

a) Unlike English ("I go," "do go," "am going"), German has only one present tense: *ich gehe.*

b) The present tense is used for something that:

- is happening now
- happens frequently
- will happen in the near future.

Thus, *Wir fahren in die Stadt* can mean: "We are going downtown" (now), OR "We go downtown" (regularly), OR "We are going downtown" (soon).

c) Note that the present tense is also used with *seit* + dative to express actions, states, or conditions that began in the past but are still continuing. English uses the present perfect tense here:

*Sie **wohnt** seit fünf Jahren in Wien.*
She **has been living** in Vienna for five years.

Übung macht den Meister!

1. Ein Student beschreibt seinen Ferienjob

Bitte finden Sie für die Verben die passenden Endungen im Präsens:

Ich (arbeiten) _____ in einem Münchner Kaufhaus, das während der

Semesterferien viele Studenten als Aushilfe (einstellen) _____. Meine Abteilung

(beschäftigen) _____ normalerweise fünf Verkäufer, aber jetzt während des

Sommerschlußverkaufes (geben) _____ es weitere fünf Teilzeitkräfte, die hier

(aushelfen) _____.

    Meine Arbeit (machen) _____ mir Spaß, auch die Arbeitszeit

(passen) _____ mir gut. Sie (sein) _____ genau geregelt und nicht

sehr flexibel. Am Anfang der Woche (bekommen) _____ wir unseren Zeitplan

vom Personalchef. Er (heißen) _____ Herr Huber und (sein) _____

sehr freundlich.

Normalerweise (beginnen) _____ ich um 9.30 Uhr und

(arbeiten) _____ bis 18.30 Uhr. Dazwischen (liegen) _____ eine kurze

Mittagspause, wo wir in der Kantine (essen) _____. Ich (freuen) _____

mich jeden Tag auf diese Pause, weil ich dann immer Erfahrungen mit anderen Kollegen

(austauschen) _____.

Die Arbeit (sein) _____ nicht schwer, eher etwas langweilig, weil man an den

heißen Tagen nicht so viel (verkaufen) _____. Ich (haben) _____ Zeit,

mich mit den Kunden zu unterhalten und (versuchen) _____ immer, sie richtig

zu beraten, wofür viele sehr dankbar (sein) _____. Mancher Kunde

(wissen) _____ nicht, was er (wollen) _____ und dann

(beschweren) _____ sich manche auch noch über uns. Das (finden) _____

ich unfair!

2. Neugierige Kollegen

a. Ein Kollege stellt Ihnen persönliche Fragen während der Mittagspause. Schreiben Sie 15 Sätze.
Benutzen Sie die Ausdrücke im untenstehenden Kasten.

BEISPIEL: **Seit wann leben Sie in Bayern?**

Seit wann	wohnen Sie	ein Auto?
	arbeiten Sie	im Fitneßklub?
	spielen Sie	Semesterferien?
	studieren Sie	Ski?
	lernen Sie	Spanisch?
	trainieren Sie	Nachhilfestunden?
	besitzen Sie	in diesem Betrieb?
	haben Sie	hier an der Universität?
	wissen Sie	in der Stadtmitte?
	geben Sie	Briefmarken?
	fahren Sie	Schach?
	laufen Sie	schon hier angestellt?
	sammeln Sie	ihr Auto in der Mercedesgarage reparieren?
	lassen Sie	mit dem Fahrrad zur Arbeit?
	sind Sie	das schon?

1. _____

2. _____

3. _____

4. _____

5. _____

6. _____

7. _____

8. _____

9. _____

10. _____

11. _____

12. _____

13. _____

14. _____

15. _____

b. Nach einigen Wochen kennen Sie sich gut. Sie duzen sich jetzt. Wie würden die Fragen jetzt lauten? Schreiben Sie 15 Sätze.

BEISPIEL: **Seit wann leb*st* du in Bayern?**

1. _____

2. _____

3. _____

4. _____

5. _____

6. _____

7. _____

8. _____

9. _____

10. _____

11. _____

12. _____

13. _____

14. _____

15. _____

present tense

c. Wie lauten die Fragen, wenn zwei Kollegen vertraut angesprochen werden? Schreiben Sie noch einmal 15 Sätze.

BEISPIEL: **Seit wann leb*t* ihr in Bayern?**

1. _____
2. _____
3. _____
4. _____
5. _____
6. _____
7. _____
8. _____
9. _____
10. _____
11. _____
12. _____
13. _____
14. _____
15. _____

3. Der Personalchef stellt vor!

Der Personalchef eines Kaufhauses stellt einer neuen Aushilfskraft einige Mitarbeiter vor. Setzen Sie die passenden Formen von *sein, haben,* und *wissen* ein.

1. Guten Tag, ich _____ Herr Weber, der Personalchef. Ich _____ mein Büro im

   Erdgeschoß neben dem Eingang. Deshalb _____ ich immer, wer im Haus ist.

2. Herr Schulz hier _____ der Abteilungsleiter der Konfektionsabteilung. Er _____ sein

   Büro im 4. Stock. Er _____ alles über Herren- und Damenbekleidung.

3. Seine Sekretärin _____ Fräulein Schneider. Sie _____ ihren Schreibtisch in seinem

   Vorzimmer. Sie _____ über alle Termine Bescheid.

4. Die drei Damen hier _____ die Verkäuferinnen aus der Lebensmittelabteilung.

   Sie _____ weiße Uniformen, weil sie _____, wie wichtig die Hygiene beim

   Nahrungsmittelverkauf ist.

5. Wir alle _____ schon seit mindestens vier Jahren bei dieser Firma. Wir _____ eine gute Zusammenarbeit und wir _____ unseren sicheren Arbeitsplatz zu schätzen.

6. Wie _____ Sie zu diesem Job gekommen? Sie _____ wahrscheinlich großes Glück gehabt. _____ Sie, wir stellen ab dieser Woche keine Aushilfen mehr ein.

7. Das Restaurant für die Angestellten _____ leider etwas altmodisch und klein. Es _____ nur Platz für jeweils zehn Personen. Deshalb _____ man nie, ob man hier Platz findet, wenn man Pause _____.

freie Fahrt!

1. Kennen Sie das?

Arbeiten Sie zu zweit! Suchen Sie zehn starke Verben (Seiten 352–354), die im Präsens regelmäßige Endungen haben:

BEISPIELE: **bekommen → bekommt; singen → singt; schwimmen → schwimmt**

Suchen Sie auch zehn Verben, in denen sich die Vokale ändern:

BEISPIELE: **helfen → hilft; geben → gibt; sehen → sieht**

Testen Sie dann Ihren (Ihre) Partner(in). Kennt er (sie) die *ich-, du-, er-/sie-/es*-Formen im Präsens?

2. Ganz einfach!

a. Schreiben Sie ein Kochrezept. Verwenden Sie in den Anweisungen das Pronomen *man*.

BEISPIEL: **Man braucht . . . Man nimmt . . . Man . . .**

b. Erklären Sie Ihrem (Ihrer) deutschen Freund(in), wie er (sie) guten Tee kochen soll. Verwenden Sie folgende Verben: *erwärmen, kochen, ausspülen, übergießen, einfüllen, ziehen lassen.*

BEISPIEL: **Du erwärm*st* Wasser, bis es kocht . . .**

c. Erklären Sie einem (einer) ausländischen Freund(in), wie man ein amerikanisches Kartentelefon bedient. Verwenden Sie das Pronomen *man* mit folgenden Ausdrücken: *Hörer abnehmen, Karte einstecken, Ton abwarten, Nummer wählen, sprechen, Hörer auflegen, Karte entnehmen.*

3. Was Leute in verschiedenen Berufen machen

a. Beschreiben Sie die Pflichten von Krankenschwestern. Nennen Sie mindestens zehn Pflichten.

BEISPIEL: *Sie* wasch*en* die Patienten.

b. Beschreiben Sie die Arbeiten einer Kindergärtnerin. Erwähnen Sie mindestens zehn Arbeiten.

BEISPIEL: *Sie* gib*t* den Kindern zu trinken.

c. Was machen Sie (Schüler oder Studenten)? Beschreiben Sie mindestens zehn Tätigkeiten.

BEISPIEL: *Wir* lern*en* viel.

4. Ein Tag wie jeder andere

Schreiben Sie einen kurzen Bericht (ca. 150–200 Wörter) über einen typischen Tag.

chapter 24

Simple past tense

so wird's gemacht

Some people refer to this form of the verb as the imperfect tense. You should really avoid this term as it suggests misleading parallels with the French imperfect tense. Another name for the simple past is the preterite.

Formation

1. Weak verbs

You form the simple past of weak verbs by adding *-t* to the verb stem, along with the following endings:

machen   to do, make

*ich mach**te***	*wir mach**ten***
*du mach**test***	*ihr mach**tet***
*Sie mach**ten***	*Sie mach**ten***
*er/sie/es mach**te***	*sie mach**ten***

- Note that with verb stems ending in *-chn, -d, -dn,* or *-t* you add an extra *e* in the middle to all forms to ease pronunciation:

  rechnen   to calculate   *ich rech**ne**te*   *du rech**ne**test*   *er/sie/es rech**ne**te*

2. Strong verbs

There is usually a vowel change in the simple past tense of strong verbs (for example, *sehen* becomes *sah*—compare English "see/saw"). These verbs add the following endings:

sehen   to see

ich sah	*wir sah**en***
*du sah**st***	*ihr sah**t***
*Sie sah**en***	*Sie sah**en***
er/sie/es sah	*sie sah**en***

- Note that the first and third person singular do not take the -e ending.

Further examples of strong verbs in the simple past are:

bieten	to offer	*bot*
fahren	to travel	*fuhr*
gehen	to go	*ging*
kommen	to come	*kam*

For a detailed list of the most common strong verbs, see pages 352–354.

You need to learn these verb stem changes for all strong verbs. In most dictionaries they appear with the infinitive.

3. Mixed verbs

Verbs that use the weak verb endings and that also have a changed vowel stem in the simple past are known as mixed verbs. There are relatively few of these verbs. Here are some examples:

bringen	to bring	*brachte, brachtest,* etc.
denken	to think	*dachte, dachtest,* etc.
wissen	to know	*wußte, wußtest,* etc.

Despite their regular present tense ending and their weak verb endings in the simple past, mixed verbs are usually listed along with strong verbs. See pages 352–354 for other mixed verbs such as *brennen, kennen, nennen,* and *rennen*.

Use of the simple past tense

You can use the simple past to express:

a) What happened or what someone did, i.e., actions that are finished or completed:

*Sie **kauften** Theaterkarten und **gingen** dann ins Restaurant.*
They bought tickets for the theater and then went to the restaurant.

b) Continuing states or incomplete actions in the past (i.e., "was _____ing"):

*Während er **fernsah, las** sie die Zeitung.*
While he watched television, she read the newspaper.

c) Habitual actions in the past:

*Samstags **spielten** wir Tennis.*
We used to play tennis on Saturdays.

d) Actions or states that began before a fixed point of time in the past (with *seit* + dative):

> *Ich besuchte ihn im März in Bern. **Er arbeitete** dort schon seit zwei Jahren.*
> I visited him in Berne in March. He had been working there for two years.

- One of the problems with German past tenses is knowing when to use the simple past and when to use the present perfect. See Chapter 25 for some hints on this.

Übung macht den Meister!

1. Ein Beschwerdebrief

Bitte vervollständigen Sie den folgenden Brief, indem Sie die passenden Präteritumsformen aus dem untenstehenden Kasten in die Lücken setzen.

ließ	betraf	mitteilte	versprach
war	verbrachte	pries	sah
stimmte	herrschte	behandelte	regnete
hielt	froren	hoffe	war
waren	störte	erwähnte	

Gaby Kohler
Schloßstr. 3
45139 Essen

An das
Hotel „Schönblick"
Waldstr. 21
81737 München   Essen, den 29.8.96

Sehr geehrte Damen und Herren!

    wie ich Ihnen bereits telefonisch _____, möchte ich mich hiermit bei Ihnen

beschweren. Meine Ferienwoche, die ich vom 15.8.–22.8. in Ihrem Haus _____,

_____ eine Katastrophe.

    Nichts von dem, was der Hotelprospekt _____, _____ in

Wirklichkeit, was Ihr Hotel _____. Es hat den Namen „Schönblick", aber von meinem

Zimmer aus _____ ich nur auf riesige Baustellen und Fabrikschlote. Der Prospekt

_____ auch die ruhige Lage direkt am Waldrand an, _____ aber nicht,

daß die neue Schnellstraße zur Autobahn direkt an Ihrem Haus vorbeiführt.

simple past tense

Auch die Verpflegung _____ zu wünschen übrig und das Bedienungspersonal _____ die Gäste sehr unfreundlich. Wie Sie wissen, _____ auch das Wetter Mitte August sehr wechselhaft, es _____ stark und eine kühle Temperatur _____ vor. Trotz mehrmaliger Aufforderung _____ es aber die Hotelleitung nicht für nötig, die Heizung anzustellen und wir Gäste _____ abends fast immer.

Die Zimmer _____ auch nicht besonders gut schallisoliert, und der Fernsehapparat aus dem Nebenzimmer _____ meine Nachtruhe.

Ich bitte Sie um eine Erklärung für die erwähnten Mißstände und _____, Sie bieten mir eine Entschädigung für meinen mißglückten Urlaub an.

Auf eine baldige Antwort hoffend

Hochachtungsvoll

Gaby Kohler

2. Ein Verkehrsunfall

Ein Zeuge schreibt den Vorgang eines Unfalls nieder, den er in der letzten Woche miterlebt hatte. Setzen Sie die richtigen Verbformen im Präteritum ein. Die starken Verben sind durch * gekennzeichnet.

Ich (sitzen*) _____ im Café Lila an der Kreuzung Ringstraße–Kreuzstraße. Ich (lesen*) _____ meine Zeitung, es (sein*) _____ gegen sechs Uhr und es (dämmern) _____ schon. Da (sehen*) _____ ich, wie sich ein Radfahrer der Ampel (nähern) _____. Er (auffallen*) _____ mir, weil er einen roten Kopfschutz (tragen*) _____ und einen grünen Rucksack auf dem Rücken (haben*) _____. Er (sich befinden*) _____ hinter einem kleinen Lieferwagen und (versuchen) _____ diesen auf der Außenseite zu überholen. Die Verkehrsampel (zeigen) _____ grün, und deshalb (radeln) _____ er wohl in einem ziemlich schnellen Tempo weiter. Da (sich nähern) _____ von der Gegenfahrbahn ein Personenwagen, der links abbiegen (wollen*) _____.
In der Abenddämmerung (sehen*) _____ der Fahrer den Radfahrer anscheinend nicht und (erfassen) _____ ihn mitten auf der Kreuzung. Der Radfahrer (stürzen) _____ zu Boden und (werden*) _____ gegen einen Laternenpfahl geschleudert. Sein Rucksack (fliegen*) _____ in die andere Richtung und

(treffen*) _____ ein entgegenkommendes Taxi, dessen Windschutzscheibe in tausend

Scherben (zersplittern) _____. Der Radfahrer selbst (liegen*) _____

bewußtlos am Boden. Innerhalb weniger Minuten (sein*) _____ der Notrettungswagen

zur Stelle und (bringen*) _____ den jungen Mann in die Universitätsklinik. Zum

Glück (davonkommen*) _____ er mit äußerlichen Verletzungen.

3. So war es damals

Eine Großmutter erzählt ihren Enkeln aus ihrer Jugendzeit. Setzen Sie die Verben in Klammern ins Präteritum.

Das Leben (ablaufen) _____ damals ganz anders _____. Wir (wohnen)

_____ auf dem Lande. Wir (sein) _____ eine kinderreiche Familie mit

neun Kindern. Ich (haben) _____ vier Brüder und vier Schwestern. Mein Vater

(arbeiten) _____ auf einem großen Landgut als Verwalter. Meine Mutter

(versorgen) _____ den Haushalt und (bestellen) _____ den Garten.

Wir (essen) _____ das Gemüse und das Obst der Jahreszeit, die Milch

(bekommen) _____ wir vom Bauernhof. Nur selten (einkaufen) _____

wir etwas in den Geschäften _____.

    Jeden Sommer (müssen) _____ wir Kinder bei der Ernte helfen. Wir (haben)

_____ wenig Zeit zum Spielen. Sonntags (gehen) _____ wir alle

in die Kirche. Dafür (anziehen) _____ wir unsere besten Kleider _____.

Am Sonntagnachmittag (sitzen) _____ wir gewöhnlich bei Kaffee und Kuchen

in der guten Stube. Der Samstag (sein) _____ auch ein wichtiger Tag für

uns alle. Da (dürfen) _____ wir baden. Denn nur einmal in der Woche

(erwärmen) _____ meine Mutter einen großen Kessel Wasser und die ganze Familie

(baden) _____ in einer großen Metallwanne in der Küche. Fließendes Wasser

(kennen) _____ man damals noch nicht in unserem Haus. Man

(heizen) _____ mit Holz und Kohle und bei einbrechender Dunkelheit

(gehen) _____ man zu Bett, weil es noch keine elektrische Beleuchtung

(geben) _____. Trotz allem (sein) _____ das Leben viel einfacher

als heute.

　　　　　　　　　　　　　　　　　　　simple past tense

freie Fahrt!

1. Kettenerzählung

Arbeiten Sie in einer Gruppe! Eine(r) in der Gruppe erfindet den ersten Satz einer kleinen Geschichte. Jede(r) muß einen neuen Satz hinzufügen. Die Geschichte wird ausschließlich im Präteritum erzählt. Mal sehen, was für interessante Ereignisse Sie sich einfallen lassen!

BEISPIEL: **Am Montag fuhr Hermann zum ersten Mal nach Berlin.**
→ Er kam um 11.30 Uhr im Hauptbahnhof an.
→ Neben dem Ausgang sah er einen Mann . . .

2. Herr Fleißig und Frau Faul

Arbeiten Sie in einer Gruppe! Sie erfinden eine Geschichte über die beiden ungleichen Partner, Herrn Fleißig und Frau Faul, die sich scheiden ließen, weil sie nicht zusammenpaßten. Jeder versucht einen *während*-Satz zu bilden.

BEISPIEL: **Während er im Garten arbeitete, lag sie im Bett und schlief.**
Während er das Auto reparierte, . . .

3. Der Kommissar

Sie sind ein berühmter Autor von Krimis. Schreiben Sie den ersten Abschnitt eines neuen Romans über den Kommissar Schmitz. In diesem Abschnitt beschreiben Sie (im Präteritum), wie er durch einen Stadtpark geht, auf dem Weg in sein Büro. Beschreiben Sie das Wetter, die Leute im Park, was dort passierte, was der Kommissar auf der Straße sah, woran er dachte, usw. Fassen Sie sich kurz! Der erste Abschnitt Ihres Werkes soll höchstens 150 Wörter enthalten.

4. Der Lebenslauf

Ein Lebenslauf kann in Deutschland entweder als Tabelle oder als Text geschrieben werden. Sie bewerben sich um einen Job in einem Hotel in Südbayern für die Ferien und möchten Ihren Lebenslauf als Text schreiben (auf deutsch versteht sich!).

Beginnen Sie, wie folgt:

Geboren wurde ich am . . . in . . . . Im Alter von . . . besuchte ich den Kindergarten in . . . , usw.

5. Wer war der Täter?

Arbeiten Sie in einer Gruppe von 4–5 Personen! Stellen Sie sich vor, Sie stehen unter dem Verdacht, irgendein Verbrechen begangen zu haben. Die Polizei will Sie alle verhören. Jede(r) von Ihnen muß ein Alibi finden, um zu erklären, warum er (sie) am Verbrechen nicht schuld sein kann.

BEISPIEL: **Ich war es nicht, denn zu dieser Zeit las ich ein Buch in der Bibliothek.**

Welche Gruppe in der Klasse kann die meisten, bzw. die interessantesten Alibis erfinden?

6. Vor fünf Jahren

a. Arbeiten Sie zu zweit! Stellen Sie einander Fragen über Ihr Leben vor fünf Jahren. Sprechen Sie über Ihre Familien, Ihre Freunde, Ihre Freizeitinteressen, die Schule, die Sie damals besuchten, usw.

BEISPIELE: **Ich spielte damals noch viel Hockey.**

Wir wohnten außerhalb der Stadt.

b. Beschreiben Sie dann schriftlich in ca. 150–200 Wörtern Ihr Leben vor fünf Jahren.

simple past tense

chapter 25

Present perfect and past perfect tenses

so wird's gemacht

The present perfect tense

The present perfect tense is the most common tense in German for talking about something that has already happened. You form it by using the present tense of *haben* or *sein* (see below for rules on usage) together with the past participle of the relevant verb. The past participle usually goes at the end of the clause or sentence.

1. Weak verbs

• You normally form the past participle by putting *ge-* on the beginning and *-t* on the end of the verb's stem:

*wir haben **gesagt***	we said
*sie hat **gemerkt***	she noticed
*ihr habt **gewohnt***	you lived

• As in the simple past tense, with stems ending in *-chnen, -d, -dnen,* or *-t,* you add an extra *e* before the final *-t* to ease pronunciation:

*Sie haben fleißig **gearbeitet.***
They worked very hard.

*Ich habe die Akten neu **geordnet.***
I have put the files in a new order.

- When the verb starts with one of the inseparable prefixes *be-, emp-, ent-, er-, ge-, miß-, ver-, zer-,* you do not add *ge-* (see Chapter 29):

    *Was hast du heute **verkauft**?*
    What did you sell today?

    *Sie haben uns **belohnt**.*
    They gave us a reward.

- If the verb has a separable prefix (see Chapter 29), insert *ge-* between the prefix and the verb stem:

    *Er hat das Licht schon **angemacht**.*
    He has already turned on the light.

    *Sie hat nicht **mitgemacht**.*
    She didn't join in.

- Do not add *ge-* to weak verbs ending in *-ieren*:

    *Wie hat er denn **reagiert**?*
    How did he react?

    *Ich habe mit ihm schon **telefoniert**.*
    I have already spoken to him on the phone.

2. Strong verbs

- You form the past participle of strong verbs by adding *ge-* to the beginning and *-(e)n* to the end of the stem. As with the simple past, there is very often a vowel change in the stem:

singen	to sing	*ich habe **gesungen***	I sang
gehen	to go	*wir sind **gegangen***	we went
lesen	to read	*sie haben **gelesen***	they read

- Do not add *ge-* to verbs with an inseparable prefix (see above):

    *Er hat den Brief **empfangen**.*
    He received the letter.

    *Das Buch ist **verschwunden**.*
    The book has disappeared.

- If a verb has a separable prefix, you insert the *ge-* between the prefix and the stem:

    *Sie sind schon **angekommen**.*
    They have already arrived.

    *Er hat mich **eingeladen**.*
    He has invited me.

present perfect/past perfect

3. Mixed verbs

• Note that with mixed verbs (see Chapter 24), you add *ge-* to the simple past stem (**not** the present tense stem) and add *-t* to the end:

bringen	to bring	*ich habe **gebracht***	I brought
denken	to think	*wir haben **gedacht***	we thought
wissen	to know	*sie haben **gewußt***	they knew

haben or *sein*?

Many common German verbs form their present perfect tense with *sein* rather than *haben*. You use *sein* in the following instances:

a) With verbs of motion to a place:

fahren	*Sie **ist** nach Kassel **gefahren.***	She has gone to Kassel.
fliegen	*Wir **sind** letztes Jahr nach Europa **geflogen.***	We flew to Europe last year.
laufen	*Er **ist** ins Haus **gelaufen.***	He ran into the house.

b) With the verbs *bleiben, sein,* and *werden*:

*Sie **sind** nicht lange **geblieben.***
They didn't stay long.

*Es **ist** furchtbar kalt **gewesen.***
It has been terribly cold.

*Sie **ist** Ingenieurin **geworden.***
She became an engineer.

c) To denote a change of state—usually something beyond the control of the subject—as opposed to something he, she, or it has done consciously or deliberately:

einschlafen	*Sie **ist** im Sessel **eingeschlafen.***	She fell asleep in the chair.
gebären	*Ich **bin** in Boston **geboren.***	I was born in Boston.
geschehen	*Wann **ist** das **geschehen?***	When did that happen?
passieren	*Es **ist** gestern **passiert.***	It happened yesterday.
sterben	*Er **ist** plötzlich **gestorben.***	He died suddenly.
wachsen	*Die Pflanzen **sind** schnell **gewachsen.***	The plants have grown quickly.

Note the following uses of *haben*:

• You can use some verbs of motion with a direct object. In such cases they take *haben*:

Hast** du schon mal seinen Mercedes **gefahren?
Have you ever driven his Mercedes?

*Die Polizei **hat** ihn nach Hause **geflogen.***
The police flew him home.

- You also use *haben* if you are focusing on the activity of a motion verb in general (i.e., motion **in** a place) rather than the idea of motion **to** a place:

> *Die Kinder **haben** heute im Fluß **geschwommen.***
> The children had a swim in the river today.

Present perfect or simple past?

a) The German present perfect tense *ich bin gefahren* corresponds to all of the following English past tenses: "I drove/did drive/have driven/have been driving." You use it much more often than the simple past in speech, letters, and all types of informal writing. In particular, you should use it to express:

- Individual actions in the past that are isolated and complete:

> *Petra **hat** die Prüfung **abgelegt.***
> Petra took the exam.

> *Ich **habe** ihn zur Party **eingeladen.***
> I have invited him to the party.

- Past actions that are still relevant to the present (corresponding to the English present perfect tense):

> *Die Wiedervereinigung **hat** die Deutschen viel **gekostet.***
> Unification has cost the Germans a lot.

> *Es **hat** heute **geregnet.***
> It's been raining today.

b) The simple past tends to be used a lot more in formal writing (for example, newspapers and books), but you will frequently find it in spoken German in the following circumstances:

- With modal verbs (see Chapter 30) such as *dürfen* (simple past *durfte*), *können* (*konnte*), *müssen* (*mußte*), *sollen* (*sollte*), *wollen* (*wollte*):

> *Willi **konnte** sie nicht anrufen.*
> Willi couldn't phone them.

> *Sie **durfte** nicht länger bleiben.*
> She wasn't allowed to stay any longer.

- With *sein* (*war*) and *haben* (*hatte*) and a number of other common forms such as *ging, kam, sah, stand, es gab*:

> *In der Stadt **war** überhaupt nichts los.*
> There was absolutely nothing to do downtown.

> *Die Kinder **hatten** viel zu tun.*
> The children had a lot to do.

> *In der Schule **gab** es ständig Probleme.*
> There were always problems at school.

- When the speaker wishes to express continuous action in the past:

> *Während wir **arbeiteten, durften** wir weder trinken noch rauchen.*
> While we were working, we weren't allowed either to drink or to smoke.

The past perfect tense

a) You form the past perfect tense by using the simple past of *haben* or *sein* with the relevant past participle. The rules about both choice of *haben* or *sein* and vowel changes in the verb stem of strong verbs are the same as in the present perfect tense. Similarly, you again have to put the past participle at the end of the sentence or clause:

> *Er **hatte** den Ausweis schon **kontrolliert**.*
> He had already checked the passport.

> *Sie **hatte** den Wein noch nicht **ausgetrunken**.*
> She hadn't finished her wine yet.

b) As in English, the past perfect tells you what **had** happened (usually prior to another implied or stated event in the past):

> *Nachdem sie **angekommen war,** hatte ich keine Lust weiterzustudieren.*
> After she had arrived, I didn't feel like studying anymore.

Übung macht den Meister!

1. Die mißglückte Reise der Familie Sorgsam

Die Familie Sorgsam bereitet eine Reise sorgfältig vor, aber dennoch kann es Probleme geben. Setzen Sie die folgende Geschichte ins Perfekt. (Jeder kurze Abschnitt bezieht sich auf eine bestimmte Gruppe von Verben.)

a.

1. Sie sparen das ganze Jahr über. Sie warten auf die Ferien. Sie planen die Reise. Sie prüfen die Reiseroute.

_____

_____

_____

2. Sie besuchen das Reisebüro. Sie entdecken interessante Reiseziele. Sie verhandeln miteinander über die Reisepläne. Sie bestellen Reiseschecks bei der Bank.

_____

_____

_____

_____

3. Sie reparieren das alte Zelt für Notfälle. Sie studieren Hotelprospekte. Sie telefonieren mit einem Hotel. Sie reservieren Zimmer für zwei Wochen.

_____

_____

_____

_____

4. Sie packen ihre Lieblingssachen ein. Sie kaufen Reiseproviant ein. Sie holen die neuen Reisepässe vom Paßamt ab. Sie schalten das Wasser und die Heizung ab. Sie schreiben ihre Ferienadresse auf.

_____

_____

_____

_____

5. Sie finden einen freundlichen Nachbarn, der das Haus versorgt. Sie geben ihm die Hausschlüssel. Sie bringen den Hund ins Tierheim. Sie denken an alles!

_____

_____

_____

_____

present perfect/past perfect

b. Sie schlafen ganz schlecht ein. Sie wachen frühmorgens um drei Uhr auf. Sie stehen zehn Minuten später auf. Sie reisen noch bei Dunkelheit ab. Sie fahren mit hoher Geschwindigkeit. Sie kommen leider nicht weit. Schon kurz außerhalb der Stadt auf der Autobahn passiert es. Herr Sorgsam schläft am Steuer ein. Das Auto kommt von der Fahrbahn ab. Es landet an einem Baum. Sie alle werden verletzt. Was geschieht nun? Die Polizei kommt. Sie bleiben die Ferien über im Krankenhaus.

_____

_____

_____

_____

_____

_____

_____

_____

_____

_____

_____

_____

_____

2. Die Geburtstagsfeier

Die untenstehende Geschichte beschreibt, wie Susanne ihren 21. Geburtstag feiert. Setzen Sie die richtigen Formen von *haben* und *sein* ein:

Susanne (1) _____ im Juli geboren und (2) _____ letzte Woche 21 Jahre alt

geworden. Deshalb (3) _____ ihre Freunde eine Geburtstagsparty geplant. Sie (4) _____

einen Saal in einem Restaurant gemietet und dort (5) _____ sie auch ein Festessen für

20 Personen bestellt. Susanne (6) _____ die Einladungen verschickt und alle Freunde

(7) _____ gekommen.

Sie (8) _____ teilweise von weither angereist. Martin, ein ehemaliger Schulfreund

(9) _____ von London hergeflogen, Heidi und Günter, die jetzt in Frankreich leben,

(10) _____ mit dem Zug angereist. Die anderen Gäste (11) _____ aus der näheren

Umgebung gekommen. Alle (12) _____ nette Geschenke mitgebracht. Eine Freundin

(13) _____ für Susanne ein Fotoalbum zusammengestellt mit vielen alten Bildern aus der

Schulzeit. Wir (14) _____ darüber viel gelacht.

Zuerst (15) _____ Susanne die Geschenke geöffnet, und ihr Freund (16) _____

die Geburtstagsgrüße vorgelesen. Danach (17) _____ wir gegessen und getrunken. Später

(18) _____ wir dann in einen anderen Saal gegangen, wo eine Tanzkapelle Musik gemacht

(19) _____. Wir (20) _____ fast die ganze Nacht durch getanzt. Alle Gäste

(21) _____ lange geblieben, die meisten (22) _____ versucht, die letzte Straßenbahn zu

erreichen. Die anderen (23) _____ später mit einem Taxi heimgefahren. Es war eine tolle Party!

3. So war unser Leben früher gewesen

Ein Schüler, der vor einigen Wochen in die Großstadt umgezogen ist, erzählt, wie er früher auf dem Land gelebt hatte. Schreiben Sie die Sätze im Plusquamperfekt. Beginnen Sie:

Bevor wir in diese Stadt kamen, . . .

BEISPIEL: **wir—schon zweimal den Wohnort wechseln**
   → Bevor wir in diese Stadt kamen, hatten wir schon zweimal den Wohnort gewechselt.

1. wir—in einem kleinen Dorf auf dem Land leben

_____

2. ich—viele Haustiere haben

_____

3. mein Bruder—sogar ein eigenes Pony besitzen

_____

4. meine Eltern—durch die ganze Welt reisen

_____

5. meine Eltern—ein eigenes Geschäft haben

_____

6. wir—nie in einem Hochhaus wohnen

_____

7. ich—nie in diese Stadt kommen

_____

8. wir—immer zu Fuß zum Einkaufen gehen

_____

9. mein Bruder—mit dem Schulbus zur Schule fahren

_____

freie Fahrt!

1. Wie war der Tag?

Arbeiten Sie zu zweit! Sie sind Mitbewohner. Abends fragt Ihr(e) Partner(in) über Ihren Tag.

BEISPIEL: **Was hast du denn heute gemacht?**
→ Ich bin in die Stadt gegangen.
Hast du schon wieder was gekauft?

Versuchen Sie den Dialog fortzusetzen, indem Sie mindestens zehn Fragen stellen bzw. beantworten.

2. Das stimmt doch nicht!

Zu Hause gibt es Ärger, weil Sie anscheinend etwas nicht gemacht haben.

BEISPIEL: **Du hast den Tisch doch nicht gedeckt!**
Doch, ich habe den Tisch gedeckt, nachdem ich den Abwasch gemacht habe.

Machen Sie zu zweit weiter. Sie könnten folgende Ausdrücke benutzen:

das Fenster zumachen	die Wäsche waschen
das Wohnzimmer streichen	den Staubsauger reparieren
den Teppich reinigen	den Teppichboden staubsaugen
die Kleider bügeln	den Rasen mähen
die Dusche in Ordnung bringen	die Hausaufgaben machen
die Haustür abschließen	das Schlafzimmer aufräumen
das Badezimmer reinigen	Brot kaufen
die Küche tapezieren	den Abfalleimer leeren

3. Ein ereignisreiches Wochenende

Schreiben Sie Ihrem (Ihrer) deutschen Brieffreund(in) und erzählen Sie, was für ein hektisches Wochenende Sie gerade verbracht haben. Beginnen Sie:

Angefangen hat es schon am Freitagabend. Um sieben Uhr hat meine Schwester angerufen . . .

Erzählen Sie weiter, was geschehen ist (in ca. 200 Wörtern). Benutzen Sie ausschließlich das Perfekt.

4. Mein Leben

Erzählen Sie mündlich die wichtigsten Ereignisse Ihres Lebens. (Wenn Sie Übung 4, „Der Lebenslauf" (Seite 204), schon gemacht haben, können Sie nun Ihren schriftlichen Lebenslauf im Perfekt vortragen!) Für jedes Jahr sollten Sie nur das wichtigste Ereignis auswählen.

BEISPIEL: **Ich bin im Jahre 19____ geboren. Im Alter von eins habe/bin ich _____.**
Als ich zwei war, habe/bin ich _____. Mit drei Jahren habe/bin ich
_____.

5. Was hatten Sie vorher gemacht?

Sie sind Angestellte(r) einer deutschen Tochterfirma in Amerika (Willis & Co.) und möchten nun eine Zeitlang in Deutschland arbeiten. Sie sind beim Vorstellungsgespräch in der Muttergesellschaft in Düsseldorf. Man will wissen, was Sie gemacht hatten, bevor Sie bei Willis & Co. angefangen haben. Erklären Sie, welche Schulen Sie besucht hatten, welche Qualifikationen Sie bekommen hatten, welche anderen Jobs Sie gemacht hatten, wo Sie im Ausland gewesen waren, was Sie dort gemacht hatten, usw.

BEISPIEL: **Vor meiner Zeit bei der Firma Willis & Co. hatte ich 13 Jahre lang die Schule**
besucht. Dort hatte ich _____. Ich hatte/war _____.

6. Lauter Ausreden!

Sie arbeiten in der Exportabteilung einer deutschen Firma. In letzter Zeit ist leider viel schiefgelaufen und am Ende des Monats will Ihr(e) Chef(in) wissen, warum. Er (sie) stellt Fragen und Sie müssen ihm (ihr) erklären, daß nicht Sie daran schuld waren.

BEISPIELE: **Warum ist Herr Schulz am 2. Juni nicht zum Empfang gekommen?**
→ Meine Sekretärin hatte vergessen, ihn einzuladen.

Wieso holte niemand am 4. Frau Diepgen vom Flughafen ab?
→ Sie war nach Frankfurt, nicht nach Stuttgart, geflogen.

Was für Ausreden fallen Ihnen zu den folgenden Fragen ein? Benutzen Sie das Plusquamperfekt:

Warum waren Sie am 7. nicht auf der Konferenz in Bonn?
Warum haben Sie am 10. den Zug nach Hamburg verpaßt?
Warum sind Sie am 13. nicht nach London gefahren?

Wieso hat ihr Kollege, Herr Gratian, im Juni so oft gefehlt?
Warum war der französische Vertrag erst am 20. fertig?
Wieso hatte Frau Malz am Dienstag keine Arbeit?
Warum gab es so viele Fehler im französischen Vertrag?
Warum wurden die Dokumente erst am 30. abgeschickt?

chapter 26

Future tenses

so wird's gemacht

The future tense

a) In German, as in English, you often use the present tense to express future ideas:

> Ich **komme** in den nächsten paar Tagen vorbei.
> I'll drop by in the next few days.

> Sie **fährt** nächste Woche nach Paris.
> She's going to Paris next week.

> Wenn ich Zeit habe, **schreibe** ich ihm morgen.
> If I have time I'll write to him tomorrow.

b) You use the future tense:

- in contexts where the present tense does not make the future idea clear
- in referring to actions or events in the distant future
- in formal German.

c) You form the future tense of all verbs (both weak and strong) by using the present tense of the verb *werden* with the infinitive of the relevant verb. The infinitive goes to the end of the clause or sentence:

> Sie **wird** eine neue Arbeit **suchen.**
> She will look for a new job.

> Wir **werden** nächstes Jahr nach Ägypten **fahren.**
> Next year we will go to Egypt.

> Man **wird** Ihnen Bescheid **sagen,** wenn die Dokumente fertig sind.
> You will be informed when the documents are ready.

The present tense of *werden* is as follows:

ich werde	*wir werden*
du wirst	*ihr werdet*
Sie werden	*Sie werden*
er/sie/es wird	*sie werden*

(On its own, *werden* means "to become.")

d) Note that you can sometimes use *werden* with an infinitive to suggest that something is likely or probable. In this usage there is no suggestion of future time, and the word *wohl* is often used too:

> *Es hat geklingelt. Das **wird (wohl)** mein Mann **sein.***
> The bell rang. It's probably my husband/It'll be my husband.

> *Sie **wird** schon im Büro **sein.***
> She's probably at the office already.

The future perfect tense

a) This is the least common of the German tenses. You form it by using the present tense of *werden* with the past participle of the relevant verb followed by the infinitive *haben* or *sein*. Whether you use *haben* or *sein* depends on which of these is normally used with the particular past participle (see Chapter 25 for rules about this).

b) The future perfect tense expresses an action that will be completed at some time in the future. You often use it to predict an action or event:

> *In zehn Jahren **wird** jeder seinen eigenen Computer **gekauft haben.***
> In ten years, everyone will have bought his/her own computer.

> *Bis 2010 **werden** wir alle **frühpensioniert sein.***
> By 2010, we'll all have taken early retirement.

Alternatively, it can convey what someone supposes to be the case:

> *Helmut **wird** nach Hause **gegangen sein.***
> Helmut has (probably) gone home.

Übung macht den Meister!

1. Die Welt im 21. Jahrhundert

Wir stellen Vermutungen an, wie die Welt sich in der Zukunft entwickeln wird. Setzen Sie die passende Form von *werden* in den folgenden Text ein:

BEISPIEL: **Wie (1) _____ sich das Leben vom heutigen Leben unterscheiden?**
              → Wie *wird* sich das Leben vom heutigen Leben unterscheiden.

Wie (1) _____ sich das Leben vom heutigen Leben unterscheiden? Jede Familie

(2) _____ einen Computer besitzen. Wir (3) _____ nicht mehr in den Geschäften,

sondern über Telefon und Computer einkaufen. Wir (4) _____ nicht mehr kochen, sondern

der Mikrowellenherd (5) _____ die Speisen nur noch auftauen bzw. erhitzen. Viele

Arbeitnehmer (6) _____ von zu Hause aus arbeiten. Man (7) _____ nur noch selten

zu einem Arbeitsplatz fahren. Niemand (8) _____ Rechnungen mit Bargeld bezahlen, wir

alle (9) _____ Kreditkarten benützen. Schüler (10) _____ nicht mehr zur Schule

gehen, sondern (11) _____ zu Hause vor dem Bildschirm sitzen und lernen. Viele Berufe

(12) _____ verschwinden. Die Straßen (13) _____ größer und breiter gebaut werden,

der Verkehr (14) _____ immer mehr wachsen. Es (15) _____ immer mehr Menschen

auf der Welt geben. Wo (16) _____ wir alle wohnen?

2. Die neue Wohngemeinschaft

Vier Münchner Studenten, Günther, Eva, Ulla und Sven, finden eine Altbauwohnung, die ideal
für eine Wohngemeinschaft ist. Doch bevor sie einziehen können, werden sie die Wohnung noch
renovieren. Sie machen also Pläne und verteilen die Arbeit:

    die Zimmer tapezieren (Sven und Eva)
    die Wände streichen (Ulla)
    das Bad putzen (Eva)
    die Toilette reparieren (Sven)
    die Dusche einbauen (Herr Arnold, ein Handwerker)
    die Teppiche verlegen (Eva und Günther)
    Regale einbauen (Sven)
    die Küche modernisieren (alle gemeinsam)
    die Fenster putzen (Günther)
    die Terrasse bepflanzen (Sven)
    die Gardinen aufhängen (Sven und Eva)

a. Schreiben Sie Sätze auf, wer was machen wird.

BEISPIEL: **Sven und Eva werden die Zimmer tapezieren.**

1. _____

2. _____

3. _____

4. _____

5. _____

6. _____

7. _____

8. _____

9. _____

10. _____

b. Es gibt aber Probleme. Niemand will so recht beginnen. Ulla ist entschlossen, daß alles rechtzeitig fertig sein wird. Sie ermahnt jeden noch einmal, was er bzw. sie zu tun hat/haben. Schreiben Sie die Befehle nochmals in anderer Form.

BEISPIEL: **Sven und Eva, ihr werdet die Zimmer tapezieren.**

1. Ich (Ulla) werde _____

2. Eva, du _____

3. Herr Arnold, Sie _____

4. _____

5. _____

6. _____

7. _____

8. _____

9. _____

10. _____

c. Nachdem die Wohnung fertiggestellt ist, kommen Freunde zum Einzugsfest. Sie sind überrascht, wie gut alles jetzt aussieht. Sie raten, wer welche Arbeit gemacht haben wird.

BEISPIEL: **Sven und Eva werden wohl die Zimmer tapeziert haben.**

Schreiben Sie weitere Sätze und benutzen Sie das Futur II.

1. _____

2. _____

3. _____

4. _____

5. _____

6. _____

7. _____

8. _____

9. _____

10. _____

freie Fahrt!

1. Die Wahrsagerei

Arbeiten Sie zu dritt oder zu viert! Jede(r) muß versuchen, die Zukunft der anderen in der Gruppe vorauszusagen. Seien Sie so phantasievoll wie nur möglich!

BEISPIEL: **Peter wird eine berühmte Schauspielerin heiraten. Anna wird in drei Jahren Astronautin sein.**

Wer kann die lustigsten Voraussagen machen?

2. Die Zukunft steht schon fest

Stellen Sie sich vor, Sie wissen ganz genau, wie Ihre Zukunft aussieht. Schreiben Sie einen kurzen Bericht über Ihre Pläne für die nächsten zehn Jahre. Für jedes Jahr sollten Sie mindestens einen Plan erwähnen.

BEISPIEL: **Nächstes Jahr werde ich nach Australien auswandern. Im Jahre . . . werde ich dann . . .**

3. In drei Jahren

Sie sind am Anfang Ihres Studiums an der Universität und möchten einen Sponsor finden, da Sie Geldprobleme haben. Sie bewerben sich bei einer deutschen Firma und werden zum Vorstellungsgespräch eingeladen, wo man sich dafür interessiert, was Sie im Laufe des Studiums machen werden. Erzählen Sie (im Futur II), was Sie bis Ende des Studiums gemacht haben werden.

BEISPIEL: **Bis Ende des Studiums werde ich drei Jahre lang an einer der besten amerikanischen Universitäten studiert haben.**

Versuchen Sie die Firma zu beeindrucken, indem Sie folgende Fakten über Ihren Kurs erwähnen:

viel lesen	eine lange Dissertation schreiben
ein Projekt machen	ein bißchen Mathematik studieren
Diplomingenieur werden	verschiedene Computersysteme benutzen
zwei Fremdsprachen lernen	sechs Monate in Frankreich studieren
dort ein bißchen Englisch unterrichten	während der Ferien in der Industrie arbeiten
im Schwimmverein aktiv sein	nach China fahren

future tenses

4. Eine Drohung, die wirkt

Ein Mädchen droht ihrem Freund, daß sie aus der gemeinsamen Wohnung ausziehen wird, wenn er nicht bald sein Leben in Ordnung bringt. Daraufhin ist sie also zu ihren Eltern gezogen, und er schreibt ihr und verspricht, was er bis zu ihrer Rückkehr alles gemacht haben wird.

BEISPIEL: **Ich werde das Rauchen aufgegeben haben. Ich werde beim Friseur gewesen sein.**

Übernehmen Sie die Rolle des jungen Mannes und schreiben Sie ca. 120 Wörter.

chapter 27

Imperatives

so wird's gemacht

The imperative forms of the verb are used to give orders or instructions to someone. (For a more polite way of asking someone to do something, see Chapter 36 and the use of Subjunctive II.) There are three main imperative forms, all based on the present tense, which correspond to the three main ways of addressing someone, i.e., *du, Sie,* and *ihr.* The following rules apply to both weak and strong verbs. Note that in German you usually put an exclamation mark after all imperatives.

du form

Take the *-(e)st* ending off the *du* form of the present tense. If there is an umlaut, remove it. Add an exclamation mark.

sprechen	du sprichst	→	**Sprich** leise!	Talk quietly.
kommen	du kommst	→	**Komm** her!	Come here.
schlafen	du schläfst	→	**Schlaf** gut!	Sleep well.

After forms ending in *-b, -d, -g, -h,* or *-t,* the letter *e* is sometimes added:

finden	du findest	→	**Find(e)** es sofort!	Find it at once.
leben	du lebst	→	**Leb(e)** wohl!	Farewell.
ruhen	du ruhst	→	**Ruhe** sanft!	Rest peacefully.

Sie form

Simply use the *Sie* form of the verb in the present tense but place the *Sie* after the verb. Add an exclamation mark.

Sie kommen	→	Kommen Sie bitte herein!	Please come in.
Sie gehen	→	Gehen Sie weg!	Go away.
Sie stehen	→	Stehen Sie doch auf!	Stand up.

• Note that any separable prefixes (see Chapter 29) go to the end of the clause, as usual. This applies to all three forms of the imperative.

ihr form

Simply use the present tense *ihr* form without *ihr*. Add an exclamation mark.

ihr singt	→	*Singt doch mit!*	Join in (singing).
ihr gebt	→	*Gebt uns doch Zeit!*	Give us some time.
ihr wartet	→	*Wartet nicht auf uns!*	Don't wait for us.

Imperative forms of *sein*

Note the following irregular forms:

du form:	*Sei ruhig!*	Be quiet.
Sie form:	*Seien Sie geduldig!*	Be patient.
ihr form:	*Seid nicht so geizig!*	Don't be so mean.

Infinitives

Infinitives are also commonly used in commands, especially in recipes and instructions:

*Nicht **rauchen**!*	No smoking.
*Alle **aussteigen**!*	Everyone out.
*Eine Minute lang gut **rühren**.*	Stir well for one minute.

"Let's . . ."

English "let's go" is a type of imperative. The equivalent German expression consists of the *wir* form of the present tense with the *wir* placed after the verb:

tanzen	→	*Tanzen wir!*	Let's dance.
trinken	→	*Trinken wir noch eins!*	Let's have another (drink).

Übung macht den Meister!

1. Im Kinderzimmer

Folgende Befehle hört man oft im Kinderzimmer. Setzen Sie die Verben in die *du*-Form.

BEISPIEL: **(Spielen) doch etwas leiser!**
→ Spiel doch etwas leiser!

1. (Schreien) _____ nicht so laut!

2. (Geben) _____ mir das Spielzeug!

3. (Sein) _____ nicht so frech!

4. (Kommen) _____ nicht in meine Nähe!

5. (Sitzen) _____ nicht so viel vor dem Bildschirm!

6. (Singen) _____ doch nicht immer dieses alte Lied!

7. (Stellen) _____ den Radioapparat etwas leiser ein!

8. (Aufräumen) _____ endlich das Zimmer _____!

9. (Aufstehen) _____! Es ist schon acht Uhr!

10. (Anziehen) _____ deine Schuluniform _____!

2. Neue Schule—neue Regeln

Am 1. Schultag in der neuen Schule werden den Schülern die Regeln mitgeteilt. Man spricht sie in der *ihr*-Form an. Schreiben Sie die Befehle.

BEISPIEL: **(Laufen) nicht im Schulgebäude!**
→ Lauft nicht im Schulgebäude!

1. (Rauchen) _____ nicht auf dem Schulgelände!

2. (Hinterlassen) _____ die Klassenräume in ordentlichem Zustand!

3. (Werfen) _____ keine Flaschen und Dosen auf den Schulhof!

4. (Betreten) _____ die Turnhalle nur mit Trainingsschuhen!

5. (Tragen) _____ keinen Schmuck während der Schulzeit!

6. (Kauen) _____ keinen Kaugummi im Unterricht!

7. (Schreiben) _____ alle Arbeiten nur in Tinte!

8. (Abgeben) _____ die Hausarbeiten rechtzeitig _____!

9. (Essen) _____ nicht in den Klassenzimmern!

10. (Sein) _____ höflich und hilfsbereit zueinander!

imperatives

3. Auf dem Campingplatz

Ein Angestellter des Campingplatzes stellt für die Gäste ein Plakat mit den Regeln zusammen.
Was paßt zusammen?

1. Parken Sie den Wohnwagen _____

2. Kochen Sie _____

3. Verbrauchen Sie nicht _____

4. Waschen Sie Ihre Wäsche _____

5. Seien Sie leise _____

6. Spielen Sie nur Ballspiele _____

7. Lassen Sie Ihre Wertsachen _____

8. Seien Sie vorsichtig: _____

9. Bezahlen Sie Ihre Gebühren _____

10. Geben Sie Ihre An-/Abmeldung _____

a. beim Kiosk ab!
b. nur in den Waschräumen!
c. nach Einbruch der Dunkelheit!
d. auf dem Sportplatz!
e. bitte im voraus!
f. nicht unbeaufsichtigt im Zelt!
g. zu viel heißes Wasser!
h. nur auf den Stellplätzen!
i. geben Sie den Dieben keine Chance!
j. auf der Feuerstelle!

4. Hausordnung

In Deutschland leben viele Familien in Mietwohnungen. Jedes Haus hat eine Hausordnung,
die regelt, was man als Hausbewohner tun muß bzw. nicht tun darf. Schreiben Sie die Sätze in der
Sie-Form um.

BEISPIEL: **Nachtruhe einhalten (22–7 Uhr)!**
              → Halten Sie die Nachtruhe von 22–7 Uhr ein!

1. Mittagsruhe einhalten (13–15 Uhr)!

   _____

2. Teppiche klopfen nur ab acht Uhr!

   _____

3. Sonntags kein Auto waschen!

   _____

4. Fahrräder nicht im Treppenhaus abstellen!

   _____

5. Einmal pro Monat den Gehweg reinigen!

   _____

6. Jede Woche das Treppenhaus putzen!

   _____

7. Keine laute Musik im Garten hören!

_____

8. Keine Grillpartys auf dem Balkon veranstalten!

_____

9. Haustüre um 22 Uhr abschließen!

_____

5. Kaffee kochen leicht gemacht!

Viele Deutsche lieben eine gute Tasse Filterkaffee. Hier ist ein sicheres Rezept in einfachen Schritten. Bitte setzen Sie die Infinitive ein:

1. Kaffeekanne _____!

2. Filter auf Kaffeekanne _____!

3. Filterpapier _____!

4. Einen Kaffeelöffel filterfeinen Bohnenkaffee pro Tasse _____!

5. In der Zwischenzeit Wasser _____!

6. Ein wenig kochendes Wasser kurz _____!

7. ½ Minute _____ lassen!

8. Anschließend die gewünschte Menge Wasser _____!

9. Kaffee _____!

einlegen	stellen	kochen
übergießen	nachgießen	quellen
vorwärmen	hineingeben	servieren

6. Befehle und Warnungen

Folgende Infinitivsätze kann man oft im Alltag hören oder lesen. Was paßt zusammen?

1. Ausfahrt _____

2. Rasen _____

3. Vorfahrt _____

4. Im Fluß _____

5. Während der Fahrt _____

6. Türen nicht öffnen, _____

7. Gefährlicher Zaun: _____

a. nicht baden!
b. freihalten!
c. Nicht anfassen!
d. nicht betreten!
e. bis der Zug hält!
f. beachten!
g. nicht hinauslehnen!

freie Fahrt!

1. Der Besserwisser

Arbeiten Sie zu zweit! Sie raten einem Freund, was er machen soll, aber Ihr (Ihre) Partner(in) weiß alles besser und macht jedesmal einen Gegenvorschlag.

BEISPIELE:
Kauf einen VW!
→ **Was sagst du! Kauf doch lieber einen Ford!**

Iß weniger Fleisch!
→ **Ach Quatsch! Iß doch lieber weniger Butter!**

Tauschen Sie die Rollen nach jedem zweiten Beispiel. Machen Sie jeweils zehn Vorschläge.

2. Wie kommt man dorthin?

Ein deutscher Freund kommt zu Besuch. Er war noch nie in Amerika und wird in New York ankommen. Schreiben Sie ihm einen Brief, in dem Sie ihm erklären, wie er mit dem Zug oder dem Bus nach Ihrer Stadt/Ihrem Dorf kommt. Geben Sie ihm auch genaue Anweisungen vom Bahnhof oder der Bushaltestelle zu Ihrem Haus.

BEISPIEL:
Fahr mit dem Zug nach Washington. Geh in die U-Bahnstation. Kauf eine Fahrkarte nach . . .
Komm aus dem Bahnhof heraus. Geh geradeaus und biege nach links ab . . .

Sie könnten folgende Ausdrücke benutzen:

in . . . aussteigen	in . . . umsteigen
rechts einbiegen	die Straße überqueren
eine Bushaltestelle finden	Fahrkarte beim Fahrer lösen
fünf Minuten weiterfahren	um Hilfe bitten
über die Brücke gehen	nach dem Weg fragen
mich anrufen	zehn Minuten warten

3. Was haben Sie da gesagt?

Sie haben einen Ferienjob in einer deutschen Firma, wo Sie Frau Helm, der Sekretärin des Personalleiters, helfen. Frau Helm bittet Sie, verschiedene Aufgaben zu machen, aber sie spricht sehr schnell und am Anfang fällt es Ihnen schwer, alles zu verstehen. Sie bitten öfters um Wiederholung und jedes Mal wiederholt Frau Helm ihre Bitte etwas eindringlicher.

BEISPIEL:
Könnten Sie bitte diesen Brief tippen?
→ **Wie bitte?**
Tippen Sie bitte diesen Brief!

Arbeiten Sie zu zweit! Tauschen Sie die Rollen nach jedem kurzen Dialog. Weitere Aufgaben, die Sie zu erledigen haben, sind:

Telefon beantworten	Umschläge sortieren	Briefmarken kaufen
Kaffee machen	Formulare zählen	Papier holen
eine Notiz schreiben	Computer ausschalten	das Büro aufräumen

4. Mal Lehrer werden!

Stellen Sie sich vor, Sie sind Lehrer(in) der Klasse 5. Was sagen Sie den Kindern im Laufe eines typischen Tages?

BEISPIELE: **Setzt euch!**

                 Hebt die Hände!

                 Nehmt eure Bücher!

Finden Sie noch zehn solche Befehle. Lesen Sie dann Ihre Beispiele der Gruppe vor. Hat jemand alle zehn ohne Fehler formuliert?

5. Mein Lieblingsrezept

Was essen Sie am liebsten zu Hause? Was würden Sie einem Gast zum Abendessen servieren? Beschreiben Sie in ca. 130–150 Wörtern, wie man Ihr Lieblingsessen vorbereitet. Mit Hilfe eines Wörterbuches nennen Sie die nötigen Zutaten und geben Sie die verschiedenen Kochanweisungen an. Benutzen Sie dabei entweder den Infinitiv oder den Imperativ mit *Sie*.

BEISPIEL: **Nehmen Sie 300 Gramm Butter. Ein paar Minuten in der Pfanne braten lassen.**

Sie können folgende Ausdrücke benutzen:

    vorbereiten
    zubereiten
    Teelöffel/Eßlöffel
    Ofen anheizen
    gut rühren
    verrühren
    dazugeben
    eingießen
    zergehen lassen
    auflösen
    Wasser kochen
    nicht verkochen lassen
    Bratpfanne/Topf/Schale/Teller nehmen

chapter 28

Infinitives

so wird's gemacht

The infinitive is the "to ____" form of the verb (*gehen* "to go") that you will find in a dictionary. You use infinitives in German either with or without a preceding *zu*.

Infinitives without *zu*

You find infinitives without *zu* at the end of clauses in the following circumstances:

a) After modal verbs (see Chapter 30):

> *Ich kann heute abend nicht* **arbeiten.**
> I can't work this evening.

> *Sie soll in zehn Minuten da* **sein.**
> She is supposed to be here in ten minutes.

> *Wir mußten zwei Stunden* **warten.**
> We had to wait for two hours.

> *Er ließ das Haus* **renovieren.**
> He had the house renovated.

b) After verbs denoting perception of some kind, for example, *fühlen, hören, sehen:*

> *Hörst du sie im Garten* **singen**?
> Can you hear her singing in the garden?

> *Sie sahen mich im Fluß* **schwimmen.**
> They saw me swimming in the river.

- Note that in long sentences and in speech, Germans often prefer a *wie*-clause to this infinitive construction:

> *Sie sahen, **wie** ich und meine beiden Freunde im Fluß **schwammen.***
> They saw me and my two friends swimming in the river.

c) After the verbs *fahren, gehen,* and *kommen:*

> *Wir gehen gleich Wein **holen.***
> We're just going to get some wine.

> *Wann fahren wir Katja **abholen?***
> When are we going to go to pick up Katja?

> *Wir kommen euch **besuchen.***
> We're coming to visit you.

d) After the verbs *helfen, lehren,* and *lernen,* you can use the infinitive with or without *zu,* but in longer clauses you should use the form with *zu:*

> *Sie hilft mir **aufräumen.***
> She helps me clean up.

> *Ich lerne **schwimmen.***
> I'm learning to swim.

> *Sie lehrten uns, besser Ski **zu fahren.***
> They taught us to ski better.

e) To express instructions and directions (see Chapter 27).

Infinitives with *zu*

If you use *zu,* you put it immediately before the infinitive at the end of the sentence or clause. This applies in the following circumstances:

a) After expressions with *sein* + the adjectives *einfach, gesund, interessant, langweilig, leicht, möglich, schwer, teuer, schwierig,* and *ungesund:*

> *Es war interessant, die alte Schule **zu besuchen.***
> It was interesting visiting the old school.

> *Es ist schwierig, alles auf einmal **zu lernen.***
> It's difficult learning everything at once.

infinitives

b) After several verbs, the most common of which are:

anbieten	to offer
anfangen	to begin
aufhören	to stop
beabsichtigen	to intend
bekommen	to get
beginnen	to begin
bitten	to ask (a favor)
bleiben	to stay/remain
brauchen	to need
einladen	to invite
empfehlen	to recommend
erlauben	to allow
erwarten	to expect
fürchten	to fear
glauben	to believe
hoffen	to hope
planen	to plan
raten	to advise
scheinen	to seem
verbieten	to forbid
vergessen	to forget
versprechen	to promise
vorhaben	to intend
vorschlagen	to suggest
wagen	to dare
wissen	to know
wünschen	to wish

*Sie schien ihn nicht **zu erkennen.***
She didn't seem to recognize him.

*Ich rate Ihnen, nicht **zu rauchen.***
I advise you not to smoke.

*Er begann, sein Geld **zu sparen.***
He began to save his money.

*Wir hoffen, den Bericht nächste Woche **zu haben.***
We hope to have the report next week.

*Er hat wieder angefangen, diese furchtbaren Zigarren **zu rauchen.***
He has started smoking those awful cigars again.

With shorter infinitive clauses, the infinitive and *zu* can be put into the main clause. In this case there is no need for a comma:

*Er fing wieder **zu rauchen** an.*
He started smoking again.

c) With the expression *gerade dabei sein, etwas zu tun,* meaning "to be in the process of doing something":

> *Ich war gerade dabei, nach Hause zu gehen, als er kam.*
> I was just going home when he came.

• Note that with separable verbs (Chapter 29), you insert the *zu* between prefix and verb:

> *Ich bitte dich, morgen früh vorbeizukommen.*
> I would ask you to stop by tomorrow morning.

> *Er empfiehlt uns, an der nächsten Haltestelle auszusteigen.*
> He recommends that we get off at the next stop.

> *Sie vergessen immer, die Tür zuzumachen.*
> You always forget to close the door.

d) After the prepositions *um, ohne, statt/anstatt,* and *außer:*

• *um . . . zu*   This can denote "in order to" or it can follow *zu* or *genug* + adjective:

> *Er braucht den Eimer, um Wasser zu holen.*
> He needs the bucket to get water.

> *Er war zu alt, um Sport zu treiben.*
> He was too old to play sports.

> *Wir hatten noch genug Geld, um zwei Kassetten zu kaufen.*
> We still had enough money to buy two cassettes.

• *ohne . . . zu*   without:

> *Sie verkauften das Auto, ohne uns etwas zu sagen.*
> They sold the car without telling us.

• *(an)statt . . . zu*   instead of:

> *In der Schule träumst du ja, anstatt/statt auf den Lehrer aufzupassen.*
> You spend your time at school dreaming instead of paying attention to the teacher.

• *außer . . . zu*   besides, but:

> *Was können sie denn machen, außer zu streiken?*
> What else can they do but strike?

Infinitives as nouns

a) You can use most infinitives as a neuter noun simply by writing them with a capital letter. Such nouns correspond to English nouns ending in "-ing":

> *Das Singen geht mir auf die Nerven.*
> The singing is getting on my nerves.

> *Endlich war das lange Warten vorbei.*
> The long wait(ing) was finally over.

b) Note the use of the prepositions *bei* (*beim*) and *zu* (*zum*) with this type of noun:

> **Beim Laufen** *hat er sich den Fuß verletzt.*
> He hurt his foot while running.

> **Zum Feiern** *hatten wir bis jetzt keine Zeit.*
> We haven't had any time to celebrate yet.

Übung macht den Meister!

1. Im Asylantenheim

Yerima, ein Asylant, erzählt über die Sprach- und Integrationsprobleme seiner Mitbürger im Asylantenheim. Schreiben Sie zwei Sätze über jede Person. (Sie können manche Ausdrücke mehrmals verwenden.)

1. Ich (Yerima)	darf	nicht	Deutsch verstehen.
2. Mustafa und Hassan	dürfen	kein	Deutsch sprechen.
3. Ali	kann	keine	nur Russisch sprechen.
4. Das junge Ehepaar aus Bangladesch	können		sich/uns nur in Urdu unterhalten.
	will		nur Russisch verstehen.
5. Tanja	wollen		Geld verdienen.
6. Wladimir und Boris	soll		in Deutschland bleiben.
7. Der alte Mann aus der Ukraine	sollen		Arbeit suchen.
	muß		in unsere Heimat zurückkehren.
8. Wir alle (die Asylanten)	müssen		sich/uns anpassen.
	möchte		deutsche Leute treffen.
	mögen		sich/uns weiterbilden.
			in ein anderes Heim umziehen.
			Arbeitsstelle annehmen.
			Arbeit finden.

1. _____

   _____

2. _____

   _____

3. _____

   _____

4. _____

_____

5. _____

_____

6. _____

_____

7. _____

_____

8. _____

_____

2. Zukunftspläne der Asylanten

a. Die Asylanten haben alle Zukunftspläne. Vervollständigen Sie die folgenden Sätze:

BEISPIEL: **Yerima: Ich möchte in Deutschland bleiben.**
Er hat vor, in Deutschland zu bleiben.

1. Mustafa und Hassan:
Wir wollen nach Bayern umziehen.

Sie beabsichtigen, _____

2. Tanja:
Ich will eine Ausbildung als Erzieherin machen.

Sie plant, _____

3. Ali:
Ich möchte ein helles Zimmer in der Stadtmitte finden.

Er hofft, _____

4. Das Ehepaar aus Bangladesh:
Wir möchten Arbeit in einem Hotel bekommen.

Sie versuchen, _____

5. Der alte Mann aus der Ukraine:
Ich möchte hier bei meinen Verwandten bleiben.

Er wünscht sich, _____

b. Schreiben Sie weitere Sätze darüber, was sie planen/hoffen/vorhaben/beabsichtigen/sich wünschen. (Diese Verben verlangen „zu".) Vorsicht, drei Sätze sind als Fragen zu formulieren!

1. er—schnell Deutsch lernen

_____

2. sie—eine nette Wohnung finden

_____

3. wir—später in die USA auswandern

_____

4. du—eine Stelle bekommen?

_____

5. ich—einen Sprachkurs machen

_____

6. Sie—einen Weiterbildungskurs besuchen?

_____

7. sie—aufs Land umziehen

_____

8. ihr—eine Ausbildung als Mechaniker machen?

_____

3. So finden sie das neue Leben

In manchen Bereichen ist es leicht, in anderen schwer, sich in der neuen Heimat einzuleben. Schreiben Sie die folgenden Aussagen der Asylanten um:

BEISPIEL: **es ist leicht   sich an das Klima gewöhnen**
              → Es ist leicht, sich an das Klima *zu* gewöhnen.
              ODER **Sich an das Klima *zu* gewöhnen, ist leicht.**

1. es ist schwierig   alles auf einmal lernen

_____

2. es ist interessant   eine neue Kultur kennenlernen

_____

3. es ist teuer   in Deutschland einkaufen

_____

4. es ist langweilig   immer nur im Heim sitzen

_____

5. es macht Spaß   neue Freunde kennenlernen

_____

6. es ist schwer   keine Familie haben

_____

7. es ist einfach   neue Speisen ausprobieren

_____

8. es ist möglich   eine Aushilfsstelle finden

_____

9. es ist unmöglich   einen deutschen Paß bekommen

_____

4. Gute Ratschläge für eine unzufriedene Freundin

Eine junge Frau ist sehr selbstkritisch und unzufrieden. Ein guter Freund gibt ihr Ratschläge. Beginnen Sie die Sätze mit: „ich schlage vor"/„ich empfehle"/„ich rate".

BEISPIEL: **Ich bin zu dick!—weniger essen**
                → Ich schlage vor, weniger zu essen.

Die Freundin klagt:	**Der Freund empfiehlt, was _zu_ tun ist:**
1. Ich bin nicht fit!	täglich eine halbe Stunde trainieren
2. Ich bin immer so müde!	früher ins Bett gehen
3. Ich habe oft Kopfschmerzen!	in der frischen Luft spazierengehen
4. Ich bin oft erkältet!	wärmere Kleidung tragen
5. Ich habe schlechte Haut!	zum Hautarzt gehen
6. Meine Frisur gefällt mir nicht!	den Friseur besuchen

1. _____

2. _____

3. _____

4. _____

5. _____

6. _____

5. Leider fehlt es ihr an Disziplin!

Die Freundin folgt dem Rat des Freundes nicht. Sie macht eher das Gegenteil.

BEISPIEL: **weniger essen—sie trinkt viel Alkohol**
→ **Statt weniger *zu* essen, trinkt sie viel Alkohol.**

1. trainieren—sie sitzt vor dem Fernsehapparat

   _____

2. früh ins Bett gehen—sie geht oft aus

   _____

3. spazierengehen—sie fährt mit dem Auto

   _____

4. warme Kleidung tragen—sie kleidet sich unvernünftig

   _____

5. zum Hautarzt gehen—sie geht zu einem Psychiater

   _____

6. Die Wende

Der Psychiater berät sie und hilft ihr. Sie findet plötzlich Kraft und Entschlossenheit. Jetzt folgt sie seinem Rat. Bilden Sie Sätze mit *um . . . zu.*

BEISPIEL: **Sie trainiert—fit werden**
→ **Sie trainiert, um fit zu werden.**

1. Sie macht eine Diät—schlank werden

   _____

2. Sie raucht nicht mehr—gesund bleiben

   _____

3. Sie schläft viel—sich entspannen

   _____

4. Sie geht viel zu Fuß—fit werden

   _____

5. Sie pflegt sich—hübsch bleiben

   _____

Und jetzt bilden Sie Sätze mit *ohne . . . zu:*

6. Sie verkauft ihr Auto—sie sagt es ihrem Freund nicht

_____

7. Sie kleidet sich vernünftig—sie fühlt sich nicht schlecht

_____

8. Sie verbringt mehr Zeit zu Hause—sie langweilt sich nicht

_____

9. Sie achtet auf ihr Gewicht—sie hungert nicht

_____

10. Sie verbessert ihr Selbstgefühl—sie merkt es nicht

_____

freie Fahrt!

1. Erfahrungen im Ausland

Stellen Sie sich vor, Sie haben gerade ein Jahr in Afrika verbracht und schreiben nun Ihrem (Ihrer) deutschen Freund(in), wie das Leben dort war. Benutzen Sie dabei möglichst viele (mindestens zehn) Adjektiv + Infinitiv-Ausdrücke.

BEISPIEL: **Es war interessant, einen anderen Kontinent zu besuchen.**
              Es war aber zuerst ganz schwierig, alles zu verstehen.

Ihr Brief soll ca. 120 Wörter enthalten.

2. Wie wird man denn Gehirnchirurg?

Arbeiten Sie zu zweit! Eine(r) fragt, wie man einen bestimmten Beruf erlernt und der (die) andere erklärt, was man machen muß. Benutzen Sie *um . . . zu.*

BEISPIEL: **Wie wird man Lehrer?**
              → Um Lehrer zu werden, muß man mindestens vier Jahre studieren.

Machen Sie zehn weitere Dialoge nach diesem Muster und tauschen Sie nach jedem Dialog die Rollen.

infinitives

3. Ein Vater beklagt sich

Die Kinder gehen Herrn Uterwedder auf die Nerven! Sie machen nie, was er will und immer wieder macht er Vorschläge, wie sie ihre Zeit besser nützen könnten.

BEISPIELE: **Ihr sollt doch die Hausaufgaben machen, statt Fußball zu spielen.**

Ihr könntet doch abwaschen, statt fernzusehen.

Lassen Sie sich ähnliche Vorschläge einfallen. Sie könnten folgende Ausdrücke benutzen:

das Zimmer aufräumen	ständig fernsehen
mir in der Küche helfen	Musik hören
das Auto waschen	auf Partys gehen
ein Buch lesen	ins Kino gehen
einkaufen gehen	zum Rockkonzert gehen
ins Theater gehen	schwimmen gehen
für die Prüfungen lernen	Videofilme anschauen

4. Eine Mutter beklagt sich

Auch Frau Uterwedder ist sehr unzufrieden—sowohl mit den Kindern als auch mit ihrer Arbeit.

BEISPIELE: **Das Singen geht mir auf die Nerven/kann ich nicht mehr ausstehen.**

Das Reisen habe ich nun satt/reicht mir endlich.

Welche anderen Infinitive könnte sie vielleicht als Nomen benutzen, um ihre Unzufriedenheit auszudrücken?

5. Der Ferienjob

Sie haben einen Ferienjob in einer Exportfirma in München. In den ersten paar Tagen war alles fremd, aber der Chef und alle Kollegen waren sehr freundlich und sie haben Ihnen viel geholfen. Sie schicken einen Brief nach Hause, in dem Sie beschreiben, wie man Sie unterstützt hat.

BEISPIELE: **Der Chef hat mir geraten, erst langsam anzufangen.**

Die Kollegen haben mich eingeladen, mit ihnen essen zu gehen.

Schreiben Sie ca. 100 Wörter und benutzen Sie folgende Verben mit Infinitivsätzen:

anbieten	bitten	einladen	empfehlen
erlauben	raten	versprechen	vorschlagen

chapter 29

Separable and inseparable verbs

so wird's gemacht

Separable prefixes

a) A separable verb has a prefix, often a preposition, which in the imperative and in the present and simple past tenses you separate from the main part of the verb and place at the end of the clause. For example, *aufgeben* "to give up" or *mitkommen* "to come (along) with":

> *Stehen Sie auf!*
> Stand up.

> *Er gab das Rauchen auf.*
> He gave up smoking.

> *Kommst du morgen mit?*
> Are you coming with us tomorrow?

b) The most common separable prefixes are:

> *ab-, an-, auf-, aus-, ein-, fern-, fort-, her-, hin-, mit-, nach-, vor-, vorbei-, weg-, weiter-, zu-, zurück-, zusammen-.*

c) You place the past participle in its usual position at the end of the clause but separate the two parts of the verb by *-ge-:*

> *Wann hat er angerufen?*
> When did he call?

> *Man hat seinen Vorschlag abgelehnt.*
> His proposal was rejected.

d) If the separable verb is used in the infinitive form, with or without *zu*, you write the prefix and verb as one word:

> *Nach der Party müssen wir ihm die Teller **zurückbringen.***
> We have to take the plates back to him after the party.

> *Wir werden erst im Dezember **hinfahren.***
> We're not going (there) until December.

> *Er hatte vor, nach Israel **auszuwandern.***
> He planned to emigrate to Israel.

e) In a subordinate clause (see Chapter 19), you also write prefix and verb as one word:

> *Wenn wir dort **ankommen,** faxen wir dich.*
> We'll fax you when we get there.

> *Als er mich **abholte,** war es schon sechs Uhr.*
> It was already six o'clock when he picked me up.

f) In deciding whether a separable verb is weak or strong, you need to look at the basic verb and check it in a dictionary or verb table. The separable verb will conjugate in the same way as the basic verb:

stehen	to stand	*stand*	*gestanden*
aufstehen	to stand up	*stand auf*	*aufgestanden*
machen	to make/do	*machte*	*gemacht*
zumachen	to close	*machte zu*	*zugemacht*

g) Separable prefixes are always stressed: *ankommen, einreisen.*

Inseparable prefixes

a) Some verb prefixes are never separated under any circumstance. These inseparable prefixes are:

> *be-, emp-, ent-, er-, ge-, miß-, ver-, zer-:*

> ***Erzähl** doch mal!*
> Do tell.

> *Sie **bekommen** das Geld morgen.*
> You'll get the money tomorrow.

> ***Verstehen** Sie, was ich meine?*
> Do you understand what I mean?

b) You do not use *ge-* with the past participle of an inseparable verb:

*Birgit hat die Prüfung **bestanden**.*
Birgit passed the exam.

*Wir haben die Grenze **erreicht**.*
We have reached the border.

c) In infinitive constructions with *zu,* you place the *zu* immediately before the verb:

*Er ging, ohne sich **zu verabschieden**.*
He left without saying good-bye.

d) Inseparable prefixes are not stressed: *zer**schlagen*** ("to smash"), *emp**fangen*** ("to receive"). (Note, however, the exception ***miß**verstehen* "to misunderstand".)

Variable prefixes

a) A small number of prefixes can be separable or inseparable. The most common of these are:

durch-, über-, um-, unter-, voll-, wider-, wieder-:

*Er hat die Übung **wiederholt**.*
He has repeated the exercise.

BUT   ***Kommen** Sie mal **wieder***!
Come and see us again.

The only way you can know whether a verb with one of these prefixes is separable or not is to learn it when you first meet it. Here are some common examples of the two types of verb:

Separable
durchgehen	to walk through
übereinstimmen	to agree
umsteigen	to change (buses, etc.)
unterbringen	to accommodate
vollfüllen	to fill (up)
widerspiegeln	to reflect
wiedervereinigen	to reunite

Inseparable
durchdenken	to think through
überreden	to persuade
überraschen	to surprise
umgeben	to surround
unterbrechen	to interrupt
sich unterhalten	to talk
untersuchen	to investigate
vollenden	to complete
widersprechen	to contradict
wiederholen	to repeat

b) Sometimes the same variable prefix can form both a separable and an inseparable verb with different meanings. In such cases the separable verb has the literal meaning of the preposition, while the inseparable verb has a more figurative meaning. For example, *übersetzen* ("to carry across") is separable **but** *übersetzen* ("to translate") is inseparable:

> *Sie **setzten** ihn langsam **über**.*
> They carried him across slowly.

> *Sie hat das Buch ins Italienische **übersetzt**.*
> She translated the book into Italian.

Übung macht den Meister!

1. Der Unterschied liegt in der Betonung!—Hier betont man die Vorsilbe

Unten sind Beispiele von trennbaren Verben mit den Vorsilben *an* bzw. *mit*. Bilden Sie die neuen Verben, prüfen Sie die Bedeutung und schreiben Sie die Formen auf:

BEISPIEL: **anstreichen—man streicht an—man hat angestrichen**

Einige Verben werden im Perfekt mit *sein* konjugiert. Aufpassen!

BEISPIEL: **mitlaufen—man läuft mit—man *ist* mitgelaufen**

a.

```
              sagen
       stellen │ bringen
   fangen   \  │  /   kommen
reden ———————— an ———————— lachen
   streichen  /  │  \   schauen
       weisen │ geben
              ziehen
```

b.

```
              bringen
       reisen │ nehmen
   fühlen   \  │  /   singen
machen ———————— mit ———————— gehen
   teilen   /  │  \   kommen
       laufen │ reden
              fahren
```

_____

_____

_____

_____

_____

_____

_____

_____

_____

_____

_____

_____

_____

_____

_____

_____

separable/inseparable verbs

_____   _____
_____   _____
_____   _____

c. Bilden Sie noch andere Beispiele mit *ein, weg* und *zu.*

_____   _____
_____   _____
_____   _____
_____   _____
_____   _____

2. Und hier wird das Verb betont

Es folgen Beispiele von untrennbaren Verben. Suchen Sie die Bedeutung und konjugieren Sie wie oben.

BEISPIEL: **beweisen—man beweist—man hat bewiesen**

a.

sorgen   legen
weisen   kommen
rufen ——— **be** ——— stehen
setzen   ziehen
reiten   gegnen
liefern

b.

kaufen
sagen   geben
schwinden   lieren
wöhnen ——— **ver** ——— sehen
weisen   kommen
lassen   fahren
gessen

_____   _____
_____   _____
_____   _____
_____   _____
_____   _____
_____   _____
_____   _____
_____   _____

separable/inseparable verbs

3. Die Wortfamilien

Welche Verben kommen von diesen Nomen?

a.

Nomen	Verb	Partizip
Übersetzung	übersetzen	übersetzt
Überblick	_____	_____
Überweisung	_____	_____
Übergabe	_____	_____
Überfall	_____	_____
Unterbrechung	_____	_____
Unterstellung	_____	_____
Unterdrückung	_____	_____

b.

Untergang	untergehen	untergegangen
Umtausch	_____	_____
Umkehr	_____	_____
Durchfall	_____	_____
Durchführung	_____	_____
Unterbringung	_____	_____
Umzug	_____	_____

4. Trennen oder nicht trennen? Ich drehe durch!

Hier sind einige Verben, die teilweise trennbar, teilweise nicht trennbar sind. Setzen Sie das richtige Verb in der richtigen Zeit (Präsens, Präteritum, Perfekt) ein:

1. Wenn er nicht mehr lernt, _____ in der Prüfung _____. (durchfallen)

2. Die Polizei _____ das ganze Haus, konnte aber nichts finden. (durchsuchen)

3. Ich _____ meine Situation nochmals, bevor ich eine Entscheidung treffe. (durchdenken)

4. Der Dieb hat alle meine Sachen _____, bevor er auf einem Moped entkam. (durchsuchen)

5. Der Abteilungsleiter _____ den Bericht bis zur Konferenz _____. (durchlesen)

6. Mein Freund hat seinen Plan, die Wüste Sahara zu erkunden, _____. (durchführen) Er hat sie in einem amerikanischen Landrover _____. (durchqueren) Obwohl es in einigen Randstaaten Grenzstreitigkeiten gab, ist er gut _____. (durchkommen)

7. Wegen des Todesfalles hat die alte Dame viel _____. (durchmachen)

8. Auf der Suche nach einem billigen Hotel _____ ich die ganze Stadt. (durchfahren)

9. Er _____ die griechische Inselwelt mit seinem Segelboot. (durchkreuzen)

10. Der 100 m Läufer _____ bis zum Ende des Rennens _____. (durchhalten)

11. Bei der Demonstration _____ die Polizei mit Tränengas und Wasserwerfern _____. (durchgreifen)

12. Der Lehrer _____ die falsche Mathematikaufgabe einfach _____. (durchstreichen)

5. So viel Arbeit!

Ein Verb kann viele verschiedene Vorsilben haben. Bilden Sie neue Wörter aus dem Wort *arbeiten*, finden Sie die Bedeutungen im Wörterbuch und setzen Sie die passenden Wörter in den Lückentext ein. (Vorsicht: manche sind trennbar, manche lassen sich nicht trennen!)

```
                    be
         ab    |    ver
      auf   \  |  /   um
  aus ——————— arbeiten ——————— über
      ein   /  |  \   durch
         mit   |   er
           zusammen
```

Die Designerin Helga Fleißig (1) _____ seit drei Jahren bei einer kleinen

Spielzeugfirma. Die Firma (2) _____ hauptsächlich Stahl und Eisen für die

Spielzeugindustrie, die jedes Jahr in der zweiten Jahreshälfte vor Weihnachten Hochsaison hat.

Helga berichtet:

    Alle Angestellten des Betriebs (3) _____ sehr gut

(4) _____. Das Produktionsteam (5) _____ am Anfang

des Jahres die Pläne für die nächste Produktionsperiode. Dann legen wir diese Pläne dem Firmenchef vor, der sie je nach Bedarf (6) _____ und falls nötig ein bißchen ändert.

Manchmal (7) _____ er sie total (8) _____.

Unser Verkäufer (9) _____ die Bestellungen, die sich in der 2.

Jahreshälfte häufen. Dann läuft die Produktion auf Hochtouren und alle in der Firma

(10) _____ nach besten Kräften (11) _____. Oft haben wir

während einer solchen Periode kaum Zeit für eine Mittagspause, wir (12) _____

_____, weil unsere Arbeitskraft gebraucht wird. Auf diese Weise machen wir Überstunden

und so können wir Extra-Urlaubstage, die wir während des Jahres gebraucht haben,

(13) _____. Wir stellen natürlich auch Aushilfskräfte ein, die aber von den

Fachleuten (14) _____ werden müssen. Das kostet etwas Zeit und so bleibt oft

die Routinearbeit liegen. Diese wird dann nach der Hochsaison (15) _____.

6. So lief es bei mir mit dem Geld

Eine Studentin, die von einem Auslandsjob zurückkehrt, erzählt ihren Kommilitonen
(Kommilitoninnen), wie sie in Österreich ihre finanziellen Angelegenheiten geregelt hat. Setzen Sie
im Text das jeweilige Partizip Perfekt der Verben in Klammern ein. (Vorsicht: es gibt trennbare und
nicht trennbare Verben!)

Ich habe eine Bank in der Nähe der Universität (aussuchen) _____. Ich habe

dort ein Konto (eröffnen) _____. Gleichzeitig habe ich ein Scheckbuch

(beantragen) _____ und eine Kreditkarte (bestellen) _____.

Danach habe ich einige Formulare (ausfüllen) _____ und den Antrag

(unterschreiben) _____. Nach einigen Tagen habe ich mein neues Scheckbuch

(abholen) _____ und gleichzeitig habe ich einen ersten Scheck

(einlösen) _____ und Geld (abheben) _____, das meine

Eltern von Amerika aus auf mein Konto (überweisen) _____ hatten. Die Sache

war also sehr unkompliziert, wie ihr seht.

freie Fahrt!

1. Hier geht es um Geld

Im Zusammenhang mit Geldtransaktionen begegnet man verschiedenen zusammengesetzten Verben. Zum Beispiel:

verdienen	einzahlen	verbrauchen	umtauschen	auszahlen
abheben	verleihen	ausgeben	einnehmen	überweisen

Entscheiden Sie, welche Verben trennbar bzw. nicht trennbar sind. Schreiben Sie jetzt eine kurze Geschichte über:

a. einen reichen Bankdirektor, Herrn Reich (im Präsens)

b. die arme Studentin, Fräulein Habenichts (im Perfekt)

2. Wir suchen im Wörterbuch

a. Mit Hilfe eines Wörterbuches finden Sie jeweils zwei Verben mit folgenden Vorsilben: *ab-, an-, auf-, aus-, ein-, fern-, fort-, her-, hin-, mit-, nach-, vor-, vorbei-, weg-, weiter-, zu-, zurück-, zusammen-*.

b. Schreiben Sie kurze Sätze, in denen Sie alle Ihre Verben sowohl im Präsens als auch im Perfekt benutzen.

BEISPIELE: **abfahren**
                → **Der Zug fährt vom Gleis 5 ab.**
                   Die Kinder sind um neun Uhr abgefahren.

c. Wiederholen Sie nun diese Übung mit den folgenden Vorsilben: *be-, emp-, ent-, er-, ge-, miß-, ver-:*

BEISPIELE: **bestellen**
                → **Ich bestelle das Zigeunersteak, und du?**
                   Wir haben gestern den neuen Videofilm bestellt.

3. Hier wird geschenkt

a. Eine reiche Chefin beschenkt zu Weihnachten ihre Angestellten. Vor der Weihnachtsfeier gibt es viel zu tun. Man muß die Geschenke einkaufen, bestellen, aussuchen, auswählen, bezahlen, einpacken, verpacken, abschicken, versenden, mitbringen, verteilen, auspacken. Beschreiben Sie in 8–10 Sätzen im Präsens, was die Chefin alles zu tun hat.

b. Vergleichen Sie dieses Jahr mit dem letzten Jahr, und beschreiben Sie im Perfekt, was letztes Jahr passiert ist.

        separable/inseparable verbs

chapter 30

Modal verbs

so wird's gemacht

What are modal verbs?

There is a small group of verbs known as modals. They include:

dürfen	may (indicating permission), to be allowed (to)
können	to be able (to)
mögen	to like (to)
müssen	to have to
sollen	to be supposed to
wollen	to want (to)

You normally use modal verbs in combination with another verb in the infinitive form.

The verb *lassen* also behaves like a modal verb when it has the meaning "to have something done" (i.e., by someone else). The form *möchte* is strictly speaking a subjunctive form of the verb *mögen* (see Chapters 35 and 36), but since it is used much more frequently than the present tense, its forms are listed separately here.

Forms of the modal verbs

Note that in the plural these verbs are all quite regular and that in the present tense the first- and third-person forms are identical:

dürfen   may, to be allowed (to)

Present		**Simple Past**	
ich darf	*wir dürfen*	*ich durfte*	*wir durften*
du darfst	*ihr dürft*	*du durftest*	*ihr durftet*
Sie dürfen	*Sie dürfen*	*Sie durften*	*Sie durften*
er/sie/es darf	*sie dürfen*	*er/sie/es durfte*	*sie durften*

können   to be able (to)

Present		**Simple Past**	
ich kann	_wir können_	_ich konnte_	_wir konnten_
du kannst	_ihr könnt_	_du konntest_	_ihr konntet_
Sie können	_Sie können_	_Sie konnten_	_Sie konnten_
er/sie/es kann	_sie können_	_er/sie/es konnte_	_sie konnten_

mögen   to like (to)

Present		**Simple Past**	
ich mag	_wir mögen_	_ich mochte_	_wir mochten_
du magst	_ihr mögt_	_du mochtest_	_ihr mochtet_
Sie mögen	_Sie mögen_	_Sie mochten_	_Sie mochten_
er/sie/es mag	_sie mögen_	_er/sie/es mochte_	_sie mochten_

möchten   would like to

Present		**No past tense**
ich möchte	_wir möchten_	
du möchtest	_ihr möchtet_	
Sie möchten	_Sie möchten_	
er/sie/es möchte	_sie möchten_	

müssen   to have to

Present		**Simple Past**	
ich muß	_wir müssen_	_ich mußte_	_wir mußten_
du mußt	_ihr müßt_	_du mußtest_	_ihr mußtet_
Sie müssen	_Sie müssen_	_Sie mußten_	_Sie mußten_
er/sie/es muß	_sie müssen_	_er/sie/es mußte_	_sie mußten_

sollen   to be supposed to

Present		**Simple Past**	
ich soll	_wir sollen_	_ich sollte_	_wir sollten_
du sollst	_ihr sollt_	_du solltest_	_ihr solltet_
Sie sollen	_Sie sollen_	_Sie sollten_	_Sie sollten_
er/sie/es soll	_sie sollen_	_er/sie/es sollte_	_sie sollten_

wollen   to want (to)

Present		**Simple Past**	
ich will	_wir wollen_	_ich wollte_	_wir wollten_
du willst	_ihr wollt_	_du wolltest_	_ihr wolltet_
Sie wollen	_Sie wollen_	_Sie wollten_	_Sie wollten_
er/sie/es will	_sie wollen_	_er/sie/es wollte_	_sie wollten_

lassen   to have something done

Present		**Simple Past**	
ich lasse	_wir lassen_	_ich ließ_	_wir ließen_
du läßt	_ihr laßt_	_du ließt_	_ihr ließt_
Sie lassen	_Sie lassen_	_Sie ließen_	_Sie ließen_
er/sie/es läßt	_sie lassen_	_er/sie/es ließ_	_sie ließen_

Word order with modals

You place the infinitive that depends on the modal verb (known as the "dependent infinitive") at the end of the sentence or clause:

> *Sie **muß** im Juli nach China **fahren.***
> She has to go to China in July.

In a subordinate clause, you put the modal after the infinitive at the end of the clause:

> *Ich weiß nicht, warum er es kaufen **wollte.***
> I don't know why he wanted to buy it.

> *Sie kamen erst um zehn, da sie zuerst einkaufen **mußten.***
> They didn't come until ten since they had to do some shopping first.

Leaving out the infinitive

You may omit the infinitive after a modal verb if the context makes the meaning clear. This is often the case with verbs of motion:

> *Morgen will ich ins Kino.*
> I want to go to the movies tomorrow.

> *Willst du mit?*
> Do you want to come with us?

> *Das darf man hier nicht.*
> You can't do that here.

Modal verbs in the present perfect tense

a) The past participles of the modal verbs are:

dürfen—gedurft	*müssen—gemußt*
können—gekonnt	*sollen—gesollt*
lassen—gelassen	*wollen—gewollt*
mögen—gemocht	

However, you only use these forms if the modal verb has an accusative object rather than an infinitive:

> *Wir **haben** die Stadt **gemocht.***
> We liked the town.

> *Manfred **hat** es nicht **gekonnt.***
> Manfred was not able to do it.

b) When you use it with an infinitive, the past participle of the modal verb is the same as its infinitive form, and the auxiliary verb is always *haben*:

> *Susanne **hat** den Film nicht sehen **wollen.***
> Suzanne did not want to see the movie.

> *Wir **haben** es uns nicht leisten **können.***
> We couldn't afford it.

In conversation, in particular, Germans tend to prefer the simple past tense of modal verbs, as they find these perfect tense forms a little awkward:

*Susanne **wollte** den Film nicht sehen.*
*Wir **konnten** es uns nicht leisten.*

c) As shown in Chapter 19, when you use modal verbs in subordinate clauses in the future, present perfect, or past perfect tenses, you must put the auxiliary verb (some form of *werden* or *haben*) before the final two infinitive forms:

*Gestern konnte er nichts machen, da er zu Hause **hat** bleiben müssen.*
He could not do anything yesterday since he had to stay at home.

*Ich glaube nicht, daß sie es **wird** machen können.*
I don't think she'll be able to do it.

d) The present tense or the subjunctive II form of modal verbs are occasionally used in a perfect tense construction with the past participle of the main verb plus *haben* or *sein* (see Chapter 25 for rules concerning the choice of *haben* or *sein*):

*Sie **muß** es schon **gemacht haben**.*
She must have done it already.

*Er **soll** die Karten **gekauft haben**.*
He is supposed to have bought the tickets.

*Der Zug **müßte** schon **eingetroffen sein**.*
The train should have arrived by now.

See also page 255 for *wollen*.

Note that in a subordinate clause, the modal verb is placed in final position:

*Sie zeigten uns den Mann, der es gemacht haben **muß**.*
They showed us the man who must have done it.

*Sie wußte, daß er das Geschenk nicht gekauft haben **könnte**.*
She knew that he could not have bought the present.

Use of the modal verbs

In addition to the basic meanings listed above, the modals can have a number of special meanings.

1. dürfen

After *nicht* it means "not allowed to/must not":

Du darfst ihm das doch nicht sagen.
You mustn't say that to him.

2. können

You can frequently use *können* instead of *dürfen*, especially in spoken German:

> *Kann ich heute abend mit Max Fußball spielen?*
> Can I play football with Max this evening?

• It often denotes knowing how to do something:

> *Wir können ein bißchen Französisch.*
> We can speak a little French.

• It may suggest possibility:

> *Es kann heute oder morgen passieren.*
> It may happen today or tomorrow.

3. lassen

Its basic meaning is getting someone else to perform an action for you:

> *Ich lasse die Wohnung streichen.*
> I am having the apartment painted.

• You often also use it with reflexive verbs:

> *Die Waschmaschine läßt sich nicht mehr reparieren.*
> The washing machine is beyond repair.

4. mögen

As well as meaning "to like," it can suggest possibility or likelihood:

> *Sie mag wohl ins Ausland fahren.*
> She may well go abroad.

5. müssen

With *nicht* it means "do not have to" or "need not":

> *Das Auto müssen wir nicht sofort verkaufen.*
> We don't have to sell the car right away.

Remember that English "must not" is rendered by *nicht dürfen*.

• With the present perfect tense, *müssen* can denote an assumption:

> *Es muß gestern passiert sein.*
> It must have happened yesterday.

6. *sollen*

Its usual meaning is "ought to," suggesting an obligation imposed from outside:

>*Du solltest deine Eltern nie belügen.*
>You should never lie to your parents.
>
>*Sie sollten pünktlicher da sein.*
>You ought to arrive (here) more punctually.
>
>*Du sollst nicht stehlen.*
>Thou shalt not steal/You should not steal.

- It can denote "supposed to," implying some sort of intention:

>*Was soll aus dem Jungen bloß werden?*
>What on earth is to become of the boy?
>
>*Wo sollen wir uns morgen treffen?*
>Where shall we/are we to meet tomorrow?
>
>*Was soll denn das sein?!*
>What is that supposed to be?

- It can also denote "supposed to" in the sense of "it is said that":

>*Im Herbst soll es dort ganz schön sein.*
>It is supposed to be really nice there in the fall.

7. *wollen*

It can be used to indicate willingness or to make a suggestion:

>*Wollen Sie nicht lieber ins Theater gehen?*
>Wouldn't you rather go to the theater?
>
>*Wollen wir Karten spielen?*
>Shall we play cards?

- It can denote intention (often with *gerade*):

>*Sie wollte gerade ins Bett, als das Telefon geklingelt hat.*
>She was just about to go to bed when the phone rang.

- It can be used to report someone's claim to have done something:

>*Er will das ganze Buch schon gelesen haben.*
>He claims to have read the whole book.

Übung macht den Meister!

1. Wichtige Gebote für Fernreisende

Wollen Sie einen guten Urlaub verbringen, dann sollten Sie folgende Regeln beachten! Schreiben Sie bitte die Ratschläge aus. Manchmal gibt es zwei Möglichkeiten:

1. Sie dürfen _____ _____

2. Sie müssen _____ _____

_____ _____

_____

3. Sie können _____ _____

4. Sie sollten _____ _____

_____ _____

_____ _____

a. kein ungekochtes Wasser trinken!
b. sich vor der Reise impfen lassen.
c. am Zielort mit Kreditkarte bezahlen.
d. nur gekochte Speisen essen.
e. sich gegen die Sonne schützen.
f. ein Visum beantragen.
g. nicht ohne Reiseapotheke reisen.
h. nicht ohne Visum einreisen.
i. eine Reiseversicherung abschließen.
j. die Landesgesetze achten.
k. keine Haustiere mitnehmen.

2. Emigrieren kann man nicht von heute auf morgen!

a. Zwei Deutsche wollen auswandern. Setzen Sie passende Modalverben aus dem untenstehenden Kasten ein.

können	möchten	müssen	sollen
wollen	müssen	können	dürfen

Hans und seine junge Frau Anni (1) _____ nach Neuseeland auswandern. Sie

(2) _____ dort in der Wildnis eine Farm bewirtschaften. Leider (3) _____ sie nur

ein bißchen Englisch sprechen. Sie (4) _____ erst einwandern, wenn sie ein gültiges Visum

haben. Sie (5) _____ sich deshalb auf der neuseeländischen Botschaft vorstellen. Sie

(6) _____ viele Formulare ausfüllen und Fragen beantworten. Sie (7) _____ mit

einer Wartezeit von etwa vier Monaten rechnen. Dann (8) _____ sie auswandern.

b. Jetzt schreiben Sie die kurze Geschichte, indem Sie die Modalverben mit den folgenden Verben ersetzen (die neuen Verben erfordern ein *zu*—siehe Kapitel 28):

1. vorhaben
2. planen
3. fähig sein
4. die Erlaubnis bekommen

5. es wird ihnen geraten
6. haben
7. sie sind vorbereitet
8. sie haben die Erlaubnis

_____
_____
_____
_____
_____
_____
_____
_____
_____

3. Im Flughafen

Auf dem Flughafen herrschen strenge Sicherheitsvorschriften. Setzen Sie die passenden Formen von _müssen_ und _dürfen_ ein.

1. Taxis _____ nicht vor dem Eingang parken.

2. Man _____ das Gepäck am Schalter einchecken.

3. Die Fluggäste _____ sowohl ihren Flugschein als auch ihren Paß vorzeigen.

4. Man _____ kein Gepäck unbeaufsichtigt stehen lassen.

5. Nur die Fluggäste _____ durch die Abflugsperren gehen.

6. Alle Fluggäste _____ ihr Handgepäck kontrollieren lassen.

7. Man _____ keine explosiven Stoffe im Handgepäck mitführen.

8. Vor dem Einsteigen _____ man die Bordkarte zeigen.

9. Im Flugzeug _____ man während des Starts und der Landung nicht rauchen.

10. Jeder Fluggast _____ einen Liter Alkohol und eine Stange Zigaretten zollfrei ein/ausführen.

4. Das hört man auf der Straße

Unten finden Sie eine typische kurze Unterhaltung in der Umgangssprache. Schreiben Sie die Unterhaltung, indem Sie die Verben _können, wollen, sollen, möchten, müssen, dürfen_ in einer passenden Form einsetzen.

A: Tag.

B: Tag.

A: Wohin _____ du?

B: Ich _____ ins Kino.

A: Da _____ ich gern mit.

B: _____ du nicht?

modal verbs

A: Nein. Geht leider nicht. Keine Zeit _____ noch ins Reisebüro. Ich _____ nächste Woche in die Ferien.

B: Wohin?

A: Noch nicht geklärt. Ich _____ nach Spanien, aber meine Freunde _____ lieber nach Italien. Auf jeden Fall _____ wir in die Sonne.

B: (bietet ihr eine Zigarette an) _____ du eine?

A: Nein danke. Man _____ hier nicht.

B: Also, ich _____ auch nicht. Ich _____ jetzt zum Kino.

A: Tschüß!

B: Bis bald!

5. Aufgeschoben ist nicht aufgehoben!

Schreiben Sie die folgenden Sätze um, indem Sie die unterstrichenen Ausdrücke mit dem Modalverb in Klammern ersetzen. (Vorsicht: Modalverben brauchen kein *zu* für den Infinitiv!)

Herr Vergeßlich hat fremde Länder gern (mögen).

_____

In den Sommerferien wünscht er weit wegzureisen (wollen).

_____

Dieses Jahr ist er in der Lage, drei Wochen Urlaub zu bekommen (können).

_____

Er hat Lust, eine Safari in Afrika mitzumachen (möchten).

_____

Dazu hatte er bisher keine Gelegenheit, weil er kein Geld hatte (können).

_____

Er hat die Absicht, eine teure Pauschalreise zu buchen (wollen), denn er hat den Wunsch (möchten), die Reise zu genießen.

_____

_____

Als er aufs Reisebüro kommt, hört er, daß es ihm ohne Visum nicht erlaubt ist, einzureisen (dürfen), und daß es nötig ist, sich impfen zu lassen (müssen).

_____

_____

Es wird ihm empfohlen, das Visum sofort zu beantragen (sollen).

_____

Als er vorhat, seinen Paß zu zeigen (wollen), merkt er, daß dieser nicht mehr gültig ist.

_____

_____

Es ist nötig, daß er verlängert bzw. erneuert wird (müssen).

_____

_____

So ist er gezwungen, seine Reise aufzuschieben (müssen), weil er ohne gültigen Paß nicht in der Lage ist, das Land zu verlassen (können).

_____

_____

6. Diese reisefreudigen Politiker!

Folgende Sätze sind Schlagzeilen aus den Nachrichten. Leider sind sie durcheinander geraten. Finden Sie die richtige Wortstellung und schreiben Sie die Sätze auf.

1. Will im Juli nach Südafrika der Bundespräsident reisen zu einem Staatsbesuch.

_____

_____

2. Möchte der Innenminister in Paris besuchen seinen französischen Kollegen noch diesen Monat.

_____

_____

3. In Mailand halten muß der Wirtschaftsminister eine Rede auf einer Konferenz.

_____

4. Soll sich der Außenminister befinden in Berlin zur Zeit auf einer Tagung.

_____

5. Teilnehmen nicht kann leider der Bundeskanzler in Japan an den Feierlichkeiten geplanten.

_____

_____

6. In Bonn nicht einigen sich können die Kultusminister bei ihrem Treffen der Länder.

_____

_____

7. Die Verteidigungsminister sich diese Woche der EU müssen einigen in Genf über die neuen Maßnahmen.

_____

_____

modal verbs

7. Die Wende kam mit dem Fall der Berliner Mauer

Nach dem Fall der Berliner Mauer und der deutschen Wiedervereinigung wurde manches auf beiden Seiten anders. Unten lesen Sie, wie es früher war. Schreiben Sie die Sätze im Perfekt.

BEISPIEL: **Man mußte ein Visum beantragen.**
              → Man hat ein Visum beantragen müssen.

1. Man mußte einen bestimmten Geldbetrag umtauschen.

   _____

2. Man durfte nicht auf den Transitstraßen anhalten.

   _____

3. Man mußte sich von Grenzpolizisten kontrollieren lassen.

   _____

4. Man konnte Verwandte nicht ohne Erlaubnis besuchen.

   _____

5. Man konnte nicht im anderen Teil der Stadt einkaufen.

   _____

6. Die DDR-Bürger durften nicht ohne Genehmigung ausreisen.

   _____

freie Fahrt!

1. Ihr seid zu einer Party eingeladen!

Die Kinder von Familie Weber organisieren eine Überraschungsparty zum 40. Hochzeitstag von Herrn und Frau Weber. Es muß alles ganz genau geplant werden. Stellen Sie sich vor, Sie sind der älteste Sohn/die älteste Tochter der Familie und Sie müssen entscheiden, was die verschiedenen Familienmitglieder machen sollen.

BEISPIEL: **Hans, du mußt den Wein kaufen.**
              → Werner, möchtest du die Blumen bestellen?

Schreiben Sie eine Liste der verschiedenen Aufgaben. Verwenden Sie dabei möglichst viele verschiedene Modalverben:

> *Jemand sollte/könnte/müßte _____*
> *Wir sollten _____ lassen*
> *Wir müssen auch _____*
> *Könntet ihr _____?*
> *Darf/Soll ich _____? usw.*

2. Aber wen wollen wir denn einladen?

Man muß auch besprechen, wen man einladen will/sollte. Arbeiten Sie zu zweit! Eine(r) macht Vorschläge, aber der (die) andere ist immer dagegen. In der jeweiligen Antwort muß man ein anderes Modalverb als in der Antwort verwenden.

BEISPIEL: **Wollen/sollen/könnten wir Fritz Weill einladen?**
Ach, nein, den können wir/darfst du/sollte man auf keinen Fall einladen.

Wie viele verschiedene Fragen und Antworten können Sie erfinden?

3. Nach der Party

Später unterhält man sich. Es ist alles ziemlich gut gelaufen, aber einiges hätte besser sein können. Was hätte man nicht tun sollen bzw. was hätte man besser machen können?

BEISPIELE: **Das Bier hätte kühler sein können.**

Wir hätten mehr Suppe machen sollen.

Schreiben Sie zehn ähnliche Sätze.

4. Worum geht's eigentlich?

a. Bilden Sie zwei Mannschaften von jeweils zwei Personen. Die erste Mannschaft bildet einen Satz mit einem einfachen Modalverb im Perfekt.

BEISPIELE: **Wir haben es nicht gekonnt.**

Peter hat es gemußt.

Die andere Mannschaft muß dann versuchen, diesen Satz etwas vollständiger auszudrücken bzw. zu erklären.

BEISPIELE: **Wir haben das Fahrrad nicht kaufen können.**

Peter hat sein Zimmer aufräumen müssen.

Finden Sie jeweils zwei Beispiele für die Verben *müssen, können, dürfen, wollen* und *sollen.*

b. Schreiben Sie nun Ihre Sätze um:

BEISPIELE: **Ich verstehe nicht, warum wir das Fahrrad nicht haben kaufen können.**

Ich verstehe nicht, warum Peter sein Zimmer hat aufräumen müssen.

Achten Sie ganz genau auf die Wortstellung!

chapter 31

Reflexive verbs

so wird's gemacht

A reflexive verb is used when the subject does something to himself/herself/itself. For example:

> *Ich wasche mich.*
> I'm washing up (lit.: "I wash myself").

> *Er fragt sich.*
> He wonders (lit.: "He asks himself").

Reflexive pronouns

Reflexive verbs are always accompanied by a pronoun, which may be in the accusative or dative (see below for the difference). The forms of these reflexive pronouns are:

Singular			Plural		
Nominative	**Accusative**	**Dative**	**Nominative**	**Accusative**	**Dative**
ich	*mich*	*mir*	*wir*	*uns*	*uns*
du	*dich*	*dir*	*ihr*	*euch*	*euch*
Sie	*sich*	*sich*	*Sie*	*sich*	*sich*
er/sie/es	*sich*	*sich*	*sie*	*sich*	*sich*

Types of reflexive verbs

Reflexive verbs can be divided into two main categories.

a) Verbs that you can only use reflexively and that take an accusative pronoun. Some of the most common are:

sich bedanken	to thank
sich beeilen	to hurry
sich befinden	to be situated
sich beschweren über + acc.	to complain about
sich bewerben um + acc.	to apply for
sich erkälten	to catch cold
sich freuen auf + acc.	to look forward to
sich freuen über + acc.	to be pleased about
sich verabschieden	to say good-bye
sich verlieben	to fall in love

Examples of usage are:

*Ich habe **mich erkältet.***
I have caught a cold.

*Wir **verabschiedeten uns.***
We said good-bye.

***Beeilen** Sie **sich** doch!*
Hurry up!

*Hast du **dich** bei deinem Lehrer **bedankt**?*
Have you thanked your teacher?

*Das Haus **befindet sich** am Rande der Stadt.*
The house is (situated) on the edge of town.

*Ihr **freut euch** doch auf den Urlaub, oder?*
You are looking forward to the vacation, aren't you?

b) Verbs that you can only use reflexively and that take a dative pronoun (along with a second object in the accusative).

These are less common and include:

sich etwas einbilden	to imagine something (mistakenly)
sich etwas überlegen	to reflect on something
sich etwas vornehmen	to resolve to do something
sich etwas vorstellen	to imagine something

For example:

***Überleg dir** mal die Situation.*
Just think about the situation for a moment.

*So etwas kann ich **mir** einfach nicht **vorstellen.***
I simply cannot imagine anything like that.

*Sie hat **sich vorgenommen,** den Kurs zu wiederholen.*
She has resolved to repeat the course.

Note that only the *ich* and *du* forms of the reflexive pronoun have different accusative and dative forms; thus in the last example above, the *sich* could be either accusative or dative. When you learn a new reflexive verb from a vocabulary list or a dictionary, you must therefore learn the case of the reflexive pronoun too. For example, *sich* (= acc.) *unterhalten.* A useful rule to remember is that if a reflexive verb has an accusative object, then the reflexive pronoun **must** be dative.

Other reflexive verbs

a) Apart from the above verbs, which can only be reflexive, you can use a large number of normal transitive verbs (i.e., verbs that take a direct object) reflexively. Like the "dedicated" reflexive verbs, these may take an accusative reflexive pronoun on its own or a dative reflexive pronoun with an accusative object. For example:

sich (= acc.) *ändern*	to change
sich (= acc.) *entschuldigen* (*bei* + dat. *für* + acc.)	to apologize (to someone for something)
sich (= acc.) *fühlen*	to feel (for example, ill, well, etc.)
sich (= acc.) *interessieren* (*für* + acc.)	to be interested in
sich (= dat.) *etwas* (= acc.) *kaufen*	to buy oneself something
sich (= acc.) *rasieren*	to shave
sich (= acc.) *setzen*	to sit down

*Die Zeiten ändern **sich.***
Times are changing.

*Ich habe **mir** ein neues Rad gekauft.*
I've bought myself a new bike.

*Setz **dich** doch!*
Please sit down.

b) If you use a reflexive verb such as *sich waschen* with a part of the body, you must put the reflexive pronoun in the dative:

*Wasch **dir** doch das Gesicht!*
Wash your face.

*Ich muß **mir** noch die Zähne putzen.*
I have to brush my teeth.

*Er hat **sich** die Nase geputzt.*
He blew his nose.

c) You can use the plural of the reflexive pronouns to convey the English "each other":

*Wir sehen **uns** noch ziemlich oft.*
We still see each other quite frequently.

*Sie treffen **sich** immer freitags in der Stadt.*
They always meet (each other) downtown on Friday.

• For the position of the reflexive pronoun in a clause, see Chapter 21.

Übung macht den Meister!

1. Liebe auf den ersten Blick!

Setzen Sie in der folgenden Geschichte die Reflexivpronomen ein.

Sie treffen _____ auf einer Party. Er stellt _____ vor, sie freut _____, denn er gefällt

ihr. Sie unterhalten _____. Sie fühlt _____ wohl in seiner Gesellschaft. Sie verlieben

_____. Er bedankt _____ für den schönen Abend. Sie verabschieden _____ an diesem

Abend mit einem Kuß.

Schon am folgenden Tag treffen sie _____ wieder. Sie verabreden _____ jetzt jeden

Tag. Wenn sie _____ nicht sehen, sehnen sie _____ nacheinander. Er interessiert

_____ nur noch für sie, sie freut _____ täglich auf ihn. Sie kennen _____ erst vier

Wochen, da verloben sie _____ und entschließen _____ zur Heirat.

2. Kurzes Glück!

Sechs Monate später erzählt sie einer Freundin, was passiert ist. Setzen Sie noch einmal die
Reflexivpronomen ein:

Ich hatte _____ Hals über Kopf in ihn verliebt. Ich befand _____ im 7. Himmel!

Ich interessierte _____ nur noch für ihn. Ich sehnte _____ nach Glück und Geborgenheit.

Ich habe _____ eingebildet, daß er _____ genau so fühlte. Doch schon bald änderte

_____ die Situation. Er beschäftigte _____ nur mit Sport. Er interessierte _____

nicht für mich und meine Probleme. Ich nahm _____ vor, ihn zu verwöhnen. Doch er freute

_____ nicht auf die gemeinsamen Mahlzeiten. Er bedankte _____ nie. Er bildete

_____ ein, ich sei seine Bedienung. Ich überlegte _____, wie ich die Situation ändern

könnte. Aber ich ärgerte _____ oft über ihn, und seine Eltern beklagten _____ auch

ständig über mich. Sie nahmen _____ vor, mich ständig zu kritisieren. Wir stritten _____

jetzt oft. Wir verstanden _____ nicht mehr. Ich konnte _____ nicht vorstellen, wie das

weitergehen sollte. Wir hatten _____ geirrt. Jetzt lasse ich _____ scheiden!

reflexive verbs

3. Beim Studienberater

Nach bestandenem Abitur gehen die Schüler der Abschlußklasse zu einem Lehrer, der sie über das Studium beraten soll. Man hört folgende Fragen und Antworten:

1. Wozu hast du _____ entschlossen, Jürgen?

   Ich habe _____ entschlossen, in Bayern zu studieren.

2. Wofür hat Susanne _____ entschieden?

   Sie hat vor, _____ in Wien zu bewerben.

3. Robert und Karl, was habt ihr _____ überlegt?

   Wir haben _____ für ein Wirtschaftsstudium entschieden.

4. Was für ein Studium hast du _____ ausgesucht?

   Ich will nicht studieren. Ich möchte _____ um einen Ausbildungsplatz bei der Commerzbank bewerben.

5. Habt ihr _____ schon um einen Studienplatz beworben?

   Ja, wir freuen _____ schon auf das Studium in Tübingen. Wir stellen _____ das Studentenleben ganz toll vor!

freie Fahrt!

1. Wie am Schnürchen

Herr Jürgens hat schon seit Jahren die gleiche Morgenroutine. Beschreiben Sie, was er jeden Tag macht. Verwenden Sie möglichst viele der folgenden Verben mit Reflexivpronomen:

sich duschen	sich waschen	sich die Haare waschen	sich die Zähne putzen
sich rasieren	sich anziehen	sich die Haare kämmen	sich die Nase putzen
sich beeilen	sich setzen	sich fühlen	sich etwas kaufen
sich bedanken	sich treffen	sich unterhalten	sich verabschieden

BEISPIEL: **Er steht jeden Tag um sieben Uhr auf. Zuerst wäscht er sich . . .**

2. Immer das Gleiche

Stellen Sie sich nun vor, Sie sind Herr Jürgens. Gestern war Feiertag, aber Sie haben Ihre Routine kaum geändert. Am folgenden Tag erzählen Sie einem Kollegen, wie Sie den freien Tag verbracht haben. (Benutzen Sie das Perfekt. Schreiben Sie ca. 150 Wörter.)

BEISPIEL: **Ich bin wie immer um sieben Uhr aufgestanden. Ich habe mich zunächst einmal gewaschen . . .**

3. Wer ist der Einfallsreichste?

Mit Hilfe eines Wörterbuches versuchen Sie jedes der im Kasten stehenden Verben in einem originellen Satz zu verwenden. Schreiben Sie jeweils drei Sätze in der *ich-,* der *er/sie/es-* und der *Sie-*Form.

sich freuen	sich verabreden	sich einbilden
sich umziehen	sich bedanken	sich überlegen
sich erkälten	sich entschließen	sich bewerben
sich entscheiden	sich wandeln	sich entschuldigen
sich verbreiten	sich vorstellen	

BEISPIELE: **Ich bedanke mich für den warmen Empfang.**

Er hat sich für ihre Hilfe noch nicht bedankt.

Sie sollten sich bei dem Manager bedanken.

reflexive verbs

chapter 32

Impersonal verbs

so wird's gemacht

Verbs that are used with *es* as their subject are known as impersonal verbs. There are a number of different categories here.

es + *sein, werden,* and *scheinen*

The English construction with "it" + adjective/noun/clause after the verbs "to be," "to become," and "to seem" is also found in German, sometimes with a dative object before the adjective:

>*Es ist einfach unverschämt.*
>It is simply shameful.

>*Es war furchtbar kalt.*
>It was terribly cold.

>*Es ist dein Bruder.*
>It's your brother.

>*Es scheint, daß wir zu spät kommen.*
>It seems we're too late.

>*Es wird langsam dunkel.*
>It is gradually getting dark.

>*Es ist mir unmöglich, alles auf einmal zu bezahlen.*
>It is impossible for me to pay it all at once.

>*Es ist mir zu warm.*
>I am too warm.

• In the final example, you can omit the *es* if the dative object appears in first position:

>*Mir ist (es) zu warm.*
>I am too warm.

Weather and natural phenomena

German expressions for weather always involve impersonal constructions. You can also use other natural phenomena, such as smells, impersonally when no object is mentioned (i.e., when you are saying "something smells **of** something" rather than "someone smells **something**"):

*Es **hat** in der Nacht **geregnet.***
It rained during the night.

*Bei uns **donnert** und **blitzt es.***
We've got thunder and lightning.

*Hier **stinkt es** nach faulen Eiern.*
It smells of rotten eggs here.

*Es **riecht** nach frischen Blumen.*
It smells like fresh flowers.

*Mach die Tür zu. **Es zieht** so.*
Shut the door. There's a terrible draft.

Noises

If you do not know or want to state the cause of the noise, use the impersonal *es:*

Es hat geklingelt.
The bell rang/There was a ring at the door.

Da knallte es plötzlich.
There was a sudden bang.

Es hat geklopft.
There was a knock (at the door).

Impersonal constructions

a) There are a number of verbs and verbal constructions that you only use impersonally. These include:

es geht + dat.	to be (for example, well)
es geht um + acc.	it is about
es gibt	there is/are
es handelt sich um + acc.	it concerns
es kommt auf + acc. *an*	it depends on
es ist/sind	there is/are
es tut jemandem (= dat.) *leid*	to be sorry

*Wie **geht es** Ihnen?*
How are you?

*Es **geht** um Leben und Tod.*
It's a matter of life and death.

*Es **gibt** zwei Millionen Einwohner in dieser Stadt.*
There are two million residents in this city.

*Es **tut mir leid,** aber ich habe kein Geld.*
I'm sorry but I don't have any money.

impersonal verbs

b) You also frequently find the following verbs and verbal constructions with *es* as their subject. However, they may sometimes have a noun or another pronoun as subject instead:

es gelingt + dat.	to succeed
es gefällt + dat.	to like, be pleasing
es schmeckt + dat.	to like the taste

*Heute **ist es mir gelungen**, den Fernseher zu reparieren.*
I managed to fix the television today.
(Compare: *Das Experiment ist ihnen gelungen.*
            They were successful with the experiment.)

Es hat uns** gut **geschmeckt.
We enjoyed it/the taste.
(Compare: *Das Essen hat uns nicht geschmeckt.*
            We didn't enjoy the meal.)

***Es gefällt mir** sehr hier an der Universität.*
I really enjoy it here at the university.
(Compare: *Die Stadt hat uns gut gefallen.*
            We liked the town.)

es as dummy subject

a) In this usage, the true subject of the verb appears later in the sentence, often immediately after the verb. This "real" subject, and therefore the verb, can be either singular or plural:

***Es fehlt** hier etwas.*
Something is missing here.

***Es fehlten** heute sechs Schüler.*
Six pupils were absent today.

Es kommt** jede Menge Arbeit auf uns **zu.
A lot of work is heading our way.

• Notice that if something other than the dummy subject *es* is in first position, you omit the *es:*

Hier fehlt etwas.
Heute fehlten sechs Schüler.

b) You also find *es* at the start of the sentence in impersonal passive constructions (see Chapter 34 for the passive):

Es wird hier auch nachts gearbeitet.
Work goes on here at night too.

Es ist ihm schon reichlich geholfen worden.
He's already been helped a lot.

Es wurde erst später darüber gesprochen.
They only talked about it later.

- Again, if something other than the dummy subject is in first position, you must omit the *es:*

  Ihm ist schon reichlich geholfen worden.

Übung macht den Meister!

1. Wie ist die Wetterlage?

Ein Besucher aus einem tropischen Land kann die Bedeutung des deutschen Wetterberichts nicht verstehen. Sie erklären ihm die unbekannten Begriffe, indem Sie Verben in der unpersönlichen Konstruktion mit *es* benutzen, bzw. Ausdrücke mit *es gibt,* wenn Sie Nomen verwenden.

BEISPIEL: **Gewitter? (blitzen; Blitze)**

Er fragt: *Sie erklären:*
Was bedeutet Gewitter? (blitzen; Blitze) → **Es blitzt. Es gibt Blitze.**

1. Gewitter? (donnern; Donner)

   _____

2. Schauer? (regnen; aufhören; wieder regnen)

   _____

3. Hagel? (hageln)

   _____

4. Schneewetter? (schneien; Schnee; kalt werden)

   _____

5. Niederschläge (regnen; schneien; hageln)

   _____

6. Hitzewelle? (sehr warm werden; sehr warm bleiben)

   _____

7. Wechselhaftes Wetter? (Regen; Sonne; Wolken)

   _____

8. Bewölkung? (viele Wolken; wenige Wolken)

   _____

9. Glatteis/Eisglätte? (frieren; Eis)

   _____

impersonal verbs

2. Ein Neuanfang

Zwei Lehrer unterhalten sich über einen „Problemschüler", der vor kurzem in die Schule aufgenommen wurde. Bilden Sie Sätze und schreiben Sie diese auf:

| Es ist (nicht) | gut, richtig, wichtig, möglich, unmöglich, ausgezeichnet, sicher, falsch, wahrscheinlich, | daß wenn wie | er einen persönlichen Tutor bekommt. wir ihn anders als seine Mitschüler behandeln. er einen alten Freund getroffen hat. er sich wohl fühlt. wir ihm vertrauen. er sich schon eingelebt hat. er das Klassenziel nicht erreichen wird. wir ihm helfen können. wir ihn (nicht) bestrafen. er seine Hausaufgaben (nicht) macht. er sich anstrengt. wir ihn behandeln, wie er früher behandelt wurde. |

1. _____

2. _____

3. _____

4. _____

5. _____

6. _____

7. _____

8. _____

9. _____

10. _____

11. _____

12. _____

3. Krankenhausinformationen

Ein Angehöriger eines Unfallopfers ruft im Krankenhaus an, um sich nach dem Befinden des Patienten zu erkundigen. Die Krankenschwester am Telefon gibt die Nachrichten durch, die ihr der Arzt diesbezüglich gegeben hat. Sie drückt sich aber anders aus. Welche Aussagen passen zueinander?

Aussagen des Arztes:

1. Es ging um Leben und Tod. _____

2. Heute geht es dem Patienten schon viel besser. _____

3. Es handelt sich um einen komplizierten Knochenbruch. _____

4. Es hängt vom guten Zusammenwachsen der Knochen ab, wann wir den Patienten entlassen. _____

5. Es kommt auch darauf an, daß die Wunden gut heilen. _____

6. Es tut mir leid, aber der Verband muß neu angelegt werden. _____

7. Es gibt beim Heilungsprozeß hoffentlich keine neuen Komplikationen. _____

8. Es besteht kein Grund zur Sorge. _____

9. Es kommt noch eine lange Genesungsperiode auf den Patienten zu. _____

10. Abgesehen von zwei gebrochenen Knochen, fehlt dem Patienten nichts. _____

Aussagen der Krankenschwester:

a. Der Knochenbruch war nicht ganz einfach.

b. Für eine schnelle Genesung ist wichtig, daß die Wunden gut heilen.

c. Heute fühlt sich der Patient nicht mehr so krank.

d. Wir müssen dem Patienten heute leider noch einmal einen neuen Verband anlegen.

e. Machen Sie sich keine Sorgen!

f. Wir hoffen, daß der Heilungsprozeß ohne Schwierigkeiten abläuft.

g. Wenn die Ärzte nicht so schnell gehandelt hätten, wäre der Patient vielleicht nicht mehr am Leben!

h. Der Patient muß sich noch lange schonen.

i. Der Patient hat außer zwei Knochenbrüchen keine weiteren Beschwerden.

j. Wenn der Knochenbruch gut verheilt, kann der Patient bald entlassen werden.

4. Wie feiert man in Deutschland?

Schreiben Sie die Sätze in der unpersönlichen Passivform um.

BEISPIEL: **Beim Oktoberfest (Bier trinken; Weißwürste essen)**
→ **Es wird viel Bier getrunken.** (= singular)
→ **Es werden viele Weißwürste gegessen.** (= plural)

1. Man feiert viele Feste.

_____

2. Am Silvesterabend (Sekt trinken; ein Feuerwerk veranstalten).

_____

3. Am heiligen Abend (Geschenke auspacken).

_____

4. Am Weihnachtstag (Gänsebraten essen; Weihnachtsstollen essen).

_____

impersonal verbs

5. In der Adventzeit (viel backen).

_____

6. Zu Weihnachten (Weihnachtslieder singen; Christbaum aufstellen).

_____

7. Beim Karneval (Masken und Fastnachtskostüme tragen).

_____

8. Zu Fasching (Bälle und Parties veranstalten).

_____

9. Am Rosenmontag (Umzug abhalten).

_____

10. Zu Ostern (Ostereier färben).

_____

freie Fahrt!

1. Ein furchtbarer Urlaub!

Sie sind deutscher (deutsche) Tourist(in) in Amerika und schicken einem Freund eine Postkarte.
Leider hat bis jetzt wenig geklappt: Sie haben Probleme mit dem Wetter, dem Essen und dem Hotel.
Erzählen Sie in ca. 120–150 Wörtern, was passiert ist.

BEISPIEL: **Es hat hier die ganze Zeit geregnet. Vorgestern hat es . . . Gestern hat es . . . und
heute . . . Im Restaurant . . . Im Hotel . . . Auf unserem Zimmer . . .**

Versuchen Sie möglichst viele der folgenden Ausdrücke zu verwenden:

es geht	schneien	donnern	blitzen	hageln
windig/wolkig/trüb sein	frieren	schmecken	gefallen	stinken
es zieht	fehlen	es gibt	gelingen	leid tun

2. Geht es oder geht es nicht?

Bilden Sie Sätze mit *es* + Adjektiv.

BEISPIELE: → **Es ist im Moment schwierig, Geld zu sparen.**

              → **Es wird nicht leicht sein, sie zu finden.**

Verwenden Sie zum Beispiel folgende Adjektive:

(nicht) möglich	unmöglich	(nicht) schwer	(nicht) schwierig
(nicht) leicht	(nicht) einfach	nützlich	(nicht) wichtig
(nicht) nötig	(nicht) erforderlich	(nicht) ratsam	

3. Im Krankenhaus

Übernehmen Sie die Rolle (a) eines zufriedenen Patienten und (b) eines nicht zufriedenen Patienten.
Sagen Sie der Krankenschwester, wie Sie sich fühlen, was Sie zu loben, bzw. zu kritisieren haben.

BEISPIEL: **Es geht mir . . . , es fehlt . . . , es ist zu heiß . . . , usw.**

impersonal verbs

chapter 33

Prepositional verbs

so wird's gemacht

Verbs and prepositions

Many German verbs are followed by prepositions. Sometimes the preposition is the same as in the English expression (for example, *vergleichen mit* "to compare **with**," *bestehen auf* "to insist **on**"), but more often than not there is no direct link to the English preposition—for example, *sich interessieren für* ("to be interested **in**"), *warnen vor* ("to warn **of**"). For this reason it is important that when you learn a verb you also learn the preposition it takes. The following list gives the most common prepositional verbs but it is by no means exhaustive. The verbs are grouped according to prepositions and the case they take:

***an* + accusative**	
glauben an	to believe in
denken an	to think of/about
erinnern an	to remind of/about
sich erinnern an	to remember
(sich) gewöhnen an	to get used to
***an* + dative**	
fehlen an	to be lacking
teilnehmen an	to take part in
***auf* + accusative**	
antworten auf	to reply to
sich freuen auf	to look forward to
sich konzentrieren auf	to concentrate on
reagieren auf	to react to
warten auf	to wait for
***auf* + dative**	
bestehen auf	to insist on

aus + **dative**

bestehen aus	to consist of

für + **accusative**

danken für	to thank for
sich interessieren für	to be interested in

in + **accusative**

sich verlieben in	to fall in love with

mit + **dative**

anfangen mit	to begin (with)
aufhören mit	to stop
(sich) beschäftigen mit	to occupy oneself with/work on
rechnen mit	to count on/take into consideration
sprechen mit	to talk to/with
telefonieren mit	to talk on the telephone to
sich unterhalten mit	to talk to/converse with
vergleichen mit	to compare with

nach + **dative**

sich erkundigen nach	to inquire about
fragen nach	to ask about
riechen nach	to smell of
rufen nach	to call for
schmecken nach	to taste of
suchen nach	to search for

über + **accusative**

sich ärgern über	to be annoyed about
sich freuen über	to be pleased about
nachdenken über	to think about/reflect on
reden über	to talk about
schreiben über	to write about
sprechen über	to talk about
streiten über	to argue about
sich wundern über	to be surprised at

um + **accusative**

sich bewerben um	to apply for
bitten um	to ask for
sich handeln um	to be about/be a question of
kämpfen um	to fight for

von + **dative**

abhängen von	to depend on
erzählen von	to tell of/about
hören von	to hear of/about
lesen von	to read about
reden von	to talk of/about
sprechen von	to talk of/about
träumen von	to dream of/about
überzeugen von	to convince of

prepositional verbs

vor + **dative**

Angst haben vor	to be afraid of
retten vor	to save from
schützen vor	to protect from
warnen vor	to warn about

zu + **dative**

beitragen zu	to contribute to
einladen zu	to invite to
gehören zu	to belong to/be part of
passen zu	to go with/match

Use of prepositional verbs

a) You use these verbs and their prepositions like any other verb and preposition:

*Sie hat mich **zu** ihrer Geburtstagsfete **eingeladen**.*
She has invited me to her birthday party.

*Er **hat Angst vor** dem Hund.*
He is afraid of the dog.

*Es **fehlt** uns **an** ausgebildeten Lehrkräften.*
We are short of/there is a shortage of trained teachers.

*Er **schreibt über** seine Erfahrungen in Afrika.*
He is writing about his experiences in Africa.

b) Quite often you will find *da-* before the preposition (*dafür, damit, danach, davon, davor, dazu*) or, if the preposition begins in a vowel, *dar-* (*daran, darauf, daraus, darin, darüber, darum*). This form has the meaning "with/about/of **it**" or "with/about/of **that**" and you use it when:

• The prepositional verb refers back to a previous idea, very often a whole sentence or clause:

*Ich werde dir helfen. **Darauf** kannst du dich verlassen.*
I'll help you. You can count on it.

*Sie haben einen kleinen Fehler gemacht. Aber **darüber** wollen wir nicht mehr sprechen.*
You made a small mistake. But let's not talk about it anymore.

*Wir verlieren noch zwei Kollegen. **Daran** müssen wir uns halt gewöhnen.*
We're losing two more colleagues. We'll just have to get used to it.

• The prepositional verb is linked to a following clause that completes the sense:

*Sie haben **darauf** bestanden, **daß auch ich mitfahre**.*
They insisted that I should go with them too.

*Ich freue mich **darauf, deine Eltern kennenzulernen**.*
I am looking forward to meeting your parents.

*Das hängt **davon** ab, **wieviel Geld ich habe**.*
It depends on how much money I have.

*Wir haben uns **darüber** gewundert, **daß niemand da war.***
We were surprised that no one was there.

Occasionally the clause completing the prepositional verb may come before it. This is especially the case when you want to emphasize the content of the clause:

*Daß sie überhaupt nicht erscheinen würde, **damit** hatten wir ja nicht gerechnet.*
We simply hadn't counted on her not turning up at all.

Übung macht den Meister!

1. Das Auslandsjahr

Helen Barrett, eine Ingenieurstudentin aus Milwaukee, verbringt ihr Auslandsjahr als Praktikantin bei einer deutschen Firma in München. Sie spricht über ihre Erfahrungen. Setzen Sie die fehlenden Präpositionen ein.

Weil ich mich schon immer _____ Fremdsprachen interessiert habe, habe ich einen Studiengang

gewählt, der _____ drei Jahren Studium in Amerika und einem Auslandsjahr besteht. Zufällig

hörte ich _____ einer Mitstudentin _____ diesem Praktikantenplatz. Sofort habe ich von

Milwaukee aus _____ dem Personalchef der Firma telefoniert und mich _____ den

Bedingungen erkundigt.

Als ich die Bewerbungsunterlagen bekam, habe ich mich _____ den Praktikantenplatz

beworben. Ich wurde von der Firma _____ einem Vorstellungsgespräch nach New York

eingeladen, _____ dem ich natürlich große Angst hatte. Danach mußte ich vier Wochen

_____ eine Antwort warten, aber verglichen _____ anderen Mitstudenten war das nur

eine kurze Zeit. Ich rechnete schon _____ einer Absage und freute mich deshalb riesig

_____ den positiven Bescheid, als der Brief endlich kam.

Als ich in München ankam, habe ich mich sofort _____ die Stadt verliebt. Ich

konzentrierte mich zunächst _____ die Zimmersuche. Ich antwortete _____ viele

Zeitungsinserate und fand schließlich eine kleine Wohnung, die _____ zwei Zimmern, Küche

und Bad besteht. Ich teile sie _____ einer jungen Übersetzerin, die sich _____ die englische

Sprache interessiert und sich _____ meine gelegentliche Hilfe freut. Wir beide gehören

_____ einem Kreis von jungen Leuten, die neu in der Firma sind, also fehlt es mir nicht

_____ Freunden.

_____ das Leben hier habe ich mich schnell gewöhnt. Verglichen _____ dem

Studentenleben in Amerika ist es natürlich etwas schwer. Ich wundere mich noch immer

_____ den frühen Arbeitsbeginn hier in Deutschland. Ich fange um 7.30 Uhr _____ der

Arbeit an und habe erst um 17.30 Uhr Feierabend.

    In der Firma besteht meine Arbeit nicht _____ einer Aufgabe, es handelt sich

nämlich _____ eine sehr flexible Stelle: Ich spreche _____ Kunden, ich telefoniere

_____ Auslandskunden, ich beschäftige mich _____ Exportproblemen, ich suche

_____ wichtigen Dokumenten, ich trage manchmal sogar etwas _____ Produktplanung

bei. Ich werde _____ allen internen Besprechungen eingeladen und gehöre schon ganz

_____ Belegschaft.

    Natürlich denke ich oft _____ meine Eltern und Freunde in Amerika, ich warte

_____ die Ferien und freue mich _____ ein baldiges Wiedersehen.

2. Einige Einzelheiten aus Helens Leben

Verkürzen Sie die Sätze in Klammern, die sich auf die Idee des vorhergehenden Satzes beziehen, indem Sie zusammengesetzte Präpositionen mit „da" verwenden.

BEISPIEL: **Anfangs war sie ein bißchen einsam. (Sie litt *unter* dieser Tatsache.)**
        → Sie litt *darunter.*

1. Sie hat zu Beginn viele Fehler gemacht. (Sie hat **aus** den Fehlern gelernt.)

_____

2. Sie mußte früh aufstehen. (Sie war nicht **auf** den frühen Arbeitstag vorbereitet.)

_____

3. Bald fiel ihr das Aufstehen nicht mehr schwer. (Sie gewöhnte sich **an** die frühen Zeiten.)

_____

4. Der Chef lobte sie oft. (Sie freute sich **über** das Lob.)

_____

5. Sie bekam ein gutes Gehalt. (Sie war dankbar **für** das Geld.)

_____

6. Sie mußte immer mehr mit Kunden verhandeln. (Sie gewöhnte sich bald **an** diese Situation.)

_____

7. Sie wurde zu Lehrgängen geschickt. (Sie nahm gern **an** den Lehrgängen teil.)

_____

8. Manchmal mußte sie einen Vortrag halten. (Sie hatte Angst **vor** diesen Vorträgen.)

_____

freie Fahrt!

1. Kennen Sie die Präpositionen?

a. Wählen Sie zehn Verben von der Liste auf Seiten 276–278 und testen Sie einen (eine) Partner(in). Weiß er (sie), welche Präpositionen zu welchem Verb passen? Selbstverständlich muß er (sie) auch den dazugehörigen Kasus nennen!

BEISPIELE: **überzeugen?**
→ **von** + *dative*

retten?
→ **vor** + *dative*

b. Jetzt wird's schwieriger! Machen Sie eine Liste von drei Präpositionen plus Kasus und bitten Sie den (die) Partner(in) möglichst viele Verben zu schreiben, die mit dieser Präposition und diesem Kasus verwendet werden.

BEISPIEL: **an** + *accusative*
sich erinnern an, denken an, . . .

c. Nachdem Sie die Verben in (b) korrigiert haben, erfinden Sie für jedes Verb einen Satz.

BEISPIELE: **Sie erinnerte sich kaum noch an ihre Kindheit im Ausland.**

Er dachte schon an die nächsten Ferien.

2. Wie geht's weiter?

Arbeiten Sie zu zweit! Eine(r) erfindet einen unvollständigen Satz mit Verb und *da* + Präposition.

BEISPIELE: **Sie freute sich darauf, . . .**

Er hat mich daran erinnert, . . .

Der (die) andere muß dann versuchen, den Satz zu vervollständigen:

BEISPIELE: **Sie freute sich darauf, *ihre Eltern zu besuchen.***

Er hat mich daran erinnert, *daß ich meinen Sohn abholen muß.*

Bilden Sie weitere Sätze mit den folgenden Verben:

überzeugen von	abhängen von	sich interessieren für	bestehen auf
rechnen mit	sich bedanken für	sich erkundigen nach	sich ärgern über

chapter 34

The passive voice

so wird's gemacht

Active and passive voice

Verbs in English and German can be either in the active or passive voice. In the active voice, the subject performs the action of the verb. For example:

> *Heidi schrieb den Brief.*
> Heidi wrote the letter.

Here the subject, *Heidi,* is the person writing the letter and so we have an active sentence.

In a passive sentence, the subject of the verb is not the "doer" but rather the person or thing that has the action of the verb done to it. For example:

> *Der Brief wurde von Heidi geschrieben.*
> The letter was written by Heidi.

Here the subject, *Brief,* had the action (of writing) done to it. The sentence is therefore passive.

Since the passive voice is used more often in German than it is in English, it is important that you have a good understanding of how it works.

Note that in German you can only form this passive construction with transitive verbs, that is, verbs that take a direct or accusative object (for example, *machen* or *sehen* but not *gehen* or *sitzen*).

Passive with *werden*

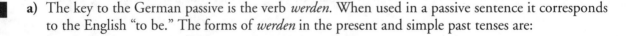

a) The key to the German passive is the verb *werden.* When used in a passive sentence it corresponds to the English "to be." The forms of *werden* in the present and simple past tenses are:

Present		**Simple Past**	
ich werde	*wir werden*	*ich wurde*	*wir wurden*
du wirst	*ihr werdet*	*du wurdest*	*ihr wurdet*
Sie werden	*Sie werden*	*Sie wurden*	*Sie wurden*
er/sie/es wird	*sie werden*	*er/sie/es wurde*	*sie wurden*

• Be careful not to confuse *wurde* with the conditional form *würde* ("would") (see Chapter 37).

You form the passive voice by using a form of *werden* with the past participle of the relevant verb. You must place the past participle at the end of the clause:

> *Die Arbeit **wird** nur langsam **gemacht.***
> The work is being done slowly.

> *Sie **wurde** in der Stadt **gesehen.***
> She was seen downtown.

b) Present perfect and past perfect passive

To form the present perfect passive voice, use the present tense of *sein* with the past participle + *worden*:

> *Es ist schon gemacht worden.*
> It has already been done.

> *Wir sind gesehen worden.*
> We have been seen.

To form the past perfect passive voice, use the simple past of *sein* with the past participle + *worden*:

> *Es war schon gemacht worden.*
> It had already been done.

> *Wir waren gesehen worden.*
> We had been seen.

• You always put *worden* after the other past participle.

c) Future and future perfect passive voice

You form the future passive by putting *werden* into the future tense:

> *Die Arbeit **wird** gemacht **werden.***
> The work will be done.

> *Wir **werden** gesehen **werden.***
> We will be seen.

However, the present tense is often used to convey the future passive, especially where there is no possible ambiguity:

> *Sie wird nächste Woche untersucht.*
> She will be examined next week.

You form the future perfect (see Chapter 26) passive by using the present tense of *werden* + the past participle followed by *worden sein:*

> *Die Arbeit wird gemacht worden sein.*
> The work will have been done.

> *Wir werden gesehen worden sein.*
> We will have been seen.

Passive with *sein*

Besides the passive with *werden,* which focuses on the process of the action, German also has a passive with *sein,* which emphasizes the resulting state once the action of the verb is complete. You form this in exactly the same way as the more common *werden*-passive. The only difference is that *sein* takes the place of *werden.* Compare the following:

> *Das Haus wird gebaut.*
> The house is being built.

> *Das Haus ist gebaut.*
> The house is built (i.e., it is finished).

> *Der Aufsatz wurde gestern geschrieben.*
> The essay was written yesterday.

> *Der Aufsatz war auf schlechtem Papier/auf Deutsch geschrieben.*
> The essay was written on poor-quality paper/in German.

- You normally only use the *sein*-passive in the present and simple past tenses.

- Be careful not to assume that the English "is" or "was" in a passive sentence is always the equivalent of the *sein*-passive. Remember **you should only use the *sein*-passive if you wish to emphasize the state resulting from the action. In all other cases (that is, the majority of cases) use the *werden*-passive.**

Use of *von* and *durch*

a) When the passive voice states who (or sometimes what) performed the action (i.e., the so-called "agent"), the English "by" is normally translated by the German *von* (+ dative):

> *Die Flugkarte wurde **von** einem älteren Herrn abgeholt.*
> The airline ticket was picked up by an elderly gentleman.

b) You use *durch* (+ accusative) to convey not an agent but rather the means by which something is done:

> *Die neuen Pflanzen wurden **durch** den kalten Frühling zerstört.*
> The young plants were destroyed by the cold spring.

c) If you want to suggest that an agent was less actively involved, you can use *mit* (+ dative) instead of *durch*:

> *Das Regal wurde mit bloß zwei Schrauben an der Wand befestigt.*
> The shelves were attached to the wall with only two screws.

Alternatives to the passive

German uses a number of active constructions where English uses the passive voice. These include:

a) Putting the object before the active form of the verb:

> *Dieses Buch hat ein unbekannter Italiener geschrieben.*
> This book was written by an unknown Italian.

b) The impersonal *man* (lit.: "one"):

> *Letzte Woche hat **man** ihm endlich gekündigt.*
> He was finally given his notice last week.

c) The verb *lassen* with a reflexive pronoun and an infinitive to suggest that the action is possible:

> *Die Situation **läßt sich** noch **retten.***
> The situation can still be saved.

d) The verb *sein* followed by *zu* + infinitive:

> *Der Aufsatz **ist** spätestens bis Ende des Monats **einzureichen.***
> The essay has to be handed in by the end of the month at the latest.

Übung macht den Meister!

1. Umweltschutz

Es gibt heutzutage viele Maßnahmen, unsere Umwelt zu schonen. Setzen Sie bitte die untenstehenden Sätze ins Passiv (Vorsicht, es gibt Singular- und Pluralformen!).

BEISPIEL: **Man tankt bleifreies Benzin.**
         → Bleifreies Benzin wird getankt.

1. Man spart Energie.

_____

2. Man beschränkt die Geschwindigkeit.

_____

3. Man bringt Flaschen und Gläser zur Flaschenbank.

_____

4. Man kauft Pfandflaschen und keine Einwegflaschen.

_____

5. Man sammelt Altpapier und Pappe.

_____

6. Man benutzt fast nie Plastiktüten.

_____

7. Man kauft keine Plastikgefäße.

_____

8. Man trennt den Müll in verschiedene Mülltonnen.

_____

9. So schont man die Umwelt.

_____

2. So war es früher

Leider waren die Leute nicht immer so umweltbewußt, und viele Umweltsünden wurden begangen. Schreiben Sie Passivsätze über die Vergangenheit.

BEISPIEL: **Wasserverbrauch (nicht messen)**
         → Der Wasserverbrauch wurde nicht gemessen.
         → Der Wasserverbrauch ist nicht gemessen worden.

1. Joghurtbecher (wegwerfen)

_____

2. Papier (verschwenden)

_____

3. Energie (verbrauchen)

_____

4. Einwegflaschen (kaufen)

_____

5. Plastiktüten (kostenlos abgeben)

_____

6. Verbleites Benzin (tanken)

_____

7. Müll (nicht trennen)

_____

8. Altermaterial (nicht sammeln)

_____

3. Umweltmaßnahmen für die Zukunft

Folgende Maßnahmen werden hoffentlich bald eingeführt werden. Schreiben Sie Passivsätze im Futur.

BEISPIEL: **alle Autos mit Katalysator ausstatten**
             → Alle Autos werden mit Katalysator ausgestattet werden.

1. Häuser mit Doppel- oder Dreifachverglasung bauen

_____

2. Sonnen- und Windenergie mehr nutzen

_____

3. Energiesparende Haushaltsgeräte einführen

_____

4. Höchstgeschwindigkeit senken

_____

5. Energieverbrauch besteuern

_____

6. Umweltverschmutzung bestrafen

_____

4. Leere Wahlversprechen

Vor den Wahlen machen die Politiker den Wählern oft Versprechen. Nach den Wahlen ist aber die Wirklichkeit oft anders, wenn man untersucht, was wirklich gemacht wird.

BEISPIEL: *Versprechen*   *Wirklichkeit (Passiv)*
              Unsere Partei wird:
              mehr Geld für Erziehung ausgeben   **weniger Geld ausgeben**
              → Weniger Geld wurde für Erziehung ausgegeben.

1. die Steuern senken   Steuern erhöhen

_____

2. mehr Mittel für die soziale Sicherung bereitstellen   keine neuen Finanzmittel bereitstellen

_____

3. den sozialen Wohnungsbau fördern   keine Sozialwohnungen bauen

_____

4. die Renten stark erhöhen   Renten nur um 1% erhöhen

_____

5. weniger Geld für die Rüstung ausgeben   mehr Geld für die Rüstung ausgeben

_____

6. eine neue Umweltpolitik betreiben   keine neue Umweltpolitik betreiben

_____

7. mehr Geld in den Straßenbau investieren   kein Geld in den Straßenbau investieren

_____

5. Auf der Polizeiwache

Auf der Polizeiwache ereigneten sich am Wochenende einige Zwischenfälle. Leider sind die Sätze durcheinandergeraten. Finden Sie die richtige Wortstellung:

1. Tourist—ein—ist—von—amerikanischer—einem—bestohlen—worden—Taschendieb

_____

_____

2. der Einbrecher—ertappt—wurde—von—einem Polizisten—auf frischer Tat

_____

3. durch—ein Banküberfall—verhindert worden—das schnelle Eingreifen—ist—der Polizei

_____

_____

4. Randalierer—zwei—festgenommen—sind—worden—Hauptbahnhof—am—einen anonymen Telefonanruf—durch

_____

_____

5. der Kreuzung—auf—ein—Betrunkener—überfahren—Lastwagen—von einem—ist—worden

_____

_____

6. von—zwei—der Polizei—gefaßt—Taschendiebe—im Fußballstadion—wurden

_____

7. wurde—einen Blitzschlag—ein Haus—durch—in Brand—gesetzt

_____

8. Hund—gefunden—von einem—streunender—Streifenwagen—ein—ist—worden

_____

6. Eine Liste der Vorkommnisse

Sie schreiben jetzt eine Liste der acht Vorfälle, ohne sich an genaue Details zu erinnern. Sie umgehen das Passiv durch den Gebrauch von „man hat . . .“

BEISPIEL: **Man hat einen Touristen bestohlen.**

(Vorsicht bei Nummer 7! Hier wird „man“ nicht benutzt.)

1. _____
2. _____
3. _____
4. _____
5. _____
6. _____
7. _____
8. _____

freie Fahrt!

1. Es hat sich aber viel geändert!

Arbeiten Sie zu zweit! Ein Onkel kommt zu Besuch. Er ist in Ihrer Stadt aufgewachsen, hat sie aber seit Jahren nicht mehr gesehen. In der Zwischenzeit hat sich viel geändert. Auf einem Stadtbummel will er wissen, wann das alles passiert ist.

BEISPIELE: **Wann ist das Rathaus umgebaut worden?**
              → Das wurde schon 1990 umgebaut.

              Wann ist die neue Schule eröffnet worden?
              → Die wurde erst letztes Jahr/schon vor drei Jahren eröffnet.

Machen Sie weiter. Sie könnten folgende Gebäude erwähnen:

Supermarkt	Theater	Stadion	Museum	Uhrenfabrik
Hauptstraße	Kaufhaus	Bäckerei	Volkshochschule	

Folgende Verben könnten auch nützlich sein:

renovieren	sanieren	bauen	gründen	stilllegen
vergrößern	sperren	schließen	verbreitern	

2. Deutsche Geschichte

a. Was wissen Sie über Deutschland nach dem Krieg? Stellen Sie zusammen mit Ihrem (Ihrer) Lehrer(in) eine kurze Zeittafel (etwa 15 Daten) der wichtigsten Ereignisse der deutschen Nachkriegsgeschichte auf.

BEISPIELE: **1949 Gründung der BRD, DDR**
              1949 Wahl des ersten Bundeskanzlers (Adenauer)
              1952 Unterzeichnung des Deutschlandvertrags
              1961 Errichtung der Berliner Mauer
              1966 Bildung der Großen Koalition
              1969 Wahl der ersten SPD-FDP Regierung
              1989 Öffnung der deutsch-deutschen Grenze
              1990 Wiedervereinigung Deutschlands

Arbeiten Sie nun zu zweit! Mit Hilfe der Zeittafel stellen Sie einander Fragen:

BEISPIELE: **Wann ist die erste SPD-FDP Regierung gewählt worden?**
              → 1969/im Jahre 1969

              Wann ist der Deutschlandvertrag unterzeichnet worden?
              → 1952/im Jahre 1952

b. Schreiben Sie nun im Präteritum eine kurze Geschichte der Bundesrepublik Deutschland.

BEISPIEL: **1949/im Jahre 1949 wurden die BRD und die DDR gegründet.**

3. Was für eine Überraschung!

Während Herr und Frau Schnell im Urlaub waren, haben ihre Kinder (Susanne, Antje, Karl und Heinz) viele Partys in der Wohnung gemacht. Kurz vor Rückkehr der Eltern haben die Kinder die Wohnung gründlich geputzt. Frau Schnell war erstaunt, wie gut die Wohnung aussah, denn die Fenster waren geputzt, die Teppiche waren staubgesaugt, der Rasen war gemäht, usw. Nachher erzählt sie ihrer Freundin, wer alles gemacht hat:

BEISPIELE: **Die Fenster wurden von Susanne geputzt.**

                Der Rasen wurde von dem kleinen Karl gemäht.

Finden Sie zehn weitere Beispiele.

4. Wie kann man das anders sagen?

Schreiben Sie zunächst zehn Sätze im Passiv. Tauschen Sie mit einem (einer) Partner(in) und versuchen Sie dann, seine (ihre) Sätze neu zu schreiben, indem Sie das Passiv vermeiden.

BEISPIELE: **Das neue Kino wurde von einem berühmten Schauspieler eröffnet.**
                → Das neue Kino eröffnete ein berühmter Schauspieler.
                → Ein berühmter Schauspieler eröffnete das neue Kino.

                Die Arbeit kann erst im neuen Jahr gemacht werden.
                → Die Arbeit läßt sich erst im neuen Jahr machen.
                → Man kann die Arbeit erst im neuen Jahr machen.

chapter 35

Subjunctive I

so wird's gemacht

Two subjunctives

a) The subjunctive mood is a special form of the verb that you use to express actions or states that:

i. are reported as having happened (indirect speech)
ii. may happen in the future or might have happened in the past.

There are two distinct forms of the subjunctive. You use Subjunctive I most frequently for (i), while you use Subjunctive II, by far the more common form, to express (ii) and occasionally as an alternative to Subjunctive I in reporting someone's words.

b) It is very important to note that although each subjunctive has a "present" and a "past" form, **these do not correspond to the normal, or indicative, forms of the verb.** Thus in each of the subjunctives, there is no future tense and no distinction is made between simple past and the perfect tenses. For example, the verb *sein* has the following subjunctive forms:

	Present	**Past**
Subjunctive I	ich sei	ich sei gewesen
Subjunctive II	ich wäre	ich wäre gewesen

This chapter will describe the forms and uses of Subjunctive I (hereafter labelled S1), while Chapter 36 will concentrate on Subjunctive II (S2).

Formation of subjunctive I

a) You most commonly see S1 in the *er/sie/es* forms. The others (in particular, the *ich, wir, Sie,* and plural forms) are rarely found. The S1 *er/sie/es* form is the same as the normal, or indicative, *ich* form, while the *du* and *ihr* forms add *-est* and *-et* respectively to the verb stem (i.e., the infinitive minus *-en*):

haben

ich habe	*wir haben*
du habest	*ihr habet*
Sie haben	*Sie haben*
er/sie/es habe	*sie haben*

gehen

ich gehe	*wir gehen*
du gehest	*ihr gehet*
Sie gehen	*Sie gehen*
er/sie/es gehe	*sie gehen*

In modern German, the *du* and *ihr* forms are considered awkward and you therefore rarely use them, effectively leaving the *er/sie/es* form as the only S1 form distinct from the indicative present tense.

b) The S1 forms of *sein* are:

ich sei	*wir seien*
du sei(e)st	*ihr seiet*
Sie seien	*Sie seien*
er/sie/es sei	*sie seien*

c) You form S1 in the past by using an appropriate form of the S1 of *sein* or *haben* with the past participle. Again the *er/sie/es* forms tend to be the only ones encountered:

er habe gesagt
sie sei gekommen
es sei passiert

d) The same rules apply to the formation of the S1 of modal verbs, with the exception of the *ich* forms, which are: *solle, wolle, könne, müsse, dürfe, möge.*

To form the S1 past tense of modal verbs, use an appropriate form of *haben* with the infinitive of the verb that depends on it and the infinitive of the modal verb:

ich habe es machen müssen　　　　　　　I had/have had to do it, etc.
du habest es machen müssen
Sie haben es machen müssen
er/sie/es habe es machen müssen
wir haben es machen müssen
ihr habet es machen müssen
Sie haben es machen müssen
sie haben es machen müssen

*Sie meinten, er **habe** es letzte Woche **machen sollen.***
They said he should have done it last week.

*Er sagte, sie **habe** es nicht **kaufen können.***
He said she couldn't buy it.

Subjunctive I and reported (indirect) speech

a) You mainly use S1 to report what someone else has said:

*Sie hat gesagt, sie **wolle** nicht mitfahren.*
She said she did not want to travel with me/us.

*Er sagte, er **habe** einfach keine Zeit.*
He said he simply did not have any time.

b) In English indirect speech, the tense of the verb being reported depends on the tense of the introductory verb (for example, "he says," "she claimed," etc.). German, however, retains the tense of the original statement (present or past) **regardless of the tense of the introductory verb.** Compare:

"I don't have a newspaper."   *„Ich habe keine Zeitung."*
He **says** he **doesn't have** a newspaper.   *Er sagt, er **habe** keine Zeitung.*
He **said** he **didn't have** a newspaper.   *Er sagte, er **habe** keine Zeitung.*

Similarly, when you are using S1 in the past:

"I didn't have/have not had any money."   *„Ich hatte kein Geld/habe kein Geld gehabt."*
He **says** he **didn't have** any money.   *Er sagt, er **habe** kein Geld **gehabt.***
He **said** he **hadn't had** any money.   *Er sagte, er **habe** kein Geld **gehabt.***

As in English you have to change the original *ich* to *er* when you report the words.

c) Where S1 forms are not clearly recognizable as reported speech, you use S2 forms instead. Thus if the original words are *Wir haben viel Geld,* the reported version would be: *Sie sagten, sie **hätten** viel Geld* because the S1 *Sie sagten, sie **haben** viel Geld* is identical to the present indicative.

d) In spoken German, some people prefer to use S2 to convey reported speech even when there is no possible ambiguity or lack of clarity. If you use both S1 and S2 in the same piece of reported speech, however, S2 suggests a degree of doubt about what is being reported:

*Sie sagt, sie **habe** den Film nicht gesehen und **hätte** auch kein Interesse daran.*
She says she has not seen the movie and that she has no interest in it (but I am not sure I believe her).

e) Where the subjunctive differs from the present indicative (i.e., in the *du, er/sie/es,* and *ihr* forms), you do not need to keep repeating an introductory "he/she/they said" or to use one in the first place, in order to report what was said:

*Sie **wolle** nicht umziehen. Die Wohnung **gefalle** ihr sehr gut und der Nachbar **helfe** ihr mit den Einkäufen. Außerdem **sei** alles Nötige ganz in der Nähe.*
(She said) she did not want to move. She liked the apartment a lot, and her neighbor helped her with the shopping. Furthermore, all the essentials were close by.

f) In conversation, and increasingly in written German too, you tend to avoid the subjunctive completely after verbs of thinking or saying by employing a *daß* clause:

> *Sie sagt, daß sie arbeitslos ist.*
> She says she is unemployed.

> *Er meint, daß er anrufen soll.*
> He thinks he is supposed to call.

Other uses of subjunctive I

a) You use S1 in indirect questions too (note that the verb here goes to the end of its clause):

> *Sie fragten, warum er nicht zu Hause **sei.***
> They asked why he wasn't at home.

> *Sie wollte wissen, wo sich das neue Parlamentsgebäude **befinde.***
> She wanted to know where the new parliament building was (situated).

Once again, however, you must use S2 when S1 is the same as the indicative form:

> *Er fragte, warum wir kein Geld **hätten.***
> He asked why we didn't have any money.

b) The most common way of reporting a command is to use *sollen:*

"Stop by on Monday."	*„Kommen Sie am Montag vorbei.“*
He said I should stop by on Monday.	*Er sagte, ich **solle** am Montag vorbeikommen.*

c) To express a wish, use S1 in the third person:

> *Es **lebe** die Demokratie!*
> Long live democracy!

> *Gott **sei** Dank!*
> Thank God/heavens.

Übung macht den Meister!

1. Ein Interview auf der Polizeiwache

Frau Bennet, eine Touristin aus Amerika, berichtet über einen Vorfall, der sich bei ihrer Ankunft am Flughafen ereignet hat. Ihr Bericht wird auf Tonband aufgenommen und später von einem Polizisten an seinen Vorgesetzten weiterberichtet. Hier ist das Transkript des Vorfalls. Schreiben Sie die folgenden Sätze um, indem Sie die unterstrichenen Verbformen in die indirekte Rede (Konjunktiv I) setzen. (Vergessen Sie nicht, „sie" statt „ich" zu schreiben!)

Ich bin heute morgen mit der ersten Maschine aus New York gelandet.

_____

Ich habe das Flugzeug als eine der ersten Passagiere verlassen.

_____

Ich beeilte mich, weil ich einen Termin in unserer Partnerfirma einhalten wollte.

_____

Als ich durch die Paßkontrolle zur Gepäckrückgabe ging, stieß ich auf eine Gruppe junger Leute.

_____

Ich habe dann meine Reisetasche genommen und bin zum Ausgang gelaufen.

_____

Dort sah ich die Gruppe der jungen Leute wieder.

_____

Sie warteten anscheinend auf ein Taxi.

_____

Einer der jungen Männer hat mich dann angesprochen und nach der Uhrzeit gefragt.

_____

Als ich meine Reisetasche abstellte, um auf meine Armbanduhr zu schauen, näherte sich plötzlich eine junge Dame, die meine Tasche ergriff und in ein wartendes Taxi einstieg.

_____

Das Taxi ist daraufhin mit großer Geschwindigkeit abgefahren.

_____

Es stellte sich heraus, daß die Gruppe junger Leute die Dame nicht kannten.

_____

Sie waren genauso erstaunt wie ich über den Vorfall.

_____

Ich habe natürlich meine ganzen Dokumente verloren.

_____

Für die Wiederfindung der Unterlagen hat meine Firma eine Belohnung ausgesetzt.

_____

Der Finderlohn ist DM 1000, weil es sich um wichtige Dokumente handelt.

_____

2. Ein neuer Patient

Herr Kaufmann ist auf Urlaub und hat starke Magenschmerzen. Er hat seinen ersten Termin beim Arzt im Ferienort. Der Arzt hat ihm einige Fragen gestellt:

1. Wie heißen Sie?
2. Wo wohnen Sie?
3. Wann sind Sie geboren?
4. Sind Sie heute zum ersten Mal hier?
5. Sind Sie versichert?
6. Wie heißt Ihre Krankenkasse?
7. Haben Sie eine Krankengeschichte?
8. Seit wann haben Sie Schmerzen?
9. Wo tut es weh?
10. Haben Sie Angst vor einer Spritze?
11. Sind Sie allergisch gegen Penicillin?
12. Können Sie die Symptome beschreiben?

Dann sagte der Arzt:

13. Es tut mir leid, Sie sind sehr krank.
14. Ich muß einen Krankenwagen für Sie bestellen.
15. Sie müssen heute noch operiert werden.

Nach der Operation berichtet Herr Kaufmann, was sich abgespielt hat.

Er erzählt: _Der Arzt wollte wissen, wie ich heiße, wo ich wohne, ob ich versichert sei, usw._

Dann berichtet er weiter: _Der Arzt sagte, es tue ihm leid, ich . . ._

1. _____
2. _____
3. _____
4. _____
5. _____
6. _____
7. _____

8. _____

9. _____

10. _____

11. _____

12. _____

13. _____

14. _____

15. _____

3. Im Krankenhaus

Der neue Patient wacht nach der Operation auf und stellt Fragen an eine junge Schwesternhelferin:

1. Wo bin ich?
2. Was ist passiert?
3. Wie lange muß ich bleiben?
4. Wann kann ich aufstehen?
5. Wann darf ich etwas essen?
6. Darf man hier rauchen?
7. Soll ich ruhig liegen?
8. Ich will meine Verwandten anrufen—ich habe keine Kinder.
9. Wie oft muß ich die Tabletten einnehmen?
10. Warum darf ich nichts trinken? Ich habe Durst.

Die junge Schwester berichtet an die Stationsschwester weiter. Schreiben Sie die obigen Sätze in der indirekten Rede (Konjunktiv I).

BEISPIEL: **Er fragte, wo er sei, was passiert sei, ob er essen dürfe, usw.**

1. _____

2. _____

3. _____

4. _____

5. _____

6. _____

7. _____

8. _____

9. _____

10. _____

4. Alles war falsch!

Der Arzt klärt den Patienten über seine falschen Lebensgewohnheiten auf (direkte Rede) und der Patient berichtet weiter, was der Arzt gesagt hat (indirekte Rede).

BEISPIEL: **Arzt:** **Sie haben zu viel gegessen.**
Patient: **Er sagte, ich hätte zu viel gegessen.**

1. Sie haben zu wenig Bewegung gehabt.

   Er sagte, _____

2. Sie sind nicht fit.

   _____

3. Sie müssen mehr Sport treiben.

   _____

4. Sie dürfen nicht mehr rauchen.

   _____

5. Sie können viel Obst essen.

   _____

6. Sie sollen nicht so viele Pommes frites essen.

   _____

7. Sie müssen mehr auf Ihre Gesundheit achten.

   _____

freie Fahrt!

1. Das Studentenleben

a. Ihr Bruder hat einen Studienplatz in einer anderen Stadt gefunden. Nach zwei Wochen schreibt er Ihnen über sein neues Leben dort. Später erzählen Sie Ihrer Mutter, was er geschrieben hat.

BEISPIEL: **Er hat geschrieben, er habe sein eigenes Zimmer im Wohnheim. Die Universität sei nur zwei Kilometer entfernt, und er müsse also erst um acht Uhr aufstehen. Er sagt, er kenne schon viele Leute . . . Er schreibt, er gehe abends . . . Am Wochenende habe er . . . Er meint, an der Uni . . . Er glaubt, in der Stadt . . .**

Machen Sie weiter.

b. Später schreiben Sie Ihrer Freundin einen Brief und erzählen Sie ihr, was Ihr Bruder geschrieben hat. Schreiben Sie ca. 150 Wörter.

2. Unvorsichtige Autofahrer

a. Zwei Polizisten besprechen einen Verkehrsunfall. Der jüngere Polizist hat zwei Augenzeugen verhört und erzählt seinem Kollegen, was sie ihm gesagt haben.

BEISPIEL: **Herr Drewitz hat gesagt, er sei um neun Uhr an der Kreuzung gewesen. Da habe er ein rotes Auto gesehen. Ein Mann habe das Auto gefahren . . .**
Frau Holst behauptet, sie habe einen kleinen roten Wagen gesehen. Sie habe einen Jungen neben der Ampel gesehen. Er sei . . .

Erzählen Sie weiter, was die Augenzeugen über den Vorfall ausgesagt haben.

b. Der Fahrer des roten Autos wird später verhaftet und verhört. Der Polizist muß nachher über das Verhör berichten. Was erzählt er seinem Kollegen diesmal? Was hat der Mann gesagt?

BEISPIEL: **Der Mann hat gesagt, er heiße Anton Wieland und wohne Schloßstraße 27. Er besitze einen roten VW-Golf . . . Gestern . . .**

3. Darf ich Sie mal was fragen?

Zu Hause erzählen Sie, wie ein Mann Ihre Freundin auf dem Heimweg aufgehalten hat, um Informationen für eine Meinungsumfrage über Transport- und Verkehrsprobleme in Ihrer Stadt zu sammeln. Erzählen Sie, welche Fragen er der Freundin gestellt hat.

BEISPIEL: **Er wollte wissen, ob sie morgens zu Fuß in die Schule/Universität gehe, ob sie umsteigen müsse. Er hat gefragt, wann sie morgens losfahre, usw.**

chapter 36

Subjunctive II

so wird's gemacht
Formation of subjunctive II

a) You form S2 in the "present" by adding *-e, -est, -en, -e, -en, -et, -en*, and *-en* to the normal (= indicative) simple past tense *ich/er/sie/es* form. If the simple past of strong verbs contains an *a, o,* or *u* (for example, *gab, hob, fuhr*), add an umlaut in S2:

gehen		haben		sein	
ich ginge	*wir gingen*	*ich hätte*	*wir hätten*	*ich wäre*	*wir wären*
du gingest	*ihr ginget*	*du hättest*	*ihr hättet*	*du wärest*	*ihr wäret*
Sie gingen	*Sie gingen*	*Sie hätten*	*Sie hätten*	*Sie wären*	*Sie wären*
er/sie/es ginge	*sie gingen*	*er/sie/es hätte*	*sie hätten*	*er/sie/es wäre*	*sie wären*

The S2 forms of weak verbs are identical to the normal past tense forms:

sie arbeitete	she would work
er prüfte	he would test

Although we refer to these S2 forms as "present tense," you must not forget that they often express future actions or states. Remember also that the subjunctive does not have any distinct future tense forms.

b) You form the past tense of S2 by using the S2 of *sein* or *haben* and the past participle of the relevant verb:

sie wären gekommen	they would have come
er hätte gekündigt	he would have resigned
ich wäre gegangen	I would have gone
wir hätten aufgegeben	we would have given up

Note that with modal verbs (see Chapter 30), the infinitive serves as the past participle (i.e., *müssen* rather than *gemußt*). This modal past participle always follows the infinitive that depends on it:

> *Sie hätten die Arbeit machen **können**.*
> You could have done the work.

> *Sie hätte mir schreiben **sollen**.*
> She should have written to me.

Use of subjunctive II

You use S2:

a) To express conditions (see also Chapter 37) and hypotheses:

> *Wir **hätten** dann auch Zeit, einkaufen zu gehen.*
> We would then have time to go shopping as well.

> *Wir **könnten** auch Inge einladen.*
> We could invite Inge too.

> *Das **wäre** gar nicht so schlecht.*
> That wouldn't be at all bad.

b) To formulate polite statements, requests, and questions:

> *Das **wäre** alles.*
> That's all.

> *Wir **hätten** eine kleine Bitte.*
> We have a small favor (to ask).

> *Ich **möchte** ein Bier, bitte.*
> I'd like a beer, please.

> *Wir **hätten** gern zwei Kaffee.*
> We would like two cups of coffee.

> ***Hätten** Sie vielleicht noch heute Zeit?*
> Would you have time today?

Modal verbs are particularly common in this usage:

> ***Könntest** du uns, bitte, helfen?*
> Could you help us, please?

> *Ohne eure Hilfe **müßten** wir noch schneller arbeiten.*
> We would have to work even more quickly if we didn't have you to help.

- Note the special meanings of the following S2 modals:

> *Das **müßte** die Lösung sein.*
> That must be (i.e., would have to be) the solution.

> *Das **dürfte** die Lösung sein.*
> That might well be/probably is the solution.

würden + infinitive

Germans frequently use *würden* (the S2 form of *werden*) + infinitive instead of the simple S2 forms in conditional sentences without any change in meaning (see also Chapter 37). This happens, in particular, with:

a) Verbs that have irregular S2 forms, such as *helfen* ("to help") (*hülfe, hülfest,* etc.), *schwimmen* ("to swim") (*schwömme/schwämme, schwömmest/schwämmest,* etc.), *stehen* ("to stand") (*stünde, stündest,* etc.), or *sterben* ("to die") (*stürbe, stürbest,* etc.).

NOT *Wenn er uns **hülfe,** kämen wir viel schneller voran.*
If he helped us, we would finish more quickly.

BUT *Wenn er uns **helfen würde,** kämen wir viel schneller voran.*

b) Other (regular) strong verbs, which in conversation many consider to be awkward. Compare:

*Wenn er mehr übte, **sänge** er noch besser.*
If he practiced more, he would sing even better.

with:

*Wenn er mehr übte, **würde** er noch besser **singen.***

- Note, however, that you would very rarely use *würden* + infinitive to replace *wäre, hätte, es gäbe* ("there would be"), or the modal S2 forms.

c) Conditional sentences in which S2 would fail to make the condition clear. Here you should replace at least one of the S2 verbs by *würde:*

NOT *Wenn er es besser **machte, verdiente** er mehr.*
If he did it better, he would earn more.

BUT *Wenn er es besser **machte, würde** er mehr **verdienen.***

subjunctive II

Übung macht den Meister!

1. Die Wochenendreise

Helga und Lotte möchten eine Wochenendreise nach Paris machen. Sie telefonieren mit dem Reisebüro und erkundigen sich ganz höflich nach den verschiedenen Reisemöglichkeiten. Setzen Sie die Verben in Klammern in die entsprechende Konjunktiv II-Form. Hier ist das Telefongespräch:

Guten Tag, wir (haben) _____ eine kleine Bitte. (Können) _____ Sie uns

vielleicht Auskunft über eine Wochenendreise nach Paris geben? Wir (mögen) _____ vom

20.11. bis höchstens 24.11. bleiben. Wir (wollen) _____ am liebsten mit der Bahn fahren,

da (können) _____ man vielleicht Schlafwagenplätze buchen, um Zeit zu sparen. Oder

(sein) _____ es besser zu fliegen? Wir (brauchen) _____ zwei Einzelzimmer,

aber falls das nicht möglich (sein) _____, (gehen) _____ auch ein

Doppelzimmer mit zwei Betten. Wenn wir ein Hotel im Zentrum (finden) _____,

(sein) _____ das für uns am besten. Es (sein) _____ vielleicht teurer, aber wir

(sparen) _____ viel Zeit und (können) _____ mehr Sehenswürdigkeiten

besichtigen. (Haben) _____ Sie vielleicht auch einen Stadtplan für uns? Vielen Dank,

das (sein) _____ alles!

2. Der Herr vom Reisebüro gibt Ratschläge

a. Schreiben Sie die folgenden Ratschläge im Konjunktiv II.

BEISPIEL: **Es wäre ratsam, wenn Sie Reiseschecks (mitnehmen).**
→ Es wäre ratsam, wenn Sie Reiseschecks mitnähmen.

1. Es wäre möglich, wenn Sie drei Tage Zeit (haben).

   _____

2. Es wäre schlecht, wenn Sie keine Reiseversicherung (abschließen).

   _____

3. Es wäre besser, wenn Sie das Geld hier (umtauschen).

   _____

4. Es wäre ratsam, wenn Sie mit dem Taxi zum Hotel (fahren).

   _____

5. Es wäre zu empfehlen, wenn Sie Plätze im Zug (reservieren).

   _____

6. Es wäre sicherer, wenn Sie ohne Wertsachen (reisen).

_____

b. Schreiben Sie nun diese Ratschläge, indem Sie *werden* benutzen.

BEISPIEL: **Es wäre gut, wenn Sie Reiseschecks mitnehmen würden.**

1. _____
2. _____
3. _____
4. _____
5. _____
6. _____

3. Die Neureichs haben nie genug

Herr Neureich hat sich vom Tellerwäscher zum Besitzer einer großen Hotelkette emporgearbeitet. Aber sein Erfolgshunger ist nicht zu stillen.

BEISPIEL: **Herr Neureich ist reich (noch reicher).**
              → Er wäre gern noch reicher.

1. Er ist jetzt Millionär (Multimillionär).

_____

2. Er hat einen Mercedes (einen Rolls Royce).

_____

3. Er besitzt einen Hubschrauber (Flugzeug).

_____

4. Er wohnt in einer Villa (Schloß).

_____

5. Er macht drei Monate Urlaub im Jahr (sechs Monate).

_____

6. Er spielt am Wochenende Golf und Tennis (während der Woche auch).

_____

7. Er besitzt 15 Hotels (30 Hotels).

_____

8. Er lebt jetzt wie ein Prinz (wie ein König).

_____

Die Erwartungen seiner Frau sind auch nicht bescheidener:

BEISPIEL: **Sie hat zwei Autos (fünf Autos).**
              → Sie hätte gern fünf Autos.

9. Sie ist die reichste Frau der Stadt (die reichste Frau Deutschlands).

   _____

10. Sie hat einen kleinen Freundeskreis (mehr Freunde).

   _____

11. Frau Neureich hat viel Schmuck (mehr Gold und Juwelen).

   _____

12. Sie besitzt ein Pferd (einen ganzen Reitstall).

   _____

13. Sie kennt einige deutsche Filmstars (mehr ausländische Stars).

   _____

14. Sie spricht mit einem bayerischen Akzent (ohne Akzent).

   _____

15. Sie lernt jetzt Englisch (auch Französisch, Spanisch und Italienisch).

   _____

16. Sie beschäftigt drei Haushaltshilfen (einen Butler).

   _____

4. Sie hätte nicht kommen sollen!

Silke, eine junge Frau von 20 Jahren, ist auf einem Geburtstagsfest eingeladen. Sie ist sehr blaß und fühlt sich nicht wohl. Ihre Freundinnen sprechen miteinander: _sie_ hätten sich anders verhalten. Was sagen sie? Schreiben Sie die Sätze der Freundinnen auf:

BEISPIEL: **zu Hause bleiben**
              → An ihrer Stelle wäre ich zu Hause geblieben.

1. nicht kommen

   _____

2. den Arzt anrufen

   _____

3. Tabletten nehmen

   _____

4. im Bett bleiben

_____

5. sich ausruhen

_____

6. die Einladung absagen

_____

7. mehr auf die Gesundheit achten

_____

freie Fahrt!

1. An der Rezeption

Arbeiten Sie zu zweit! Eine(r) steht an der Rezeption eines deutschen Hotels und versucht ein Zimmer zu reservieren. Er (sie) fragt, ob das gewünschte Zimmer zu haben ist. Der (die) andere übernimmt die Rolle der Empfangsdame.

BEISPIEL: **Hätten Sie noch ein Doppelzimmer frei?**
→ Ja, wir hätten ein Zimmer ohne Bad im ersten Stock.

Hier sind die Wünsche des Gastes:

Doppelzimmer mit Bad
Blick auf den Fluß
Abendessen für heute bestellen
Frühstück morgen um sieben Uhr

Kleid und Anzug heute abend bügeln lassen
Fernseher im Zimmer
Zimmer im ersten Stock

Seien Sie so höflich miteinander wie möglich—benutzen Sie folgende Verben im Konjunktiv II:

haben	sein	mögen	können
müssen	möglich sein	es gibt	

2. Wenn der Konjunktiv nur etwas einfacher wäre!

Bilden Sie 15 Sätze mit dem Konjunktiv II. Sie müssen sich entscheiden, ob eine einfache Konjunktiv II-Form möglich ist, oder ob die Form _würden_ + Infinitiv besser wäre.

BEISPIEL: **Wenn er nicht so weit weg wohnte, _sähen_ wir ihn ja öfter.**
BUT **Wenn ich mehr Zeit hätte, _würde_ ich viel mehr _schwimmen_.**

Verwenden Sie jedes der folgenden Verben mindestens einmal:

helfen	gehen	stehen	kommen	gewinnen
bleiben	fliegen	fahren	stehlen	waschen

chapter 37

Conditions

so wird's gemacht

There are three main types of conditional sentences in German, two of which involve the use of the S2 forms explained in Chapters 35 and 36. It is important that you read back over the previous two chapters before tackling this one.

All conditional sentences consist of a *wenn*-clause ("if-clause") and a main clause.

Real conditions

These are also known as "open conditions" since the possibility of their occurring is still open. They never contain a subjunctive and you usually only find them in the present and occasionally the future tenses. Note that in this type of condition, English never uses "would":

> *Wenn es heute regnet, bleiben wir zu Hause.*
> If it rains today, we'll stay at home.

> *Wenn ich Zeit habe, komme ich morgen vorbei.*
> If I have time, I'll drop by tomorrow.

> *Wenn der Zug pünktlich ist, werden wir zum Mittagessen da sein.*
> If the train is on time, we'll be there for lunch.

- If you use *wenn* with the simple past tense, it denotes repeated or regular action in the past and often has the meaning "when/whenever":

> *Wenn wir viel zu tun hatten, mußten wir auch nachts arbeiten.*
> If/when we had a lot to do, we also had to work nights.

Unreal conditions (wishes)

a) You use S2 to form unreal conditions, that is, conditions that are unfulfilled. It may be more or less likely that they will ever be fulfilled but it is not impossible for them to occur:

> *Wenn ich viel Geld hätte, könnte ich mir ein Haus auf dem Land kaufen.*
> If I had a lot of money, I could buy myself a house in the country.

> *Wenn du mehr verdientest, müßtest du mehr Steuern bezahlen.*
> If you earned more, you would have to pay more tax.

- Note that in English we use the past tense in the "if-clause" here and a conditional with "would" in the main clause, whereas **German uses S2 in both clauses.**

b) The present tense S2 forms of weak verbs (for example, *verdientest* above) are identical to normal (i.e., indicative) simple past forms. If you use two such verbs in a conditional sentence, you need to use at least one as a conditional to avoid ambiguity (see also Chapter 36). You do this by using *würden* + infinitive:

> *Wenn er mehr übte, **würde** er besser **spielen*** (rather than *spielte*).
> If he practiced more, he would play better.

> *Wenn sie mich fragte, **würde** ich es ihr **sagen*** (rather than *sagte*).
> If she asked me, I would tell her.

You can replace **both** weak-verb S2 forms with a *würden* construction, and in spoken German, you will quite often hear this. In writing, such a sentence is considered poor style and should be avoided. For example:

NOT	*Wenn Sie es uns morgen schicken würden, würden wir es bis Montag reparieren.*
	If you were to send it to us tomorrow, we would repair it by Monday.
BUT RATHER	*Wenn Sie es uns morgen schickten, würden wir es bis Montag reparieren.*

Contrary-to-fact conditions

You use the past-tense S2 to express a possible action or state in the past, but it is an action or state that can no longer be realized:

> *Wenn du es rechtzeitig **gebracht hättest**, **wäre** alles in Ordnung **gewesen.***
> If you had brought it on time, everything would have been all right.

In this type of sentence, what happened contradicts the condition. Thus, in the example above we are implying "but you did not bring it on time and things were not all right." The condition was not realized and it cannot be realized now either.

> *Wenn sie krank **gewesen wäre**, **hätte** sie uns doch **angerufen.***
> If she had been ill, she would have called us.
> (Again we infer: "but she wasn't ill and therefore she did not call.")

> *Wenn er mehr Zeit **gehabt hätte**, **hätte** er etwas Besseres **machen können.***
> If he had had more time, he could have made something better.
> (But he didn't have time and therefore he couldn't make anything better.)

Note that in English in this type of conditional sentence, we frequently use "would have/could have/ might have," etc. in the main clause and a past perfect "had brought/had been," etc. in the "if-clause." **In German, however, you must use the past-tense S2 in both clauses.**

Variations on conditional sentences

a) As in English, you can place the main clause before the *wenn*-clause:

> *Sie arbeitet lieber zu Hause, wenn das Wetter so schlecht ist.*
> She prefers to work at home when the weather is this bad.

> *Ich wäre sehr dankbar, wenn Sie mir die Broschüre schicken würden.*
> I would be very grateful if you would send me the brochure.

b) In written German, in particular, you can omit *wenn* at the start of the subordinate clause. In this case, you put the verb first. This construction is usually only possible if the subordinate clause comes first (compare the English "Were it not so cold, we could sit outside"):

> ***Haben** sie noch Plätze frei, können wir heute abend ins Theater gehen.*
> If they still have seats available, we can to go the theater tonight.

> ***Wäre** es nicht so kalt, könnten wir draußen sitzen.*
> If it weren't so cold, we could sit outside.

> ***Hätten** sie es uns früher gesagt, wären wir nicht hingefahren.*
> If they had told us sooner, we wouldn't have gone there.

c) If the *wenn*-clause comes first, you often link it with the main clause by *so* or *dann*:

> *Wenn Sie am Dienstag kämen, **so/dann** hätten wir noch Zeit, auch die Stadt zu besichtigen.*
> If you came on Tuesday, we would have time to tour the city too.

Übung macht den Meister!

1. Unerfüllte Mutterwünsche

Eine gestreßte Mutter von zwei Teenagern klagt über ihre Kinder. Schreiben Sie ihre Wünsche im Konjunktiv II.

BEISPIEL: **mehr im Haushalt helfen**
          → Wenn er doch mehr im Haushalt helfen würde!

1. höflicher sein

2. nettere Freunde haben

_____

3. mir die Arbeit abnehmen

_____

4. nicht so viel Alkohol trinken

_____

5. nicht jeden Abend ins Wirtshaus gehen

_____

6. früher nach Hause kommen

_____

7. öfter kochen

_____

8. Arbeit suchen

_____

Über ihre Tochter klagt sie auch:

BEISPIEL: **die Haare schneiden lassen**
              → Wenn sie sich doch die Haare schneiden ließe!/schneiden lassen würde!

9. fleißiger sein

_____

10. ihr Zimmer aufräumen

_____

11. nicht rauchen

_____

12. nicht so viel Geld verbrauchen

_____

13. nicht so viele Kleider kaufen

_____

14. nicht so laute Musik hören

_____

15. nicht so oft in Nachtklubs gehen

_____

conditions

2. Schülerwünsche

Schüler unterhalten sich über die neue Schule. Schreiben Sie die Wünsche:

BEISPIEL: **Die Lehrer sind zu streng.**
→ Ich wünschte, die Lehrer wären nicht so streng.
→ Wenn doch die Lehrer nicht so streng wären!

1. Die Hausaufgaben sind zu schwer.

   _____

   _____

2. Der Unterricht beginnt so früh.

   _____

   _____

3. Die Stunden sind so langweilig.

   _____

   _____

4. Man bekommt bessere Noten.

   _____

   _____

5. Man wird leichter versetzt.

   _____

   _____

6. Man bleibt nicht sitzen.

   _____

   _____

7. Die Ferien sind zu kurz.

   _____

   _____

3. Wenn das Wörtchen „wenn" nicht wäre . . .

Zwei Tramper, die zu einem Fußballspiel ihrer Lieblingsmannschaft fahren wollen, stehen am Straßenrand im Regen und haben Wünsche. Setzen Sie die Verben in Klammern in den Konjunktiv II:

Wenn doch ein Auto (kommen) _____ und das Auto uns

(mitnehmen) _____ und wenn es dazu ein schneller Wagen mit einem rasanten

Fahrer (sein) _____ und auch der Verkehr unterwegs nicht besonders stark

(sein) _____ und wir schnell (vorankommen) _____!

Und wenn wir dann noch Glück (haben) _____ und eine Eintrittskarte zum

Endspiel (bekommen) _____! Das (sein) _____ ganz toll!

Und wenn unser Fußballverein dann ein wenig Glück (haben) _____ und

die Mannschaft (gewinnen) _____! Das (sein) _____

zu schön, um wahr zu sein! Diese Reise und das lange Warten am Straßenrand

(haben) _____ sich gelohnt!

4. Ein Pechvogel träumt vergeblich

Horst hat sich bei einem großen Betrieb um eine neue Stelle mit guten Aufstiegschancen beworben. Er wird zum Vorstellungsgespräch eingeladen, hat aber leider keinen Erfolg. Er träumt noch oft von dieser tollen Stelle:

BEISPIEL: **jetzt in der neuen Firma arbeiten**
               → Wenn ich die Stelle bekommen hätte, würde ich jetzt in der neuen Firma arbeiten.

1. nette Kollegen haben

_____

2. nicht so einen weiten Arbeitsweg haben

_____

3. mehr verdienen

_____

4. jetzt nicht diese langweilige Arbeit machen müssen

_____

5. längeren Urlaub haben

_____

6. flexiblere Arbeitszeiten genießen

_____

7. bessere Aufstiegschancen bekommen

_____

8. zufriedener sein

_____

5. Es war schön, aber es hätte noch schöner sein können!

Zwei Freunde, die eine Wochenendreise nach Berlin gemacht haben, berichten:

BEISPIEL: **das Reichstagsgebäude besichtigen**
              → Wenn wir mehr Zeit gehabt hätten, hätten wir das Reichstagsgebäude
              besichtigt.

Wenn wir mehr Zeit gehabt hätten, . . .

1. den Kurfürstendamm besuchen

   _____

2. die Gedächtniskirche besichtigen

   _____

3. in die Oper gehen

   _____

4. eine Bootsfahrt auf dem Wannsee machen

   _____

5. einen Ausflug nach Potsdam machen

   _____

6. in die Umgebung reisen

   _____

Wenn wir mehr Geld gehabt hätten, . . .

7. im Luxushotel wohnen

   _____

8. jeden Abend auf den Kurfürstendamm ausgehen

   _____

9. teure Theaterkarten kaufen

   _____

10. Einkäufe in den Boutiquen machen

    _____

11. immer mit dem Taxi fahren

    _____

12. schöne Reiseandenken mitbringen

    _____

freie Fahrt!

1. Wer fährt mit?

Sie planen einen Tagesausflug mit Freunden. Wohin Sie fahren und was Sie genau machen werden, hängt davon ab, wer mitfährt. Besprechen Sie mit einem (einer) Freund(in), was Sie machen, wenn bestimmte Personen mitfahren.

BEISPIEL: **Wenn Paul mitfährt, gehen wir in viele Kneipen.**
                      Ja, aber wenn Sarah dabei ist, müssen wir auch unbedingt ein Museum besuchen.
                      Ja, und wenn . . .

Besprechen Sie Vorschläge für mindestens zehn weitere Personen.

2. Das amerikanische Wetter!

Wenn man in Amerika Urlaub macht, muß man mit wechselhaftem Wetter rechnen. Schreiben Sie einem (einer) deutschen Brieffreund(in), was Sie im Urlaub machen, wenn schlechtes bzw. gutes Wetter ist (ca. 80–100 Wörter).

BEISPIEL: **Wenn es regnet, bleiben wir meistens zu Hause.**

Und wenn es schneit oder wenn die Sonne scheint? Und wenn es frostig/kalt/schwül/warm/heiß/windig ist?

3. Die Welt verbessern!

Manchmal macht es Spaß, darüber nachzudenken, was man an der Welt ändern würde, wenn man sie beherrschte. Was würden Sie machen?

BEISPIEL: **Wenn ich Diktator bzw. der reichste Mann/die reichste Frau der Welt wäre, würde ich . . .**

Machen Sie mindestens fünf Vorschläge zur Weltverbesserung!

4. Wenn ich mal reich wäre . . .

Was würden Sie machen, wenn Sie beim Lotto gewinnen würden? Schreiben Sie in ca. 200 Wörtern, was Sie nicht bzw. nicht mehr machen und auch was Sie neu unternehmen würden. Erzählen Sie auch, was die anderen Mitglieder der Familie machen würden/könnten.

BEISPIEL: **Wenn Geld kein Problem wäre, würde ich nicht mehr arbeiten/studieren. Meine Familie könnte mit mir um die Welt fahren. Wir hätten . . . Ich würde . . . Mein Bruder müßte nicht mehr . . . Meine Schwester könnte . . .**

conditions

5. Ich hätte es ganz anders gemacht

Arbeiten Sie zu zweit! Eine(r) erzählt (im Perfekt), was er (sie) auf einer Deutschlandreise gemacht hat. Der (die) andere glaubt, daß er (sie) alles besser gemacht hätte.

BEISPIELE: **Ich habe drei Tage in Berlin verbracht.**
→ Was?! Ich hätte doch eine ganze Woche dort verbracht.

Ich bin mit dem Zug nach München gefahren.
→ Was sagst du?! Ich wäre doch nach München geflogen.

6. Wenn ich Geld gehabt hätte . . .

Sie haben gerade ein langweiliges Wochenende zu Hause verbracht, weil Sie kein Geld hatten, um etwas Interessanteres zu machen. Was hätten Sie gemacht, wenn Sie viel Geld gehabt hätten? Lassen Sie Ihrer Phantasie freien Lauf!

BEISPIEL: **Wenn ich viel Geld gehabt hätte, wäre ich mit einem (einer) Freund(in) nach Italien gefahren. Dort hätten wir . . .**

7. Es hätte alles anders sein können

Stellen Sie sich vor, Sie sind erfolgreicher (erfolgreiche) Sportler(in) und Sie geben einer Jugendzeitschrift ein Interview über Ihre Jugend. Sie haben Glück gehabt. Erzählen Sie, was gewesen wäre, wenn Verschiedenes in Ihrem Leben anders gewesen wäre.

BEISPIELE: **Wenn mir meine Mutter/mein Vater nicht geholfen hätte, wäre ich kein(e) Sportler(in) geworden.**

Wenn die Schule keinen Sportlehrer gehabt hätte, . . .

chapter 38

Word forms and meanings: verbs

so wird's gemacht

Word building

One of the more striking features of German is the way it uses combinations of words or parts of words to build compound words. For example, *die Unmöglichkeit* ("impossibility") is made up of the negative prefix *Un-,* the adjective *möglich* ("possible"), and the typical feminine noun ending *-keit.*

This approach to word formation can be very useful in recognizing and helping to guess the meanings of German words. Be careful, though, in using this chapter and the following one to help you build words yourself, since there are a fair number of inconsistencies. It is always best to check words in a dictionary rather than to create them independently.

Verb formation

By far the most common way to form new verbs in German is to add a prefix. Prefixes added to verbs can be either separable or inseparable. A brief summary of the main meanings and purpose of these prefixes is given below. (The use of separable and inseparable verbs is dealt with more fully in Chapter 29.) Only the most common prefixes and meanings are included here.

1. Inseparable prefixes

- *be-* Is used to form transitive verbs (i.e., verbs that can take an accusative object) from nouns and adjectives:

    etwas bestellen to order something, *eine Frage beantworten* to answer a question

    Sometimes the suffix (a word ending) *-ig-* may be added:

    befriedigen to satisfy, *beglaubigen* to witness/authenticate

- *ent-* Usually has the meaning of removing or escaping and is often the equivalent of the English "de-" and "dis-":

    enttäuschen to disappoint, *entkommen* to escape

- *er-* Suggests seeing an action through to its completion:

    erschießen to shoot dead, *erarbeiten* to achieve through hard work

- *miß-* Suggests something done incorrectly:

    mißtrauen to mistrust, *mißlingen* to fail

- *ver-* Can denote:

    i. the ending or demise of something:

    verfallen to decay, *verbrauchen* to use up

    ii. something done excessively or incorrectly (the latter often with reflexive verbs):

    verwöhnen to spoil someone, *sich verzählen* to miscount

    iii. changes of state:

    verbreiten to spread, *vergrößern* to enlarge

- *zer-* Denotes reduction to small pieces:

    zerbrechen to shatter, *zerhacken* to chop up

2. Separable prefixes

- *ab-* away; off

    abfahren to depart, *absteigen* to get off, *abstellen* to put down **or** to turn off

- *an-* to/onto; starting something; doing something partially

    ankommen to arrive, *anlaufen* to start up, *anbrennen* to catch fire **or** to singe

- *auf-* up; on

    aufstehen to get up, *aufsetzen* to put on

- *aus-* out; off

    ausgehen to go out, *ausmachen* to turn off

- *dazu-* in addition

    dazusagen to add (in speech), *dazugeben* to add (to something)

- *ein-* in/into

    einsteigen to get on/in, *eintauchen* to immerse

- *entgegen-* toward

    entgegenhalten to hold out toward, *entgegenfahren* to drive toward

- *fern-* distant

    fernhalten to keep away, *fernlenken* to operate by remote control

- *fort-* away

    fortfliegen to fly away, *fortjagen* to chase away

- *hinzu-* in addition

    hinzurechnen to add on, *hinzufügen* to add (in speaking or writing)

- *los-* starting something

    losfahren to get going (with transportation), *losgehen* to get going (on foot)

- *mit-* along with

    mitspielen to join in (a game), *mittanzen* to dance (along with others)

- *nach-* after

    nachkommen to follow, *nachsprechen* to repeat

- *nieder-* down

    sich niederlassen to settle down, *niederschlagen* to knock down

- *vor-* before, preceding

    vorlassen to let (someone) go first, *vorstellen* to present/introduce

- *voraus-* in advance

    vorauseilen to hurry ahead, *voraussagen* to predict

- *vorbei-* past

    vorbeimarschieren to march past, *vorbeifahren* to drive past

- *weg-* away, off

    weglassen to leave out, *weggehen* to go away

- *wieder-* again

    wiederbewaffnen to rearm, *wiederkehren* to return

- *zu-* to, toward; on(to); off

    zuschicken to send (to somebody), *zusteigen* to get on, *zumachen* to close

word forms: verbs

- *zurück-*   back

    zurücknehmen to take back, *zurücksetzen* to move (something) back

- *zusammen-*   together, up

    zusammenklappen to fold up, *zusammenpacken* to pack together/up

3. Variable prefixes

Variable prefixes may be either separable or inseparable.

- *durch-*   through

    durchfallen (sep.) to fail (an exam), *durchfahren* (insep.) to travel through

- *hinter-*   behind

    hintergehen (insep.) to deceive, *hinterziehen* (insep.) to evade, appropriate

- *über-*   over; repeating; too much

    übersetzen (sep.) to ferry across, *übersetzen* (insep.) to translate, *überprüfen* (insep.) to check, *übertreiben* (insep.) to exaggerate

- *um-*   around; changing

    umsteigen (sep.) to change, transfer (for example, trains), *umgeben* (insep.) to surround

- *unter-*   under; less than

    unterschreiben (insep.) to sign, *untertauchen* (sep.) to submerge, immerse

- *voll-*   full; completing/finishing

    vollgießen (sep.) to fill up, *vollbringen* (insep.) to accomplish

- *wider-*   against

    widersprechen (insep.) to contradict, *widerspiegeln* (sep.) to reflect

Übung macht den Meister!

1. Wortbildung

Mit Hilfe der fünf Vorsilben im ersten Kasten bilden Sie mindestens 15 neue nicht trennbare Verben mit den Verben im zweiten Kasten. Schlagen Sie im Wörterbuch die Bedeutungen nach.

Beispiele: **behandeln, vertrauen**

a.

| be- | ent- | miß- | ver- | zer- |

b.

stören	suchen	gehen	spannen
verstehen	lassen	lingen	sichtigen
brechen	handeln	kommen	laufen
schneiden	legen	antworten	trauen

_____ _____ _____

_____ _____ _____

_____ _____ _____

_____ _____ _____

_____ _____ _____

_____ _____ _____

2. Trennbare Wörter

Für jedes Diagramm bilden Sie acht trennbare Verben und schlagen Sie ihre Bedeutungen nach.

a.

```
             machen
      geben  |  gehen
laufen ———— mit ———— schreiben
      teilen  |  spielen
             fahren
```

b.

```
             stehen
    kommen  |  stellen
lassen ———— auf ———— geben
    richten  |  machen
             sagen
```

_____   _____

_____   _____

_____   _____

_____   _____

_____   _____

_____   _____

_____   _____

word forms: verbs

c.

```
                sehen
        reden    |    holen
nehmen ──── ein ──── bringen
        kaufen   |    steigen
              marschieren
```

_____

_____

_____

_____

_____

_____

d.

```
                lesen
       kommen    |    legen
zeigen ──── vor ──── sagen
       bringen   |    machen
              haben
```

_____

_____

_____

_____

_____

_____

3. Das unvorhergesehene Problem

a. Finden Sie die verschiedenen Vorsilben im Kasten, die zu dem Verb *sehen* passen. Suchen Sie die jeweilige Bedeutung im Wörterbuch.

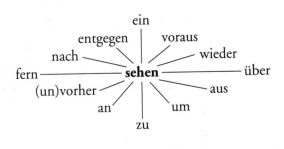

_____

_____

_____

_____

_____

_____

b. Setzen Sie nun die passenden Verben in den folgenden Lückentext ein:

Der amerikanische Student Bill sieht seinem Auslandssemester an der Universität Freiburg mit großer

Erwartung _____. Er freut sich darauf, die Stadt, die er vor vier Jahren auf einem

Schüleraustausch besucht hatte, _____zusehen.

Als er zu Semesterbeginn anfing, sich nach einem Zimmer _____zusehen, gab es leider Probleme: Die Studentenwohnheime hatten lange Wartelisten und es war nicht

_____zusehen, wann ein Zimmer frei würde. So mußte Bill _____sehen,

daß er selbst auf Wohnungssuche gehen müßte.

Er wollte deshalb bei verschiedenen Maklern _____sehen, was für Angebote sie

hatten. Er wünschte sich eine Wohnung, die gut eingerichtet sein sollte, gut _____sehen

sollte und einen Fernsehapparat haben sollte, weil er sich vorgenommen hatte, in Deutschland viel

_____zusehen, um sein Deutsch zu verbessern.

Heute wollte er eine tolle Wohnung _____sehen. Alles schien zu stimmen.

Die Wohnung war genau das, was er suchte, doch dann ergab sich ein _____gesehenes

Problem. Er hatte es _____sehen, nach dem Preis zu fragen und hatte die hohe

Miete von DM 1.000 so nicht _____sehen können. Deshalb mußte er

_____sehen, wie die Wohnung an einen anderen Studenten mit mehr Geld vermietet

wurde.

freie Fahrt!

1. Die Trennung ist manchmal schwer!

a. Finden Sie mit Hilfe eines Wörterbuches für die trennbaren Vorsilben auf Seiten 318–320 möglichst viele trennbare Verben. Benutzen Sie die folgenden Verben:

gehen   kommen   steigen   fahren   laufen

BEISPIELE: **einsteigen, ausgehen, vorbeifahren**

b. Schreiben Sie nun Sätze im Präsens, in denen Ihre Verben mindestens einmal vorkommen.

BEISPIELE: **Eine Frau steigt in den Bus ein.**

              Mein Bruder kommt gleich aus dem Kino (her)aus.

              Sie fährt an uns vorbei.

2. Es geht um die Wette!

Suchen Sie innerhalb einer bestimmten Zeit Verben mit einer bestimmten Vorsilbe (*ge-, be-, um-, miß-, ent-, ver-, zer-*). Wer zuerst zehn Verben gefunden hat, ruft Stop! Die Verben werden vorgelesen. Wenn andere aus der Gruppe dieselben Verben haben, streichen wir sie durch. Sieger ist, wer zum Schluß die meisten übriggebliebenen Wörter hat.

chapter 39

Word forms and meanings: nouns, adjectives, and adverbs

so wird's gemacht

Noun formation

a) German frequently forms compound nouns, consisting of two or more nouns. For example, *der Ausstellungsraum* ("exhibition room") consists of *die Ausstellung* and *der Raum*. In such compounds both the meaning and the gender are decided by the last element (see Chapter 3).

As the example above shows, you often link compounds by adding one or two letters. The link can be: *e, en, es, n,* or *s:*

das Hund**e**gebell	dog's barking
der Frau**en**sport	women's sport
die Bund**es**republik	Federal Republic
die Küch**en**abfälle	kitchen scraps
der Himmel**s**wagen	the Great Bear

Conversely, with feminine nouns in particular, you sometimes drop the final *-e* from the first element of the compound:

die Erde earth	BUT	*die Erdkunde* geography
die Miete rent	BUT	*der Mietvertrag* lease
die Schule school	BUT	*das Schulgebäude* school building

b) You can form nouns from different parts of the verb. These include:

- Past participles:

    der Angestellte (male) employee, *die Bekannte* (female) acquaintance

- Present participles:

    die Streikenden people on strike, *der Verhungernde* starving man

- Infinitives:

    das Wandern walking, *das Singen* singing

---

c) Besides the verb prefixes listed in Chapter 38, which also appear in related nouns (for example, *das **Ein**kommen* income, *die **Aus**gabe* edition), you commonly find a number of other prefixes with nouns:

- *Fehl-*   wrong; mistaken:

    die Fehlgeburt miscarriage, *die Fehldeutung* misinterpretation

- *Ge-*   Denotes either collective nouns (formed from other nouns) or extended activity (formed from verbs); the latter often have negative overtones:

    das Gebälk timberwork, *das Gedränge* crush

- *Grund-*   basic:

    das Grundstudium basic (university) course, *das Grundgesetz* Basic Law (German Constitution)

- *Haupt-*   main:

    der Hauptgrund main reason, *der Hauptbahnhof* main train station

- *Miß-*   wrong; mistaken:

    der Mißmut sullenness, *das Mißverständnis* misunderstanding

- *Neben-*   subsidiary; secondary:

    der Nebenberuf second job, *die Nebengasse* side street

- *Nicht-*   non-:

    das Nichtmitglied nonmember, *der Nichtangriffspakt* nonaggression pact

- *Riesen-*   enormous, huge:

    die Riesensubvention huge subsidy, *der Riesenhunger* enormous appetite

- *Schein-*   not real:

    der Scheinwiderstand sham resistance, *der Scheinfriede* phony peace

other word forms

- *Teil-*   part, partial:

    das Teilergebnis partial result, *der Teilverlust* partial loss

- *Un-*   opposite; bad; abnormal:

    der/die Unbekannte stranger, *der Unmut* bad humor, *die Unmenge* huge amount

- *Ur-*   original; very old:

    der Ursprung origin, *der Urmensch* primeval human

---

d) German also uses a large number of suffixes (typical word endings) to form nouns. Chapter 3 describes the genders with which these suffixes are associated. The information here in parentheses gives the gender of the suffix (m. = masculine, f. = feminine, n. = neuter) and the parts of speech with which they combine (i.e., verbs, other nouns, or adjectives) to form the new noun:

- *-chen* (n., nouns) and *-lein* (n., nouns)   Both, often with an umlaut on the stressed vowel, indicate diminutives:

    das Mäuschen small mouse, *das Mädchen* girl, *das Büchlein* small book,
    das Fräulein young woman

- *-e* (f., verbs or nouns)   Usually denotes an **action** when the noun is derived from a verb, and a **quality** when it is deriveed from an adjective (in which case there will usually be an umlaut on the stressed vowel):

    die Bitte request, *die Größe* size

- *-ei* (f., nouns)   Denotes places, often where things are collected:

    die Konditorei café, *die Bücherei* library

- *-er/-ler* (m., nouns or verbs)   Denotes a person performing an action:

    der Sänger singer, *der Sportler* athlete

- *-erei* (f., verbs)   Indicates a continuous or frequent and annoying activity:

    die Streiterei quarrelling, *die Meckerei* moaning, grumbling

- *-heit* (f., adjectives), *-keit/-igkeit* (f., adjectives), and *-nis* (n. or f., verbs or adjectives)   Used to form abstract nouns:

    die Dunkelheit darkness, *die Blindheit* blindness, *die Haltbarkeit* durability,
    die Geschwindigkeit speed, *das Geheimnis* mystery, *die Erkenntnis* recognition

- *-ik* (f.)   Usually denotes academic disciplines:

    die Kybernetik cybernetics, *die Mathematik* mathematics

- *-in* (f., nouns)   Forms the feminine of people and many animals:

    die Ausländerin foreigner, *die Löwin* lioness

- *-ling* (m., verbs or adjectives)   Indicates a person:

    der Flüchtling refugee, *der Häuptling* chief(tain)

- *-schaft* (f., nouns, adjectives)   Forms collective or abstract nouns:

    die Genossenschaft cooperative, *die Schwangerschaft* pregnancy

- *-tum* (n., nouns)   Denotes an abstract noun, sometimes a collective group or an institution:

    das Königtum kingdom, *das Bauerntum* farmers, *das Priestertum* priesthood

- *-ung* (f., verbs)   Indicates the process of the original verb:

    die Handlung action, *die Siedlung* settlement

- *-wesen* (n., nouns)   Usually denotes some type of system:

    das Bildungswesen educational system, *das Finanzwesen* the financial system

Adjective formation

You can uses suffixes and prefixes in a variety of ways to form adjectives.

1. Participles

You can use both the present and past participles of most verbs as adjectives:

bekannt	well-known
gebildet	(well) educated
begabt	able, gifted
leitend	leading
verwirrend	confusing
nichtssagend	meaningless, frivolous

2. Suffixes

In the following list, the type of word with which the suffix combines is given in parentheses:

- *-arm* (nouns)   poor in, and *-reich* (nouns)   rich in:

    kalorienarm low in calories, *nikotinarm* low-nicotine, *vitaminreich* rich in vitamins, *kinderreich* having lots of children

- *-bar* (verbs)   Often equivalent of English "-able" and "-ible":

    fahrbar mobile, *trinkbar* drinkable

- *-en/-ern* (nouns)   Denotes something made of the material of the original noun (*-ern* forms take an umlaut):

    bronzen bronze, *stählern* made of steel

- *-feindlich* (nouns)   hostile toward, and *-freundlich* (nouns)   friendly toward:

    frauenfeindlich misogynous, *umweltfeindlich* harmful to the environment, *hundefreundlich* dog-loving, *kinderfreundlich* fond of children

- *-frei* (nouns)   free from, and *-los* (nouns)   without, like English "-less":

    alkoholfrei nonalcoholic, *autofrei* car-free (zone), *zeitlos* timeless, *endlos* endless

- *-haft* (nouns)   Indicates that the person or thing shares the particular attribute:

    riesenhaft gigantic, *elefantenhaft* elephantine

- *-ig* (nouns) (often with umlaut)   Suggests that the person or thing shares the characteristics of the original noun or has some similarity to it. This suffix can also denote duration:

    windig windy, *zügig* speedy, *fünftägig* five-day

- *-isch* (nouns)   Forms adjectives from foreign words or proper names or indicates a shared attribute with the original noun (often in a negative sense):

    niederländisch Dutch, *kindisch* childish

- *-lich* (nouns, adjectives, or verbs)   When you use it with nouns, it either suggests a similarity with the original noun or denotes frequency. With adjectives, it indicates a smaller amount or degree of the quality. With a verb, it denotes ability to do something:

    königlich regal, *täglich* daily, *grünlich* greenish, *unerklärlich* inexplicable

- *-mäßig* (nouns)   Is used to refer to, suggest similarity with, or indicate accordance with something:

    berufsmäßig professional, *schulmäßig* having to do with school, didactic, *planmäßig* according to plan

3. Prefixes

German uses only a small number of prefixes to form adjectives. You always place these at the front of existing adjectives. Most have clear meanings:

- *hoch-*   Denotes a high degree of the attribute:

    hochintelligent highly intelligent, *hochindustrialisiert* highly industrialized

- *höchst-*   Is even more emphatic that *hoch*:

    höchstwahrscheinlich in all probability, *höchstgefährlich* extremely dangerous

- *un-*   Is used to make an adjective negative:

    unversöhnlich irreconcilable, *untreu* unfaithful

- *ur-*   Is used to denote something original or very old. Alternatively, it can be used to intensify the meaning:

    urchristlich early Christian, *ureigen* one's very own

Adverb formation

You can use most adjectives as adverbs without any change in their form. There are, however, a number of typical adverbial forms, for example:

vormittags	in the morning
*rück**wärts***	backwards
*vernünftig**erweise***	sensibly

You can add these to simple adjectives, nouns, or verbs. For further examples see Chapter 15.

Übung macht den Meister!

1. Woher kommt das Wort?

Sortieren Sie die Nomen aus dem untenstehenden Kasten in drei Gruppen ein:

a. Nomen aus Verbinfinitiven
b. Nomen, die aus dem Partizip I (Präsens) gebildet sind
c. Nomen, die aus dem Partizip II (Perfekt) gebildet sind

BEISPIEL:

Infinitiv	**Partizip I**	**Partizip II**
das Wandern	die Streikenden	der Angestellte

das Kommen	das Rauchen	das Spielen
der Reisende	der Verurteilte	das Leben
die Verlobte	der Auszubildende	die Unbekannte
das Singen	der Betrunkene	die Sterbenden
das Entscheidende	das Trinken	der Angeklagte
die Leidenden	die Überlebenden	die Geschiedene
der Angestellte	das Malen	der Bittende
die Geliebte	die Streikenden	das Wandern

_____   _____   _____

_____   _____   _____

_____   _____   _____

_____   _____   _____

_____   _____   _____

_____   _____   _____

_____   _____   _____

2. Kennen Sie den Unterschied?

Bilden Sie zusammengesetzte Wörter und finden Sie deren Bedeutung heraus:

Haupt- Neben-	Satz (m.) Straße (f.) Eingang (m.) Fach (n.) Sache (f.) Gebäude (n.) Beruf (m.)

_____   _____

_____   _____

_____   _____

_____   _____

_____   _____

_____   _____

3. Neue Wörter

Es gibt jeweils zwei Möglichkeiten, die Nomen unten als zusammengesetzte Nomen zu schreiben. Schreiben Sie die neuen Nomen mit ihrem Geschlecht auf und finden Sie deren Bedeutung heraus.

BEISPIEL: **der Kauf   das Haus**
               → das Kaufhaus (*department store*), der Hauskauf (*house purchase*)

1. das Obst   der Garten

   _____   _____

2. der Wein   die Flasche

   _____   _____

3. das Bier   das Faß

   _____   _____

4. der Garten   die Stadt

   _____   _____

5. das Spiel   die Karte

   _____   _____

6. die Arbeit   der Tag

_____   _____

7. der Wirt   das Haus

_____   _____

8. das Fenster   der Laden

_____   _____

4. Hier gibt es nichts Positives

Diese Vorsilben sind alle ein bißchen negativ. Für jede Vorsilbe bilden Sie zusammengesetzte Wörter.
Benutzen Sie die Wörter im Kasten unten.

a. Fehl-
b. Miß-
c. Nicht-
d. Un-

-erfolg	-geburt	-glück
-ruhe	-meldung	-mensch
-raucher	-handlung	-schwimmer
-schlag	-beachtung	-gunst
-wetter	-mitglied	-fall
-verständnis	-anzeige	-brauch

a. _____   **b.** _____

_____   _____

_____   _____

_____   _____

_____

_____

c. _____   **d.** _____

_____   _____

_____   _____

_____   _____

_____

_____

_____

other word forms

freie Fahrt!

1. Wer findet die längsten Wörter?

Arbeiten Sie zu zweit! Mit Hilfe eines Wörterbuches sucht jede(r) fünf Wörter, die aus mindestens drei anderen Wörtern bestehen.

BEISPIELE: **die Straßenbahnlinie**

der Personenkraftwagen

Der (die) Partner(in) findet dann die zugrundeliegenden Wörter.

BEISPIELE: **die Straße**   **die Bahn**   **die Linie**

die Person   **die Kraft**   **der Wagen**

2. So kann man neue Nomen bilden

Finden Sie zehn Nomen, die aus Verbinfinitiven gebildet sind, und schreiben Sie für jedes Nomen einen Satz im Präsens.

BEISPIELE: **Das Reisen macht mich immer sehr müde.**

Das Rauchen ist im Zug verboten.

3. Wörtersuche

a. Finden Sie in einer deutschen Zeitung oder in einem Buch einen längeren Artikel bzw. Text. Ordnen Sie alle Nomen im Text unter die Endungen auf Seiten 326–327 ein. Schreiben Sie das jeweilige Geschlecht ein.

BEISPIEL: *-chen*   *-e*   *-ei*   *-er/-ler*

das Häuschen   die Frage   die Bücherei   der Kanzler

b. Wiederholen Sie Übung 1 mit den Adjektivnachsilben auf Seiten 327–328.

4. Die Reklame übertreibt häufig

Schauen Sie auch a) Reklamen in Zeitschriften oder b) Beschreibungen in Urlaubsprospekten an. Hier findet man oft zusammengesetzte Adjektive oder Adverbien. Wie viele können Sie finden?

BEISPIELE: **blütenweiß, extrastark, superschnell . . .**

touristenfreundlich, freizeitorientiert, regenarm . . .

5. Wortreihen

Mit Hilfe eines Wörterbuches versuchen Sie Wortreihen mit mindestens zehn verschiedenen Nomen zu bilden.

BEISPIELE: **Garten—Tisch** → *Tisch*lampe → *Lampen*geschäft → *Geschäfts*straße
→ *Straße(n)* . . .

Garten—Haus → *Haus*gast → *Gast*arbeiter → Arbeit(s) . . .

chapter 40

Punctuation and spelling

so wird's gemacht

You should note that several reforms to German spelling and punctuation have recently been accepted by the German, Austrian, and Swiss authorities. These will change significantly the way German is written. A summary of the proposed reforms appears on pp. 348–350. This chapter describes current practice.

Punctuation rules tend to be a lot stricter in German than in English. There are a number of key points that the student of German must learn.

Capitals

You must use capital letters:

a. For all nouns (including adjectives used as nouns—see Chapter 13).
b. At the start of a sentence.
c. In the titles of books, films, and plays.
d. For the polite second-person pronouns and possessive adjectives (i.e., *Sie, Ihnen, Ihr*).
e. For the familiar second-person pronouns and possessive adjectives when used in a letter (i.e., *Du, Dich, Dir, Dein; Ihr, Euch, Euer*).

Commas

Commas are used a lot more in German than in English. You use them in the following instances:

a) To separate two main clauses linked by *aber, denn, oder, sondern,* or *und:*

Elke kam ins Zimmer, und Uli lief sofort hinaus.
Elke came into the room, and Uli immediately ran out.

If the two main clauses have the same subject, however, you do not normally repeat it and there is no comma:

> *Elke kam ins Zimmer und setzte sich neben das Fenster.*
> Elke came into the room and sat down by the window.

b) To separate a main clause from a subordinate clause:

> *Wenn Sie einen Moment Zeit haben, könnten Sie mir vielleicht sagen, warum diese Uhr, die ich gestern bei Ihnen gekauft habe, nicht richtig funktioniert.*
> When you have a moment to spare, maybe you could tell me why this watch that I bought here yesterday is not working properly.

But note that you do not separate with a comma a series of subordinate clauses linked by *und* or *oder:*

> *Es war schon klar, daß sie zum Spiel nicht kommen wollte und daß sie gar kein Interesse am Sport hatte.*
> It was clear that she didn't want to come to the game and that she had no interest at all in sports.

c) To separate a main clause from a *zu* + infinitive clause:

> *Wir haben nächste Woche vor, nach Washington zu fahren.*
> We plan to go to Washington next week.

As seen in Chapter 19, with infinitive clauses consisting of just *zu* and the infinitive, you usually omit the comma:

> *Sie versprach zu warten.*
> She promised to wait.

> *Hast du Lust mitzuspielen?*
> Do you want to join in (the game)?

d) To separate adjectives before a noun when they are considered to be of equal importance, i.e., when one of them could be used on its own without affecting the meaning of the other. Compare the following:

> *Er ist der zur Zeit **bekannteste deutsche** Fußballspieler in Amerika.*
> He is the best-known German soccer player presently playing in America.

> *Siehst du das Mädchen mit den **langen, dunklen** Haaren?*
> Can you see the girl with the long, dark hair?

(A useful way of deciding whether a comma is needed is to see if the adjectives could be linked by *und*. If so, you should insert a comma.)

punctuation and spelling

e) To separate items in a list:

Wir haben viele Früchte gekauft: Äpfel, Bananen, Pfirsiche, Apfelsinen und Birnen.
We bought a lot of fruit: apples, bananas, peaches, oranges, and pears.

Note that there is no comma before *und*.

f) To indicate a noun in apposition (see Chapter 12):

Meinen Freund, den Rechtsanwalt, kennst du ja schon, oder?
Of course, you already know my friend the lawyer, don't you?

g) To indicate a decimal point:

0,012	0.012
6,4	6.4
112,5	112.5

Other punctuation

a) You use exclamation marks in commands (*Komm rein!* "Come in!", *Bedien dich selbst!* "Help yourself"), greetings (*Guten Morgen!* "Good morning," *Herzlichen Glückwunsch!* "Congratulations"), and exclamations (*Du lieber Gott!* "Good heavens!").

Note that nowadays you rarely use exclamation marks at the start of correspondence (for example, *Sehr geehrte Frau Debus!*). Instead, you should use a comma and start the message with a small letter:

Liebe Anna,   Dear Anna,
vielen Dank für Deinen Brief . . .   Many thanks for your letter . . .

b) Periods are used after ordinal numbers (*am 20. November*) and abbreviations (*d.h.* for *das heißt* "that is/i.e."; *z.B.* for *zum Beispiel* "for example"). But you do not use a period after initial letter abbreviations such as *BRD, CDU, DM, GmbH*.

c) Traditionally, open quotation marks in German have always been placed at the bottom of the line:

„Zum Beispiel".

Increasing standardization in the computer age now means that in German too you frequently find English-style quotation marks:

"Zum Beispiel."

You use single quotation marks for reference to an item within quotation marks:

Er fragte uns: „Weißt du, was ‚gefährlich' auf Englisch heißt?"
He asked us: "Do you know what the English for 'gefährlich' is?"

ss or ß

The *ß* is not used in Switzerland, but in both Germany and Austria it is always used in the following circumstances:

a) At the end of a word or a compound:

> *Fluß, stieß, muß, Reißverschluß*

b) After a long vowel:

> *Füße, Maße, Größe* (but **not** after a short one: *Flüsse, genossen, müssen*)

c) Before another consonant:

> *müßt, mißverstehen, eßbar*

Note that you always use *SS* in uppercase:

> *FLUSS.*

Dividing words

a) German has a number of rules concerning the division of words at the end of a line. The basic rule is that the division and hyphen come at the end of a syllable:

> *spä-ter, lau-ter, un-er-klär-lich*

This means a single consonant goes to the following line, as does the last in a series of consonants:

> *Ru-der, he-ben, Was-ser, Drechs-ler*

b) Note, however, the following refinements of this rule:

• Vowels cannot be left on their own at the beginning or end of a word:

> *aber* (**not** *a-ber*), *eben* (**not** *e-ben*)

• *st* is not divided:

> *We-sten, bela-sten*

• Compound words and words with a prefix are divided according to their constituent parts:

> *aus-stehen, dar-über, Frei-tag*

• *ck* becomes *kk* when divided:

> *ausdrük-ken, Zuk-ker*

• *ß* is split either as *-ß* or *s-s:*

> *hei-ßen* or *heis-sen*

punctuation and spelling

Übung macht den Meister!

1. Brief an eine gute Freundin in Deutschland

Clare schreibt an ihre Freundin Hanna. Leider vergißt sie, daß man in deutschen Briefen die persönlichen Fürwörter (*Du, Ihr,* usw.) mit Großbuchstaben schreibt. Setzen Sie die Großbuchstaben in den Brief ein.

Liebe Hanna,

vielen Dank für deinen Brief, den ich vor einer Woche erhalten habe. Wie du schreibst, bist du seit zwei Wochen wieder zu Hause bei deinen Eltern nach deinem langen Aufenthalt bei deinen Verwandten in Kanada. Es freut mich zu hören, daß es dir dort so gut gefallen hat. Ich beneide dich, daß du diese Reise machen konntest. Kannst du mir vielleicht demnächst mal ein paar Fotos schicken?

Sicher sind deine Eltern froh, daß du wieder daheim bist und daß euer Haus wieder mehr Bewohner hat. Was machen eure beiden Katzen und euer Hund? Haben sie dich auch vermißt, während du in Kanada warst?

Bitte schreibe mir bald wieder und berichte auch über deine Pläne für die Weihnachtsferien. Fahrt ihr wieder in euer Haus in den Alpen?

Liebe Grüße,

deine Clare

2. Ein Geschäftsbrief

Herr Reiser, der Manager des Hotels „Alpenblick" in Konstanz, hat eine neue amerikanische Sekretärin, die immer wieder vergißt, daß deutsche Nomen und Fürwörter mit Großbuchstaben anfangen. Überprüfen Sie den folgenden Brief und verbessern Sie die Fehler der Sekretärin.

Sehr geehrter herr Boll,

wir danken ihnen für ihre anfrage nach einem prospekt unseres hauses.

Wir haben ihnen wunschgemäß ein doppelzimmer mit seeblick für die zeit vom 7.7.–21.7. in unserem hause reserviert. Der preis, den wir ihnen berechnen, hängt von der ausstattung des zimmers ab. Falls sie ein zimmer mit balkon wünschen, würde sich der preis um DM 2,50 pro tag erhöhen. Dürfen wir sie auch darauf hinweisen, daß in dem preis das frühstück und das abendessen eingeschlossen sind.

Würden sie uns bitte mitteilen, ob sie mit dem wagen anreisen und somit eine garage oder einen stellplatz benötigen.

Wir legen für sie den hotelprospekt bei und erwarten ihre baldige rückantwort.

Mit freundlichen grüßen,

ihr

Magnus Reiser

(hotelmanager)

3. Wie ein Rußlandbesuch zu einem Besuch aus Rußland führte

Der folgende Beitrag für eine Jugendzeitschrift wurde auf einer Schreibmaschine ohne *ß*-Buchstabe getippt. Sie haben die Aufgabe, den Bericht für die Druckerei vorzubereiten, indem Sie, wo nötig, *ss* mit *ß* ersetzen.

Ein Schüler der Abschlussklasse des Theodor Heuss Gymnasiums in Essen berichtet, dass er bei der letzten Klassenfahrt nach Russland einen russischen Schüler kennengelernt hat, der ihn jetzt besuchen wird.

„Ich habe ihn mehr oder weniger auf der Strasse vor dem Schloss getroffen. Es war ein heisser Tag, und wir beide sassen am Ufer des Flusses und schauten auf das klare Wasser. Ich hörte mir eine meiner Musikkassetten auf meinem Walkman an, der junge Russe spielte mit einem kleinen weissen Hund, der ein total nasses Fell hatte.

Als ich mein Mittagessen aus dem Rucksack holte und in mein Wurstbrot biss, wurde der Hund aufmerksam. Er kam zu mir hergelaufen und wollte offensichtlich auch einen Bissen. So kam ich mit dem jungen Russen ins Gespräch. Er hiess Boris und sprach ein bisschen Deutsch. Er erzählte mir, dass er auf seine Grosseltern wartete, die bei einer Besichtigung des Schlosses waren. Weil Hunde im Schloss nicht zugelassen waren, musste er auf das Tier hier draussen aufpassen.

Er wollte wissen, wie ich heisse und wollte auch meine Adresse. Ich versprach ihm Grüsse aus Essen zu schicken.

Das war vor zwei Jahren. Unser Kontakt ist seither nie abgerissen und schliesslich hat er dieses Jahr endlich einen Reisepass bekommen, nachdem er monatelang darauf warten musste. Nächste Woche werde ich ihn in Düsseldorf am Flughafen abholen. Ich hoffe, dass wir uns nicht verpassen!"

4. Vorsicht auf überfüllten Rolltreppen!

Frau Bauer schreibt einem Freund über einen Vorfall während ihres Urlaubs in einer Großstadt. Leider weiß sie nicht, wann man im Deutschen Kommas benutzt. Setzen Sie die Kommas in den Brief ein:

Als wir diesen Sommer in der Landeshauptstadt waren hatten wir ein unangenehmes Erlebnis denn wir wurden von Taschendieben am Bahnhof beraubt.

Wir waren gerade nach langer ermüdender Fahrt aus dem Zug ausgestiegen und mein Mann der die Koffer trug folgte mir zum Bahnsteigende. Aber weil wir uns am Hauptbahnhof nicht auskannten stellten wir die Koffer ab um uns an der Information nach einem Hotel zu erkundigen. Mein Mann setzte sich auf eine Bank und las die Zeitung während ich mich auf den Weg zum Informationsbüro machte. Danach hatten wir vor mit einem Taxi zum Hotel zu fahren denn wir waren sehr müde von der Fahrt.

Als ich auf der Rolltreppe die voller Menschen war ins Untergeschoß des Bahnhofs fuhr bemerkte ich eine Gruppe junger Männer die heftig diskutierten und ein bißchen betrunken schienen.

Ich betrat das Informationsbüro buchte ein Hotelzimmer kaufte einen Stadtplan und erkundigte mich nach einem Taxistand. Weil wir kein Bargeld bei uns hatten holte ich noch schnell etwas Geld vom Geldautomaten am Eingang. Als ich wieder zur Rolltreppe zurückkehrte gab es dort plötzlich ein dichtes Menschengewühl weil alle Männer gleichzeitig die Rolltreppe betreten wollten. Es entstand ein großes Gedränge auf der Treppe und ich war froh als ich wieder im Obergeschoß ankam.

Wir gingen sofort mit unserem Gepäck zum Taxistand nahmen ein Taxi und fuhren direkt zum Hotel. Aber als wir dort ankamen und ich den Taxifahrer bezahlen wollte merkte ich daß der gesamte Inhalt meiner Handtasche fehlte: Geldbeutel Pässe Fahrkarten Hotelreservierung und Kreditkarten waren verschwunden! Da wurde uns klar daß ich auf der Rolltreppe Taschendieben in die Hände gefallen war!

freie Fahrt!

1. Es geht um die Rechtschreibung!

a. Arbeiten Sie zu zweit! Jede(r) sucht einen kurzen Absatz (ca. zehn Zeilen) aus einem deutschen Buch (Lehrbuch/Schulbuch) oder einer deutschen Zeitung/Zeitschrift und schreibt ihn nur mit Kleinbuchstaben ab. Tauschen Sie dann mit einem (einer) Partner(in) und setzen Sie die Großbuchstaben ein. Geben Sie nachher Ihre Texte zurück und korrigieren Sie den Text des (der) anderen. Wer hat die wenigsten Fehler gemacht?

b. Schreiben Sie einen anderen Text ab, in dem Sie alle Kommas weglassen. Wer hat diesmal die wenigsten Fehler gemacht?

punctuation and spelling

chapter 41

Letters and sounds

so wird's gemacht

You cannot learn German pronunciation from a book alone and therefore it is important that you practice all the examples in this chapter either with a teacher and/or with a native speaker.

The alphabet

Sometimes you need to spell German names and addresses. In order to do this, you must know how to pronounce letters. The following guide to the alphabet gives you a *rough* equivalent of the sounds used in German spelling. The colon after some sounds indicates a long vowel; for example, *e:* is the English sound "ay" as in "say"; *a:* is the sound "ar" as in "far"; *u* is the English sound "u" as in "bull"; and *u:* is the English sound "oo" as in "fool."

a	a:	k	ka:	ß	scharfes S/es-tset
b	be:	l	el	t	te:
c	tse:	m	em	u	u:
d	de:	n	en	v	fau (like English "ow!")
e	e:	o	o:	w	ve:
f	ef	p	pe:	x	i:ks
g	ge:	q	ku:	y	ypsilon
h	ha:	r	er (like English "air")	z	tset
i	ee (like English "see")	s	ess		
j	yot				

You pronounce German more or less as it is written. However, there are a number of vowel and consonant combinations that sound the same but that you write differently.

Vowels

German vowels can be either long or short.

a) Vowels are usually long:

- Before single consonants, especially *b, d, g, m, n, t:*

    sagen, weder, Foto, gab, tragen, Samen, Mine

    Exceptions are a number of one-syllable words, such as:

    an, in, mit, das, des, man

- In double vowels:

    Paar, Boot, Beet

- Before the silent *h:*

    geht, fehlen, ihnen, sahen, nah, drohen, Truhe

b) Vowels are short:

- Before a double consonant:

    Rasse, hassen, Mutter, Hammer, Sommer, Himmel

- Usually before *ch:*

    Sache, lacht, Nacht, sprechen, dicht, licht, Küche

    There are, however, a number of exceptions here:

    hoch, Buch, Sprache

c) You pronounce all the syllables in a German word. There is no final silent "e" as in English "hide," "bathe," etc. Other than in colloquial usage, the final *-e* will always be pronounced:

Zähne, Heide, bringe

Umlaut

You can place an umlaut on the letters *a* (= *ä*), *o* (= *ö*), and *u* (= *ü*). The vowel sound can be either short or long in accordance with the above guidelines.

a) Short *ä* is very much like the short *e:*

Säcke, Hände, Männer (compare *sprechen, decken, brennen*)

The long *ä* is like the vowel sound in English "wear" or "stair":

erträglich, käme, Säge

b) Short *ö* has no real equivalent in English:

> *Schlösser, möchte, könnte*

Long *ö* is close to the sound "ern" in English "fern":

> *mögen, Föhn, Stöße*

---

c) You can approximate the sound *ü* by creating the English sound "ee" with rounded lips. It is short in *müssen, Flüsse,* and *München*, but long in *Lüge, grün,* and *Füße*.

Diphthongs

Diphthongs are pairs of vowels that combine to produce a new sound. There are a number of common and important diphthongs in German.

aa	is the equivalent of a long *a:* *Haare, Paar*
au	is pronounced like "ow" in English "how": *bauen, Haus, glauben*
äu/eu	are pronounced "oy" as in "toy": *Mäuse, Häuser, zeugen, Leute*
ai/ei	are pronounced like English "igh" in "high": *Main, Haifisch, sein, treiben*
ee	is pronounced like a long *e:* *See, leer, Tee*
ie	is pronounced like English "ee" in "see": *Sieg, lieben, wieder, die*
oo	is pronounced like a long English *o:* *Boot*

Consonants

You pronounce German consonants differently from the English equivalents only in the following instances:

b	is pronounced "p" at the end of words: *hob, Lob, Sieb*
d	is pronounced "t" at the end of words: *Lied, Hand, Bild*
g	is pronounced "k" at the end of words: *Sarg, mag, sag*
	Note that you pronounce the combination *ig* like German *ich*, although in some parts of Germany people pronounce it "ik," and the *g* in the combination *ng* is silent, as in English "**ring**" (*singen, hängt, bringen*).

ch	is pronounced in one of two ways: like Scottish English "Loch" following either a short or long *a, o, u,* and the diphthong *au:* *machen, kroch, fluchen, auch*
	Like the "sh" in English "show," but produced farther back in the mouth, following all other vowels and diphthongs or a consonant: *brechen, Stich, Bäuche, streichen, riechen, welche*
j	is pronounced like the English "y" at the beginning of a word or syllable: *Juwel, Junge, Jurist*
qu	is pronounced "kv": *Quark, quetschen, Quiz*
r	at the beginning or in the middle of a word is a sound that you produce quite far back in the mouth. It involves a certain amount of vibration and is generally a harsher sound than the "r" in English "rugby": *Rat, Kreide, fahren*
	At the end of words, you do not pronounce the *r,* but it changes the sound of the final syllable to something close to the "a" in English "land": *Bruder, Luther, Vater*
s	is pronounced like the English "z" before a vowel: *sagen, lesen, leise*
sch	is pronounced "sh": *scheinen, Schneider, frisch*
ß	is always pronounced "ss" as in English "mess": *mußte, Fluß, weiß*
	See Chapter 40 for rules concerning the use of *ß* and *ss.*
st, sp	are pronounced "sht" and "shp" respectively at the beginning of a word or syllable: *Stuhl, verstehen, spenden, entspannen*
v	is pronounced "f" at the start of words or syllables and at the end of a small number of words: *viel, vier, unverträglich, brav*
w	is pronounced like the English "v": *weil, wann, Lawine*
y	is pronounced like *ü:* *Physik, Mythos, systematisch*
	Only at the start of words of foreign origin do you pronounce it like the initial English "y": *Yoga*
z	is pronounced "ts": *zeigen, Zoo, inzwischen, Herz*

Übung macht den Meister!

1. Hören Sie den Unterschied?

Hören Sie gut zu, während Ihr(e) Lehrer(in) folgende Wortpaare ausspricht. Versuchen Sie ihm/ihr die Worte dann nachzusprechen:

treiben—trieben	beide—bieder	deine—diene	reiten—rieten
fuhren—führen	wurden—würden	ruhen—rühren	Mutter—Mütter
Zahn—Zähne	rate—Räte	Vater—Väter	sagen—sägen
hohle—Höhle	Bonn—Köln	fordern—fördern	offnen—öffnen

2. Wie sagt man das?

Versuchen Sie nun auch folgende Wörter zu wiederholen:

1. Mine, lange, bringe, Ruhe, fliehe
2. zeigen, Zoo, ziehen, Züge, Zelt
3. System, Physik, Psychologie
4. Kreide, braten, Freitag, Risiko, russisch, Ratte, Roboter, direkt, fahren, Lager, weiter
5. schneiden, schade, Schuhe, waschen, frisch
6. Sahne, sitzen, stehen, Stuhl, spielen, spülen, reisen, leise, Fest, Last, Maus, Haus
7. Hase, Hunger, geht, nah, fahren, ihnen
8. Garten, Lage, lügen, mag, windig, auswendig, Garage, gelingen, bringen
9. sicher, lachen, brechen, streichen, welcher, nicht, hoch, Sprache
10. möchte, könnte, Schlösser, mögen, Föhn
11. Füße, Flüsse, grün, Lübeck
12. Bände, Männer, Länder, träge, Bären
13. wenn, woher, Westfalen, Winter, Lawine, Juwelen
14. Volkswagen, von, Vetter, vorwärts
15. Quiz, Qual, quer, Qualifikation
16. Januar, Justiz, Joghurt, jawohl
17. Paare, Trauben, Kräuter, Freude, rein, Main, Tee, Boot
18. Wind, Land, verschwand
19. Lob, hob, Sieb

freie Fahrt!

1. Wie schreibt man das?

Schreiben Sie eine Liste von zehn amerikanischen Familiennamen und zehn amerikanischen Städten. Sie sind Polizist(in) und halten ein zu schnell fahrendes Auto an. Fragen Sie, wie der ausländische (amerikanische) Fahrer heißt und woher er kommt. Ihr(e) Partner(in) übernimmt die Rolle des Autofahrers. Machen Sie kurze Dialoge.

BEISPIEL:

A: Wie heißen Sie?
B: Sanders.
A: Wie schreibt man das?
B: S-a-n-d-e-r-s.
A: Und woher kommen Sie, Herr Sanders?
B: Aus Miami, in Amerika.
A: Wie bitte? Buchstabieren Sie, bitte.
B: M-i-a-m-i.

Nach jedem Dialog tauschen Sie die Rollen.

letters and sounds

Reforms to German spelling and punctuation

In an effort to remove many of the inconsistencies that currently exist in German spelling and punctuation, numerous reforms are to be implemented in Germany, Austria, and Switzerland by August 1, 1998. Here is a summary of the most significant proposals. There will be a grace period of seven years when both the old and new forms will be permissible.

The underlying principle

The main principle underlying the reforms is that spelling should be based on the stem or root of a word. For example, it is proposed that *plazieren* be changed to *platzieren* to show that it is related to *der Platz*. Other examples of this type of change are:

Paket (compare *packen*)	to change to	*Packet*
numerieren (compare *Nummer*)	→	*nummerieren*
Zigarette (compare *Zigarre*)	→	*Zigarrette*

ß or ss?

ß is to be written only after a long vowel or a diphthong. On all other occasions, *ss* will be used. This has implications for *ß* in final position and before consonants:

daß	→	*dass*
Fluß, Haß	→	*Fluss, Hass*
ich muß, ihr müßt	→	*ich muss, ihr müsst*

One word or two?

a) Most separable verbs with a noun or adverbial element are to be written as two separate words (compare present *Auto fahren*):

staubsaugen	→	*Staub saugen*
radfahren	→	*Rad fahren*

b) Where an adjective or a verb is the separable part of a separable verb, these will usually be written as two words:

sitzenbleiben	→	*sitzen bleiben*
übrigbleiben	→	*übrig bleiben*

c) Other inconsistencies to be eliminated include:

irgend jemand	→	*irgendjemand* (like *irgendwer*)
irgend etwas	→	*irgendetwas* (like *irgendwer*)
soviel	→	*so viel* (like *so viele*)
wieviel	→	*wie viel* (like *wie viele*)

Capital letters

a) Nouns in set phrases, especially when preceded by a preposition, will be capitalized:

im großen und ganzen	→	*im Großen und Ganzen*
im allgemeinen	→	*im Allgemeinen*
in bezug auf	→	*in Bezug auf*

b) In set phrases consisting of an adjective and a noun, the adjective will normally have a small letter:

das Schwarze Brett	→	*das schwarze Brett*
die Erste Hilfe	→	*die erste Hilfe*

However, if the phrase denotes a prominent institution or phenomenon, capitals will still be used throughout:

der Deutsche Bundestag	*der Deutsche Bundestag*

c) Nouns used as adverbs in expressions of time will be capitalized:

heute abend	→	*heute Abend*
gestern nachmittag	→	*gestern Nachmittag*

d) Nouns used in fixed constructions with the verbs *sein, werden,* and *bleiben* will continue to be lowercase:

schuld sein	*schuld sein*

reforms

Spelling with *gh, ph, rh, th*

The letter combinations *gh, ph, rh,* and *th* are to be replaced by *g, f, r,* and *t* respectively. Alternative spellings will be allowed in many cases:

Orthographie	→	*Orthographie* or *Ortografie*
Alphabet	→	*Alphabet* or *Alfabet*
Thunfisch	→	*Tunfisch*
Apotheke	→	*Apotheke* or *Apoteke*
Rhythmus	→	*Rhythmus* or *Rytmus*
Joghurt	→	*Joghurt* or *Jogurt*

Personal pronouns

The formal second-person form *Sie* will continue to begin with a capital letter, but all the forms of the informal *du* and *ihr* will begin with a small letter, even in correspondence.

Dividing words

The following changes to the division of words at the end of a line are to be introduced:

---

a) *st, ck,* and an initial vowel may be divided:

Mu-ster	→	*Mus-ter*
Zuk-ker	→	*Zuc-ker*
Ofen	→	*O-fen*

---

b) Greater flexibility is to be allowed in dividing "foreign words":

Si-gnal	→	*Si-gnal* or *Sig-nal*
Päd-agogik	→	*Päd-agogik* or *Pä-dagogik*

---

c) Where three identical consonants come together as a result of word formation, all three will be written:

stillegen (= still + legen)	→	*stilllegen*
Schiffahrt (= Schiff + Fahrt)	→	*Schifffahrt*

---

d) Where an *h* has been omitted before *-heit*, it will be restored:

Roheit (= roh + -heit)	→	*Rohheit*

Verb tables

Weak verbs

Weak verbs are quite regular. Once you have learned the relevant endings, you will be able to conjugate any weak verb. Take the stem of the verb, which you form by removing the *en* from the infinitive (thus the stem of *sagen* is *sag-*), and add the endings highlighted in boldface below:

Present Tense		Simple Past		Past Participle	
ich sage	*wir sagen*	*ich sagte*	*wir sagten*	*ich habe gesagt*	*wir haben gesagt*
du sagst	*ihr sagt*	*du sagtest*	*ihr sagtet*	*du hast gesagt*	*ihr habt gesagt*
Sie sagen	*Sie sagen*	*Sie sagten*	*Sie sagten*	*Sie haben gesagt*	*Sie haben gesagt*
er/sie/es sagt	*sie sagen*	*er/sie/es sagte*	*sie sagten*	*er/sie/es hat gesagt*	*sie haben gesagt*

Strong verbs

The personal endings for strong verbs are very similar to those for weak verbs, but several strong verbs have vowel changes in the stem of the present tense. All of the strong verbs have vowel changes in the simple past tense and the past participle. Note, for example, the vowel changes and endings for the verb *geben:*

Present Tense		Simple Past		Past Participle	
ich gebe	*wir geben*	*ich gab*	*wir gaben*	*ich habe gegeben*	*wir haben gegeben*
du gibst	*ihr gebt*	*du gabst*	*ihr gabt*	*du hast gegeben*	*ihr habt gegeben*
Sie geben	*Sie geben*	*Sie gaben*	*Sie gaben*	*Sie haben gegeben*	*Sie haben gegeben*
er/sie/es gibt	*sie geben*	*er/sie/es gab*	*sie gaben*	*er/sie/es hat gegeben*	*sie haben gegeben*

In view of these vowel changes, whenever you come across a new strong verb you need to learn four forms:

- the infinitive
- the third-person singular (*er/sie/es* form)
- the first-person and third-person simple past tense (*ich* and *er/sie/es* forms, which are identical)
- the past participle.

The following table lists these forms for the most common strong and irregular verbs, along with the verbs' meanings, and indicates whether they are used with *haben* or *sein*. All compounds of these verbs follow the same pattern. For example, *aufstehen*, *gestehen*, and *verstehen* all have the same vowel changes as the simple verb *stehen*. Similarly, *aushalten*, *behalten*, and *sich unterhalten* all behave like *halten*.

See Chapter 25 for rules on when to use *sein* rather than *haben* with the past participle.

Infinitive	Present	Simple Past	Past Participle	Meaning
backen	*bäckt*	*backte*	*hat gebacken*	to bake
befehlen	*befiehlt*	*befahl*	*hat befohlen*	to order, command
beginnen	*beginnt*	*begann*	*hat begonnen*	to begin, start
beißen	*beißt*	*biß*	*hat gebissen*	to bite
bekommen	*bekommt*	*bekam*	*hat bekommen*	to get, receive
bergen	*birgt*	*barg*	*hat geborgen*	to rescue; hide
betrügen	*betrügt*	*betrog*	*hat betrogen*	to deceive
biegen	*biegt*	*bog*	*hat gebogen*	to bend
bieten	*bietet*	*bot*	*hat geboten*	to offer
binden	*bindet*	*band*	*hat gebunden*	to tie
bitten	*bittet*	*bat*	*hat gebeten*	to ask, request
blasen	*bläst*	*blies*	*hat geblasen*	to blow
bleiben	*bleibt*	*blieb*	*ist geblieben*	to stay, remain
braten	*brät*	*briet*	*hat gebraten*	to roast
brechen	*bricht*	*brach*	*hat gebrochen*	to break
brennen	*brennt*	*brannte*	*hat gebrannt*	to burn
bringen	*bringt*	*brachte*	*hat gebracht*	to bring
denken	*denkt*	*dachte*	*hat gedacht*	to think
dringen	*dringt*	*drang*	*ist gedrungen*	to penetrate
dürfen	*darf*	*durfte*	*hat gedurft/dürfen*	to be allowed
empfehlen	*empfiehlt*	*empfahl*	*hat empfohlen*	to recommend
erschrecken	*erschrickt*	*erschrak*	*ist erschrocken*	to be startled, shocked
essen	*ißt*	*aß*	*hat gegessen*	to eat
fahren	*fährt*	*fuhr*	*ist gefahren*	to go, drive
fallen	*fällt*	*fiel*	*ist gefallen*	to fall
fangen	*fängt*	*fing*	*hat gefangen*	to catch
finden	*findet*	*fand*	*hat gefunden*	to find
fliegen	*fliegt*	*flog*	*ist geflogen*	to fly
fliehen	*flieht*	*floh*	*ist geflohen*	to flee
fließen	*fließt*	*floß*	*ist geflossen*	to flow
fressen	*frißt*	*fraß*	*hat gefressen*	to eat (of animals)
frieren	*friert*	*fror*	*hat gefroren*	to freeze
gebären	*gebärt/gebiert*	*gebar*	*hat geboren*	to give birth
geben	*gibt*	*gab*	*hat gegeben*	to give
gefallen	*gefällt*	*gefiel*	*hat gefallen*	to please
gehen	*geht*	*ging*	*ist gegangen*	to go
gelingen	*gelingt*	*gelang*	*ist gelungen*	to succeed
gelten	*gilt*	*galt*	*hat gegolten*	to be valid (worth)
genießen	*genießt*	*genoß*	*hat genossen*	to enjoy
geschehen	*geschieht*	*geschah*	*ist geschehen*	to happen
gewinnen	*gewinnt*	*gewann*	*hat gewonnen*	to win
gießen	*gießt*	*goß*	*hat gegossen*	to pour

gleichen	*gleicht*	*glich*	*hat geglichen*	to resemble
gleiten	*gleitet*	*glitt*	*ist geglitten*	to slide
graben	*gräbt*	*grub*	*hat gegraben*	to dig
greifen	*greift*	*griff*	*hat gegriffen*	to take hold of
haben	*hat*	*hatte*	*hat gehabt*	to have
halten	*hält*	*hielt*	*hat gehalten*	to stop, hold
hängen	*hängt*	*hing*	*hat gehangen*	to hang
heben	*hebt*	*hob*	*hat gehoben*	to lift
heißen	*heißt*	*hieß*	*hat geheißen*	to be called
helfen	*hilft*	*half*	*hat geholfen*	to help
kennen	*kennt*	*kannte*	*hat gekannt*	to know (a person or place)
klingen	*klingt*	*klang*	*hat geklungen*	to sound
kommen	*kommt*	*kam*	*ist gekommen*	to come
können	*kann*	*konnte*	*hat gekonnt/können*	to be able, can
kriechen	*kriecht*	*kroch*	*ist gekrochen*	to creep, crawl
laden	*lädt*	*lud*	*hat geladen*	to load
lassen	*läßt*	*ließ*	*hat gelassen/lassen*	to let, have done
laufen	*läuft*	*lief*	*ist gelaufen*	to run
leiden	*leidet*	*litt*	*hat gelitten*	to suffer
leihen	*leiht*	*lieh*	*hat geliehen*	to lend
lesen	*liest*	*las*	*hat gelesen*	to read
liegen	*liegt*	*lag*	*hat gelegen*	to lie, recline
lügen	*lügt*	*log*	*hat gelogen*	to lie, fib
meiden	*meidet*	*mied*	*hat gemieden*	to avoid
messen	*mißt*	*maß*	*hat gemessen*	to measure
mögen	*mag*	*mochte*	*hat gemocht/mögen*	to like
müssen	*muß*	*mußte*	*hat gemußt/müssen*	to have to
nehmen	*nimmt*	*nahm*	*hat genommen*	to take
nennen	*nennt*	*nannte*	*hat genannt*	to name
pfeifen	*pfeift*	*pfiff*	*hat gepfiffen*	to whistle
raten	*rät*	*riet*	*hat geraten*	to advise
reiben	*reibt*	*rieb*	*hat gerieben*	to rub
reißen	*reißt*	*riß*	*hat gerissen*	to tear
reiten	*reitet*	*ritt*	*ist geritten*	to ride
rennen	*rennt*	*rannte*	*ist/hat gerannt*	to run
riechen	*riecht*	*roch*	*hat gerochen*	to smell
ringen	*ringt*	*rang*	*hat gerungen*	to wrestle
rufen	*ruft*	*rief*	*hat gerufen*	to call
saufen	*säuft*	*soff*	*hat gesoffen*	to drink (of animals)
schaffen	*schafft*	*schuf*	*hat geschaffen*	to create
scheiden	*scheidet*	*schied*	*hat/ist geschieden*	to divorce; depart
scheinen	*scheint*	*schien*	*hat geschienen*	to shine, seem
schieben	*schiebt*	*schob*	*hat geschoben*	to push
schießen	*schießt*	*schoß*	*hat geschossen*	to shoot
schlafen	*schläft*	*schlief*	*hat geschlafen*	to sleep
schlagen	*schlägt*	*schlug*	*hat geschlagen*	to hit
schleichen	*schleicht*	*schlich*	*ist geschlichen*	to creep
schließen	*schließt*	*schloß*	*hat geschlossen*	to close
schmelzen	*schmilzt*	*schmolz*	*ist/hat geschmolzen*	to melt
schneiden	*schneidet*	*schnitt*	*hat geschnitten*	to cut
schreiben	*schreibt*	*schrieb*	*hat geschrieben*	to write

verb tables

schreien	schreit	schrie	hat geschri(e)en	to shout
schreiten	schreitet	schritt	ist geschritten	to stride
schweigen	schweigt	schwieg	hat geschwiegen	to be silent
schwimmen	schwimmt	schwamm	ist/hat geschwommen	to swim
schwören	schwört	schwor	hat geschworen	to swear
sehen	sieht	sah	hat gesehen	to see
sein	ist	war	ist gewesen	to be
senden	sendet	sandte (sendete)	hat gesandt (hat gesendet)	to send (to be broadcast by radio)
singen	singt	sang	hat gesungen	to sing
sinken	sinkt	sank	ist gesunken	to sink
sitzen	sitzt	saß	hat gesessen	to sit, be sitting
sollen	soll	sollte	hat gesollt/sollen	to be supposed to
sprechen	spricht	sprach	hat gesprochen	to speak
springen	springt	sprang	ist gesprungen	to jump
stechen	sticht	stach	hat gestochen	to sting
stehen	steht	stand	hat gestanden	to stand
stehlen	stiehlt	stahl	hat gestohlen	to steal
steigen	steigt	stieg	ist gestiegen	to climb
sterben	stirbt	starb	ist gestorben	to die
stoßen	stößt	stieß	hat/ist gestoßen	to push; bump into
streichen	streicht	strich	hat gestrichen	to stroke; paint
streiten	streitet	stritt	hat gestritten	to argue
tragen	trägt	trug	hat getragen	to carry, wear
treffen	trifft	traf	hat getroffen	to meet
treiben	treibt	trieb	hat getrieben	to drive
treten	tritt	trat	ist getreten	to step
trinken	trinkt	trank	hat getrunken	to drink
tun	tut	tat	hat getan	to do
verderben	verdirbt	verdarb	hat verdorben	to spoil
vergessen	vergißt	vergaß	hat vergessen	to forget
verlassen	verläßt	verließ	hat verlassen	to leave
verlieren	verliert	verlor	hat verloren	to lose
verschwinden	verschwindet	verschwand	ist verschwunden	to disappear
verzeihen	verzeiht	verzieh	hat verziehen	to pardon, forgive
wachsen	wächst	wuchs	ist gewachsen	to grow
waschen	wäscht	wusch	hat gewaschen	to wash
weichen	weicht	wich	ist gewichen	to move, give way to
weisen	weist	wies	hat gewiesen	to show
wenden	wendet	wandte (wendete)	hat gewandt (hat gewendet)	to turn
werben	wirbt	warb	hat geworben	to advertise
werden	wird	wurde	ist geworden	to become
werfen	wirft	warf	hat geworfen	to throw
wiegen	wiegt	wog	hat gewogen	to weigh
winden	windet	wand	hat gewunden	to wind
wissen	weiß	wußte	hat gewußt	to know (something)
wollen	will	wollte	hat gewollt/wollen	to want
ziehen	zieht	zog	hat gezogen	to pull
zwingen	zwingt	zwang	hat gezwungen	to force